本书系教育部人文社会科学青年基金项目"博物馆情景化的传播效能研究"（项目编号：18YJC860030）的结项成果。

| 光明社科文库 |

融"博"之道：

博物馆情景化的理念、实践与未来

王　蕾◎著

光明日报出版社

图书在版编目（CIP）数据

融"博"之道：博物馆情景化的理念、实践与未来 /
王蕾著 . -- 北京：光明日报出版社，2021.9
ISBN 978 - 7 - 5194 - 6304 - 5

Ⅰ.①融… Ⅱ.①王… Ⅲ.①数字技术—应用—博物
馆—研究 Ⅳ.① G26-39

中国版本图书馆 CIP 数据核字（2021）第 178392 号

融"博"之道：博物馆情景化的理念、实践与未来
RONG "BO" ZHIDAO: BOWUGUAN QINGJINGHUA DE LINIAN、SHIJIAN YU WEILAI

著　者：王　蕾	
责任编辑：杨　茹	责任校对：郭嘉欣
封面设计：中联华文	责任印制：曹　净

出版发行：光明日报出版社

地　　址：北京市西城区永安路 106 号，100050

电　　话：010-63169890（咨询），010-63131930（邮购）

传　　真：010-63131930

网　　址：http://book.gmw.cn

E - mail：gmrbcbs@gmw.cn

法律顾问：北京市兰台律师事务所龚柳方律师

印　　刷：三河市华东印刷有限公司

装　　订：三河市华东印刷有限公司

本书如有破损、缺页、装订错误，请与本社联系调换，电话：010-63131930

开　　本：170mm×240mm

字　　数：237 千字　　　　　印　　张：16

版　　次：2022 年 1 月第 1 版　　印　　次：2022 年 1 月第 1 次印刷

书　　号：ISBN 978 - 7 - 5194 - 6304 - 5

定　　价：95.00 元

目 录
CONTENTS

绪　论

第一节　研究背景与缘起

在全球化和城市化进程逐渐加速以及数字信息技术不断迭代更新的当前社会，文化越来越成为综合国力竞争的重要因素。党的十九大报告把坚持文化自信作为习近平新时代中国特色社会主义思想的重要内容，强调"文化自信是一个国家、一个民族发展中更基本、更深沉、更持久的力量"。党的十八大以来，习近平总书记在各地考察调研之时频频"打卡"博物馆，关于文物、博物馆事业的批示、指示多达二十次以上，在向国际博物馆高级别论坛致贺信中提到"博物馆是保护和传承人类文明的重要殿堂，是连接过去、现在、未来的桥梁""中国各类博物馆不仅是中国历史的保存者和记录者，也是当代中国人民为实现中华民族伟大复兴的中国梦而奋斗的见证者和参与者"。[①]

文博事业与技术变迁是紧密相关的。我国是网络大国，自1995年互联网向社会普及开始，用户数量节节攀升，网络服务内容和形式也随着全球话语模式和社会经济文化的发展推陈出新，我国数字媒体技术的翻新速度是举世瞩目的。硬件电子终端设备从最初的 PC 电脑过渡到手提移动电脑，进而迈向"I"系列为主的智能数字移动设备；网络服务也随着硬件升级日益便捷和丰富，从最初网络社会开启之时的即时通信、搜索引擎、贴吧、博客到移动互联时代的微博、微信、短视频、直播等数字化服务，"流动的空间""无时间的时间"正日益成为全球网络社会的特征，以"平台社会""智能传播"为典型标识的智能融媒体时代已经悄然来临。自2013年11月党的十八届三中全会首次提及"推动传统媒体和新兴媒体融合发展"以来，"媒体融合"已成为

---

① 新华网.习近平向国际博物馆高级别论坛致贺信［EB/OL］.新华网，2016-11-10.

全党和全社会共同关注的事业。2019年年初，习近平总书记发表了"1·25"讲话，正式宣告我国信息科技已经从初级阶段平稳过渡至深度融合的新时代，"四全媒体"建设承继现代传播体系，5G 时代也接踵而至，"人工智能""大数据""云计算""VR/AR/MR"等不断涌现的新技术时时触动社会发展脉搏，带来了移动互联的崭新生活体验，也赋予文博事业全新的机会和挑战。

博物馆，采用国际博物馆协会（International Council of Museum，简称ICOM）的定义为：征集、保存、研究、传播和展示人类及其环境的物质和非物质遗产[①]，突出博物馆本身保护和收藏文物的职能以及传播公共文化的社会职能。随着文博事业的不断发展，受国际博物馆协会对博物馆定义的影响，我国对博物馆的定义也随着国家社会需求和技术人文发展在不断地进行调整和完善，如：全国博物馆工作会议以及《博物馆工作概论》《博物馆管理办法》《中国博物馆学概论》《博物馆条例》等书籍都对博物馆的定义有所概述界定。简言之，博物馆是文化机构，代表着一个国家、城市社会发展和文明发展的程度，是一个城市乃至国家的文化符号，收藏、科研和宣传教育是博物馆的主要功能，而陈列展览是博物馆发挥社会教育功能和实现社会价值的重要手段。

从全球视角来看，"新博物馆学"产生于20世纪70年代，相较于传统博物馆理念中藏品至上的保护及展陈理念，新博物馆学将研究的视线聚焦于社群和社区的文化上，而不是拘泥于藏品的整理、保护和陈列。[②]博物馆不再仅被视为权威的单向信息传播教育平台，有越来越多的学界和业界人士倾向于将其视为融合多媒体技术的信息分享参与平台，不再将观众视为被动的信息接收者和消费者，而是赋予他们更多的积极参与、分享与创造信息知识的文化身份和主体地位。随着全球化进程的推进和不同地域文化的融合碰撞，我国文化和技术相关各部门积极响应国家号召和社会需求，积极思考和推进文博与技术相结合的途径和方法。2016年，国家文物局、国家发改委、科技部、

---

① ICOM. Museum Definition［EB/OL］. ICOM. 2007-08-24.
② 谢梅，朱蓉. 博物馆的非物质文化遗产传播研究——以空间理论为视角［J］. 电子科技大学学报（社会科学版），2017，19（2）：82-85，102.

工作部、财政部五部门联合启动"互联网+中华文明"行动计划，推进智慧博物馆建设，促进博物馆与旅游、教育、文创、影视等方面的深度融合，打造文化IP，"活化"文物；2018年，国家正式成立文化和旅游部，积极促进文旅事业的创新创意发展，博物馆文化建设是重中之重。

从内容建设的微观层面而言，博物馆按照通用分类法，可以被划分为历史类、艺术类、科学技术类、综合类四种类型；各类型馆藏按照展示特征、空间特点、受众人群的不同，有其相应的场馆和展陈设计理念与方法，并且，不同类型和模式的博物馆能融合嵌入的数字技术程度也应是不同的。也就是说，数字信息技术的品类虽然繁多新颖，但是不能一下都施加在所有的展馆和陈列物之上，不然会造成视觉疲惫和美感丧失，真实和虚拟空间的交叠会略显混乱，文化传播效果也会随之受到影响。可见，数字虚拟技术以何种理念和形式融入实体物质空间也是需要不断打磨、验证和深入研究的。

信息科技和社会环境仍在进步，文化创意也在动态地向前发展，我们对于文博事业和技术创新的关系还有哪些新的视角和维度？博物馆情景化传播有哪些可以预期的发展方向？当前全球和本土博物馆有哪些文化创新实践？技术层面又有哪些创新应用？在经验层面的应用研究基础上还伴随着怎样的辩证思考？本书在相关领域理论梳理分析的基础上进行思维理念上的革新，同时走进社会实践，进行细致深入的调研考察，使理论和实践密切结合，以此对未来博物馆的发展提出一些参考性建议，期望博物馆在智能融媒体时代乃至未来社会能更好更快地向前发展。

第二节　主要研究文献综述

综合与"博物馆"和"情景""传播""数字文博"相关的关键词，在中国知网、EBSCO等权威中英文文献数据库进行搜索，对所获得的文献资料进行全面的整理分析，以期较为客观和全面地了解当前关于博物馆情景化传播的研究图景。

一、国外相关研究综述

国外关于博物馆传播效能的研究大致集中在两个方面。

（1）理论层面，博物馆理论观念上的更新。首先，博物馆不再仅被视为权威的单向信息传播教育场所，越来越多的理论学者倾向于将博物馆视为融合多媒体技术的信息分享和交互传播的场域空间，类似于"皮下注射论"所宣称的加注在受众身上的强渗透传播效果已日渐消减，参观者有了更多的自主认知、理解和参与的主体能动性。相关理论主要从宏观和微观两个层面进行讨论。宏观理论层面强调不断变化的媒介生态环境下文化传播对受众的影响，比如："媒介即信息"理论认为，信息表达的形式和其内容一样重要 [1]；景观社会理论用来解释数字媒体给人们带来的独特感受；参与文化理论探索社交媒体对文化遗产的影响 [2]；融合文化理论认为，人们会从自身文化知识和日常体验来诠释文化艺术 [3]；"文脉主义理论"（context theory 情境化）强调传播语境对信息传递的影响。其次，微观层面的理论聚焦于博物馆展陈观念和模式逐渐迭代更新，如：参与式博物馆（engaging museum）、反馈式博物馆（responsive museum）、数字博物馆（digital museum）以及分享式博物馆（participatory museum）。

（2）实践层面，博物馆情景传播的案例实践逐渐增多，一些传统威严肃穆的博物馆会借助互联网、社交媒体、装置艺术、现代投影等数字化信息技术，使其更富有交互性、体验性、情感交流、多元叙事等特征。学界对博物馆陈列变革的探讨也一直在持续，《重新展陈博物馆收藏》（Redisplaying Museum Collections）一书通过对英国博物馆的案例进行研究，探索重新规划展陈收藏品的影响因素；《博物馆陈列艺术》（The Art of Museum Exhibitions）一书中以波士顿儿童博物馆为例，分析当前博物馆展陈的理论和模式正在发生着

---

[1]　MCLUHAN M A. *Understanding Media：The Extensions of Man*［M］. New York：MIT Press，1994：16-18.

[2]　GIACCARDI E，ed. *Heritage and Social Media：Understanding Heritage in a Participatory Culture*［M］. London：Routledge，2012：461-464.

[3]　JENKINS H. *Convergence Culture：Where Old and New Media Collide*［M］. New York：New York University Press，2006：2-23.

改变。《博物馆传播与社交媒体》(*Museum Communication and Social Media*)一书探讨分析了美国沃尔特斯艺术博物馆线上博物馆案例，说明博物馆和公众的关系正在发生着改变，对如何有效运用网站和社交媒体将博物馆变成"辩论的空间"以及如何理解衡量观众在博物馆中的参与性等议题进行了分析探讨。此外，对博物馆的相关研究逐渐显现出跨学科的研究视域。传统语境上的研究视角主要从博物馆学、管理学、规划设计等学科方向展开，艾琳·胡珀-格林希尔(Eilean Hooper-Greenhill)在1995年指出，博物馆一直以来在媒体和传播学研究的论著和文献中相对缺失，亨利·詹金斯(Henry Jenkins)等学者也明确指出博物馆本身就是媒体，其自有的文化逻辑正在发生改变。随着数字技术在全球范围内与日俱增，有越来越多的学者开始从传播学、心理学、社会学、叙事学等社会科学的研究视角对博物馆展开观察和调研。

二、国内相关研究综述

国内相关文献很长一段时间集中在博物馆学、管理学等学科领域，20世纪80年代开始将传播学引入博物馆学研究，但基于传播学的研究仍较少。[①]现有文献可以从三个方面论述。

1. 理论层面

现有研究从宏观上多着重于论述"读图时代"和信息全球化进程中博物馆对于城市形象和城市文化的意义。关于不同的博物馆信息传播模式，代表性的有卡梅隆、克内兹和莱特、迈尔斯等模式[②]。另外，"数字博物馆""新博物馆""体验式传播""情景化展示"等概念已经在前人研究进程中有所体现，但仍处于初级阶段的理论探索中，研究理论也多以国外译著形式出现。另外，部分文献采用了传播学经典的"5W"模式来分析博物馆信息传播从发送者到接收者的流程和脉络。

2. 实践层面

前期部分研究以某些地方博物馆的现实举措来说明博物馆展陈和传播转

① 高晓芳.信息全球化下的博物馆传播研究 [J].东南文化, 2012（2）: 115-118.
② 黄洋.博物馆信息传播模式述评 [J].博物院, 2017（3）: 49-57.

型。比如：某些博物馆善用"两微一端"等新媒体平台对博物馆所展示的历史文化进行宣传分享[①]；某些博物馆案例以实际行动凸显观众的主体信息接收地位[②]。还有部分研究以国外某博物馆为例，说明在融合媒体和数字信息时代，博物馆线上和线下传播形式的革新以及信息到达观众的传播效能[③]。近几年，随着国家经济迅猛发展、对外传播能力的加强、全球化进程的深入以及数字信息技术的革新，国家适时地提出"文化自信"的口号，并于2018年成立文化和旅游部，呼应契合"一带一路"倡议和文化精神，加大对物质和非物质文化遗产的保护，丝路沿线重要节点城市也成立"博物馆联盟"，从传统文化遗产中深度挖掘打造文化 IP，充分利用和发挥数字与智能媒体技术优势，"活化"文物和形塑历史景观，"虚拟数字博物馆"、沉浸展、参与式艺术展在众多博物馆纷纷亮相登场，为观众提供了丰富的参观体验，也促进了观映关系的良性可持续性发展。

3. 综合设计型研究

温京博在其《数字媒体介入下的博物馆情境设计研究》一书中密切结合数字媒体与当代博物馆的关系作用，以文献梳理结合案例研究，通过分析数字时代的博物馆体验特征以及情境设计要素，提出数字媒体介入下的情境设计方法和理念，说明未来博物馆将成为一个可看、可听、可玩、可参与的情境体验空间。

三、主要观点陈述总结

（一）前期国内外相关研究的主要理念取向

首先，博物馆教育传播从以前专家主导逐渐转变为以用户或观众为中心。该转向一是突出受众的信息主体接收者地位，二是传播内容和形式更加贴近于普通观众的日常生活实践，以期达到提高传播效能的作用。其次，该研究

---

① 郑莉，李喆．博物馆微信公众号传播效果研究——以苏州博物馆微信公众号运营模式为例［J］.新媒体研究，2017，3（2）：43-46.

② 于淼．以观众为中心的博物馆展示与传播研究——兼谈湖北省博物馆的实践与探索［J］.中国博物馆，2015，32（2）：97-102.

③ 刘惠芬．博物馆文化的网络传播——荷兰博物馆考察与研究［J］.南京邮电大学学报（社会科学版），2011，13（1）：16-19，26.

趋势也体现了单向传播向双向互动传播、实物传播向非实物传播的转型，这是与当前社会发展态势、全球化发展进程以及不断迭代更新的数字信息技术密切相关的。

（二）本书研究维度

本书主要有三个方面的研究维度。①概念阐述和理论框架搭建：对于国内外经典前沿博物馆情景化理论和观念进行梳理和总结，结合本土文化事业发展政策和信息技术环境，建构符合国情和人民需求的博物馆情景化传播理念；②借助社会科学的实证调查方法：综合实地考察、深度访谈、叙事学、个案研究等研究方法，结合理论为博物馆情景化实施策略和文博创意服务，以期获得更好的文化传播方案；③经典个案研究分析：对国内外经典或特色博物馆进行调研考察，深度挖掘本土化的文物博览和展陈风格，遵从社会科学研究中"点"和"面"的结合原则，使整体研究方案更加系统化，研究内容更加深刻和丰富。

（三）文献总结陈述

目前大多研究肯定博物馆在现代社会从"文化记录"向"文化推进"的功能转型，从专家主导逐渐向观众参与为中心的传播方向转型。但是，我国关于博物馆"情景化"传播策略的研究仍处于初级阶段，在理论构建、实证研究、研究方法多样性等方面均有待提高。现有研究资料还较为匮乏，国内外的前沿理论和实证案例还有待调研整理。由于前人在博物馆情景化量化研究上已有相应进展，本书主要侧重于贴近社会实践的质化研究方法，在对问题的分析过程中融入跨学科视角和全球观察视野，具体涉及传播学、社会学、博物馆学、叙事学、人类学等多个学科。结合国内外理论前沿和实践以及不断更新发展的社会和媒介环境，为有效促进传统文化传播和开拓中国特色社会主义文化事业做出贡献。与发达国家相比，我国博物馆发展还有一定的前进空间。值得注意的是，我国信息技术革新程度并不落后，关键问题还在于如何利用数字技术的观念，如何将好的思维理念进一步转化为可落地实施的文化空间景象。

第三节　研究目标与意义

一、研究目标

本书通过吸纳借鉴国内外已有研究成果，结合当前社会发展态势和数字信息技术的革新，致力于研究城市博物馆的"情景化"展示理念和传播实践，研究目标主要包括以下三点：

（1）构建博物馆情景化传播理念框架。通过借鉴国外经验和做好国内情境分析比较研究，将相关前沿理论进行本土化情境分析。本课题紧密围绕国家"文化产业""文博事业""文化旅游""博物馆文化"等相关政策，在基于全球视野捕捉前沿理论之时也充分融入传统文化意蕴和精神，试图搭建多维度、多视角、多元化的理论图景。

（2）贴合实际对经典案例做深入考察调研。为当前博物馆陈列展示和文化传播提供贴近前沿和符合社会发展需求的理论和实践资料，结合不断革新的数字信息技术环境，使博物馆文物展示的规划设计更加顺应时代潮流以及满足大多数人的信息接收习惯，让博物馆在观众的参与和体验过程中增添更多的生命力。

（3）在理论框架构建和实证研究开展的基础上，部分借鉴西方有代表性或富有特色的博物馆文物展陈和公众教育的风格特色，从不同观点维度对不同国家的经典博物馆进行个案研究分析。此外，结合国内文化科技发展环境，深入调研典型博物馆和主题特色博物馆，对博物馆馆长、文博宣传部门、文化科技企业负责人、研究学者等学界和业界的权威人士进行深度访谈，以期提出关于文博传播的有效策略和路径。

二、研究意义

伴随社会的发展进步和媒介技术环境的更新，博物馆的职能也在不断发展转变。为了更好地发挥博物馆连接历史与现代的桥梁作用以及实现相应的文化教育和传播的现实意义，研究文化藏品如何更好地贴近当前环境和观众需求进行展陈和传播，在理论研究和实践探索层面是有相应前瞻价值的。本课题区别于传统语境上的博物馆学、管理学、设计学等研究视角，主要从传播学视角研究"情景化"展示和传播，在某种程度上增添了博物馆文化研究的多元维度。综合社会文化发展趋势和专业学科建设创新，该主题是契合当前社会主义文化事业发展需求的，也是在试图构建与世界文物文化传播对话的现实路径。

第四节　研究架构与方法

一、研究架构

本书追随近些年文博数字化的社会关注热点，围绕博物馆情景化这一议题，具体从理念阐述和实践应用两个层面开展研究，在理论与实践相结合的基础上对博物馆未来发展提出策略展望和参考建议。综合国内外相关文献的整理分析，"情景化"这一核心概念仍属于"文化＋技术"领域的前沿话题。因此，本书主要从"思维理念革新"和"国内外实地考察"两方面展开研究：其一是理论层面，尝试从跨学科视角和全球文化视野的高度，对"情景化"理念进行多维度、多方位的剖析和理解；其二是实践层面，主要倚重于参与观察、深度访谈、叙事学、个案研究等社会科学研究方法，脚踏实地地对国内外经典和主题博物馆以及相关文博科技企业进行实地调研，以此获得一手的研究资料和数据。另外，在对博物馆现状考察的过程中也融入了一定程度的历史观，从横向和纵向的综合维度把握作用于博物馆发展的社会、文化、技术和社会环境，以此为文化创意观念和前沿理论的阐释增添更多立体化的思考维度，以期为智能传播时代乃至未来社会中博物馆的发展提供更多理念和实践层面的参考素材。

（1）对博物馆情景展示和传播的基本理论问题进行深入的分析讨论。在研究初期，广泛积累收集国内外关于博物馆陈列和传播研究的各类文献资料，包括专著、研究报告、各类期刊论文及相关报道文章。同时阅读社会科学领域尤其是传播学、心理学、社会学、叙事学等学科中关于"博物馆""情景""文物陈列""参与传播"研究的主要成果，包括研究理论和调查实践案例，然后对文献进行选择性和批判性的分析、梳理、整合与提炼。本研究有效借鉴全球博物馆文化和信息传播前沿理念和应用策略，对其中相关理论进行贴近本土实践的分析，将"情景展示""参与传播""新博物馆理论""后博物馆理论""数字博物馆理论"等概念放置在本土政策和文化传播环境中进行情景分析论述，结合本土实证调研动态进程和数据结果，不断完善博物馆情景传播的理论框架。该理论体系的完善对于当前国内"技术满盈、观念滞后"的文化传播现状有一定的促进作用，其中重要的是，理论的本土创新是立足于党和国家事业发展需求的，同时也密切跟踪全球学术研究的前沿趋势。

（2）社会调查环节分为两部分：一是对城市典型或特色博物馆进行实地考察。收集整理国内外有代表性的博物馆所具备的情景展示经典案例，比如：2012年10月，荷兰国立博物馆（Rijksmuseum）将其超过125000件藏品的高清影像开放免费下载使用；美国国立自然历史博物馆（National Museum of Natural History）将动物生活栖息地的场景进行还原，"蝴蝶展厅"更是塑造生态场景，让参观者与各种种类的蝴蝶进行近距离的接触；2016年4月，故宫博物院推出"V故宫"项目之《养心殿》虚拟现实漫游节目，配合官方APP专题、线上观展和微信服务号等渠道，让用户身临其境观看宫殿原状陈列。对于国外博物馆的创意创新举措和世界博物馆传播的前沿理念的相关资料进行整理，积极联系国外创意性的典型博物馆，如荷兰、美国、西班牙等地博物馆，以期获取最新资讯素材；对于部分国内博物馆的创意革新进行深度访谈，获取一手实地调查材料。二是对一些实体的文化科技企业进行考察调研。了解文博数字化等前沿领域在全球业界的进展情况，如对凤凰科技、鲸世科技公司的实地考察以及对其主要负责人的深度访谈，让理念和实践更好地进行碰撞和融合。

（3）理论结合实践，兼容并蓄地做好调研。在前期社会调研的基础上打磨问题框架，以参与观察和半结构访谈的方式，对相关博物馆管理人员、学界和业界权威专家以及文博展陈设计人员进行深度访谈，结合国内外博物馆经典个案的挖掘分析，探寻城市博物馆情景化展陈和传播的过程中有待完善突破的环节。进一步完善博物馆情景化的理论框架，甚至延伸至更广阔维度的关于"文化＋科技"哲学层面辩证性的思考，不仅有经验主义层面的实证研究作为实践基础，还需有批判性质的辩证学理反思，理论结合实践，对未来博物馆的发展方向给予前瞻性的展望以及合理性的建议。

二、研究方法

本研究紧密结合习近平新时代中国特色社会主义思想和党的十九大会议精神，主要研究议题与媒介文化、文化传播、城市传播等领域密切相关。"情景化"传播是基于社会发展态势和媒介生态环境提出的创新举措，契合文物知识传递和受众信息获取二者相互作用的动态发展过程，是与全球博物馆"数字化""参与体验""交互双向"的传播趋势息息相关的。从传播学的基本要素出发，博物馆研究涉及传播者（博物馆工作人员）、内容（藏品）、传播渠道（展示方式）、受众（观众）和效果（对观众的影响）。藏品的展陈要达到好的效果，展示观念的更新和对受众心理的把握这两方面是相辅相成、相互作用的。本研究本着国内外视野相结合、继承他人成果与本土实践创新相结合的理念与原则进行主题性研究。

（一）实地考察

研究过程中，对一些国内外知名博物馆进行实地调研考察，以此对于文博行业及其文化传播的相应背景和总体进程进行综合性的掌握和了解，其中博物馆类型囊括综合、专业等不同形式的馆藏奇珍。为了扩展研究视域，进行比较分析，笔者和课题组成员积极参与不同渠道举办的相关项目、会议论坛以及研究活动，有效利用社交媒体等网络平台，尽可能地获取国内外博物馆的一手材料①。国内到访博物馆包括：故宫博物院、中国国家博物馆、首都博物馆、清华博物馆、传媒博物馆、安阳博物馆、中国文字博物馆、浙江省博物馆、中国丝绸博物馆、井冈山革命博物馆、大连自然博物馆、湖北省博

---

① 非常感谢课题组成员积极参与其他访学和会议交流项目，实地获取前沿一手素材，给予本课题很多支持和帮助。

物馆等。此外，对欧美一些经典或特色类型博物馆的观察调研，在某种程度上可以从理论和经验上给我国博物馆的前行之路带来一些启发和借鉴。欧洲文博艺术积淀有着悠久的历史且是文艺复兴的发源地，美国博物馆（形成于19世纪和20世纪之交）也因国家经济和文化的强盛而享誉全球。所考察的国外博物馆包括：美国大都会艺术博物馆、美国国家历史博物馆、国家航空和航天博物馆、美国艺术博物馆、史密森尼国家自然历史博物馆、史密森尼博物院、韩国国立中央博物馆、阿姆斯特丹博物馆、凡·高博物馆、伦勃朗故居、海牙莫里茨皇家美术馆、荷兰人体博物馆等。

　　面对文博数字化在全球范围内的实践，本研究还对一些文化科技企业进行了实地考察和参与观察，如凤凰科技和鲸世科技企业。深入了解目前国内业界所从事的关于数字文博的前沿课题项目，如在2017年"砥砺奋进大型成就展"上所展示的"数字故宫"，大屏以"多宝阁"的形式对文物进行放映展陈，观众可以手触屏幕，以此获得对文物多维度、立体化的实景观映体验。另外，还有"清明上河图3.0""千里江山图3.0"等文化产品，有效地运用虚拟现实、全息影像、交互装置等智能技术，让静态的文物有了活态的"生命机能"。对此类文化科技单位及其产品项目的考察调研，在很大程度上可以快速了解文博数字化在国内外的具体应用实践，以此更好地为整体研究赋予能量。

（二）深度访谈

　　质性研究方法（包括参与观察、访谈和话语分析）自20世纪80年代以来就开始成为社会研究的重要方法。访谈是一种技术，有一定的技巧、结构和专业知识可循。[①]访谈研究主要按七个步骤展开：确定研究主题、设计、访谈、转录、分析、验证、报告。访谈问题一般是开放性、半结构化的问题为主，每人访谈时长均在1.5～3小时，建立长期联系，对于特定问题进行重复访谈调研，访谈对象涉及博物馆馆长、宣传部门主管、学界和业界专家、文化科技企业CEO、博物馆重度爱好者等，访谈全程遵守访谈伦理规范，所整理的

---

① KVALE S, BRINKMANN S. *Interviews: Learning the Craft of Qualitative Research Interviewing* [M]. Los Angeles: sage, 2009: 1–3.

文字和图片内容也获得了被访单位的出版同意说明。访谈数据录入文字且输入质化分析软件 NVivo 之中进行主题编码（coding）和深入分析整理，以期获得关于博物馆情景化概念、情景认知与应用、情景未来发展方向等议题的深度讨论。

（三）个案研究

在对"情景化"理论框架不断打磨的基础上，从城市文化、情景叙事、文化体验视角出发，对美国、荷兰、西班牙等在世界范围内较为经典的博物馆进行考察分析，以此呼应前文的情景化理论观念以及关于国内主题特色博物馆及其相关文化科技实践应用的调研内容，使读者可以基于宏观的全球视角综合比较国内外博物馆的发展现状和数字化行为实践。

由于"博物馆情景化"议题还处于学术研究的新兴领域，前期相关文献较为匮乏，并且文化技术的实践发展常常领先于理论的分析阐释，因此，区别于从博物馆学和管理学的研究视角，本书所开展的研究主要偏重于社会科学实证研究，主要从传播学的视角切入，将博物馆视为一个新型的媒介平台，以此进行相关学理分析和实践考察。具体而言，本书注重贴合实际的考察调研和参与观察，如对国内外典型和特色博物馆的调研，对于学界和业界权威人士的深度访谈，还有从文化叙事维度对于博物馆展陈内容和空间建构的分析等。这些经验性、实践性的考察既是对社会发展现实的尊重，也是对理论思维阐释层面的呼应和补充。当然，对于情景化而言，关于观众心理层面的观映需求和文化体验的研究分析也是非常重要的，在相关前期文献中有涉及博物馆情景设计的观众参观体验问卷调查，如在 2019 年出版的《数字媒体介入下的博物馆情境设计研究》，并且各大博物馆也均会从事此种类型的调研。所以，基于综合条件的考量，本书的主体内容更偏重于建立在城市文化空间"行走艺术""互动参与"之上的感观知觉体验和文化传播分析。

（四）总体框架

本书整体框架综合前期文献分析成果和实地调研素材，既从广度、高度和全局层面分析博物馆传播的现状和问题，综合考察情景化理论适用的宏观政策、文化环境、技术手段和受众需求等客观因素，又着眼于各个具体经典案例的研究，选择国内外有代表性的关于博物馆文化信息传播转型和革新的案例，进行深入的分析，做到"点"和"面"的结合，立体化、多维度、多层次地开展研究，使研究既有区域代表性、普适性，又有具体个案的生动与鲜活特征。具体而言，本书的章节主要内容介绍如下：

第一章是关于博物馆情景化理念的学理思考和理论框架搭建。本章在情景化概念界定的基础上对其功能、形态和模式进行了相应的论述。并且从文化传播、场景理论、参与文化、城市规划设计、现象学、情景主义、文化叙事等维度对于情景化理念进行相应理论层面的延伸和扩展，从而综合系统地在学理层面对本书主题给予进一步的夯实。

第二章是对博物馆情景化的历史语境与现实环境的概述。本部分首先梳理了欧洲、北美、亚洲等博物馆事业的发展历史。其次，聚焦于我国的发展环境，对博物馆相关的扶持、治理与保护政策进行了详尽的整理，阐述了智能交互与时空延展的技术背景、传承与交流并存的文化环境、消费与体验为主的受众环境，从纵向和横向维度综合呈现博物馆情景化建设的整体环境。

第三章主要梳理考察主题特色博物馆的访谈文稿。本章采用深度访谈的方法，从富含深厚文化底蕴的国内相关城市中选取有代表性的博物馆和文博机构，通过对博物馆馆长、宣传部部长、学界业界专家等对象的访谈，深入了解现代博物馆对于情景化的理解和应用。此外，还选取了两个致力于发展"文化＋科技"的科技型创意企业进行考察调研，从数字媒体技术的角度分享文博数字科技化成果，进一步探究科技如何更好地为情景化赋能。

第四章是在理论阐释的基础上开展的案例研究。本章从不同的维度分析北美和欧洲较为经典的博物馆。在课题组成员近几年多方位展开实地考察的基础上，重点讨论了西班牙、荷兰、美国博物馆的情景化实践，针对不同文化背景下的博物馆革新，探讨文博情景化对于提升博物馆传播效能的实际作用。

第五章是对案例调研的归纳总结以及对博物馆未来发展的辩证思考。本章首先从技术赋能、人文关怀两个角度总结博物馆情景化取得的阶段成果，同时，以批判的视角呼吁博物馆回归文化与实践理性，以此抵御现代、后现代社会环境中消费主义美学和信息技术作用下的"时空压缩""地方消逝"和"算法茧房"。在后数字、后疫情时代，博物馆不仅需要尝试突破空间的限制，利用数字技术对文物进行合理的保护和展陈，更应结合观众或用户需求，探索与不同实体空间连接的"文化综合体"建构和转型策略。

第一章

概念界定与理念综述

第一节 博物馆情景化

"博物馆"一词源于希腊语 Mouseion，指"供奉缪斯（Muses）及从事研究的处所"。在古希腊神话中，缪斯是众神之王宙斯与记忆女神谟涅摩叙涅所生的九位女儿，她们是艺术与科学的保护神，是希腊神话中数量仅次于象征自然与生命的十二泰坦神的一组多元神祇，暗示博物馆与多元化之间存在天然的联系。1755年，塞缪尔·约翰逊（Samuel Johnson）在其编著的《英语词典》中将博物馆（museum）定义为蕴含丰富学问的奇异物品的贮藏和陈列场所。某些学者将博物馆描述为"一个为公共利益而收集、记录、保留、展览，并阐释实物证明和相关信息的机构"[①]。

博物馆的多样性和多元化特征，决定着它的定义是纵向性和历时性的，随着时代演进、时空转变和社会变迁发生着些许同步性的变化。比如：博物馆的多元特征在世界上还未有一个特别完美的分类方法，有的国家根据文物藏品类型进行分类，也有的根据展馆的实体特征进行分类，还有的根据国别、行业、学科等元素进行划分。国际博物馆协会历时半个世纪，几经修改形成了较为宽泛的定义："博物馆是为社会及其发展服务、对公众开放的、非营利的永久性公共机构，它是为教育、研习和欣赏的目的而收集、保存、研究、传播和展示人类及其环境的物质及非物质遗产。"[②]

博物馆是一个知识信息分享和传播的公共空间，而知识是个体在与环境

---

① 迪克斯.被展示的文化：当代"可参观性"的生产［M］.冯悦，译.北京：北京大学出版社，2012：151.
② 段勇.当代中国博物馆［M］.南京：译林出版社，2017：4.

的交互过程中建构的，是客观事实在人脑中反映加工的产物。情景的构建与整个馆藏空间环境相融，贯穿于"展陈设计—展品展示—技术辅助—观众认知—观众体验—反馈修正"一连串系统环节之中，特别在融媒体为技术发展核心的时代，云计算、大数据、VR/AR/MR、全息影像、数字投影等技术的革新大大扩张了展陈空间，也在一定程度上延伸了展品的概念，给参观者带来了多维全新的体验，这种体验不仅作用于视觉观感层面，而且已经延展至味觉、触觉等其他感知维度，甚至观众身体也融入展陈且具备了媒介属性特征。

一、情景化的诠释理解

"情景"（scenario），广义指对获取知识信息产生影响的各种情况，包括观众的内外部情况；其狭义是根据特定主题所构造出来的生动环境，让观众能有"身临其境"的体验，从而更好地参与到主题内容的建构当中。《现代汉语规范词典》中将"情景"定义为某个场合的具体情形与景象。"情景"，指以景为基础，以景为媒介来激起情感或激发兴趣。清代文人李渔在《闲情偶寄·词曲上·词采》中写道："文章头绪之最繁者，莫填词若矣。予谓总其大纲，则不出情景二字。景书所睹，情发欲言。"《红楼梦》第十八回也有相关描述："母女姊妹，不免叙些久别的情景，及家务私情。""情境"（situation），主要是指一个人在进行某种行动时所处的特殊背景，包括机体本身和外界环境因素。[①] 相较而言，"情境"一词所指的时空范围要比"情景"略大，"情景"的"景"是具体微观的，"情景化"在很多情况下有些编排仿制的"情景再现"，文学中的情景再现凭借文字通过读者的联想和想象完成，而展示活动的情景再现除了文字，还会借由声光电以及场景道具等信息科技手段来共同建构。"情境"的"境"是指构成和蕴含在情景中的那些相互交织且互为关系的大体环境，是宏观层面对于总体环境的刻画描述，"情境"一词可以结合不同的前置条件，从而构成不同的环境状况，如：戏剧情境、规定情境、教学情境、学习情境等，情境之中亦包含社会心理反应。在西方，"情境"概念最早

---

① 温京博.数字媒体介入下的博物馆情境设计研究［M］.北京：首都师范大学出版社，2019：27.

由美国社会学家 W.I. 托马斯与 F.W. 兹纳涅茨基合著的《身处欧美的波兰农民》（1918—1920）一书中提及，后来德国心理学家 K. 莱温进一步研究了心理环境问题，用函数公式 $B=(P, E)$（其中 B 为行为、P 为个体、E 为情境）来表示行为与情境之间的关系。总体而言，"情景"与"情境"在具体使用中的意思确实略有不同，但对二者的理解还需要结合前后背景和上下文释义，比如：在具体展陈的空间描述中更偏重于"情景"的表述，而在糅合社会受众心理的场域中又有更多"情境"的意蕴。

　　基于学界的现有研究，本书全篇略偏重于对情景的描述和分析，其间会有对国内外经典博物馆情景化的案例分析，但"情景"中也并不遮掩"情境"的内涵，毕竟好的展陈情景也是需要"意境相融"的观映关系予以支撑的；另外，本书从研究视角和研究方法上更偏重于传播学，对诸如"场景""景观"之类情景的横向和纵向分析阐释会更加深入一些，但并不忽视对于博物馆情景化环境中观众所处"情境""意境"的分析。从传播学视角出发，如同美国学者拉斯韦尔在《传播在社会中的结构与功能》中将信息传播流动归为五要素——传者、内容、渠道、受众、效果，即著名的"5W 传播模式"，所以，在考察研究博物馆情景化的传播效能之时，对于文化信息的情景化传播策略以及观众的需求预设和反馈心理的考察都是比较重要的。总而言之，"情景"与"情境"虽有所差异，但二者在一定环境或上下文中大体上相互关联和互嵌，对于"情景化"的界定也不应顾此失彼，将二者全然分割开来，应用之时应结合具体的研究环境和话语环境展开。

二、情景化的功能聚合

　　综合相关理论阐释和本土文化空间实践，有关博物馆情景化的思维观念，可以从"情景媒介""情景场域""情景参与""情景体验"四个方面进行理解，以此在宏观层面上呼应信息内容在传播过程中所途经的"传者—渠道—受众—效果"几个重要阶段。

（一）情景媒介：博物馆空间的信息系统

　　对于情景的建构，多离不开媒介的视角。梅罗维茨（Meyrowitz）建立了媒介情景理论，在《空间感的失落》一书中指出"情景"就是信息系统，由人的地点和行为等要素所定义；个体的行为需要特定的情景支撑，而电子信息科技和新兴多样化的媒介可以促进旧有情景的合并。如果说博物馆本身就是一种传播沟通媒介①，那么情景的构建在其庞大的信息交互空间中也是必不可少的。博物馆不仅仅是一个地方（place），它更是藏品与观众之间建立联系的纽带②；文物珍宝在观者的鉴赏中被赋予新的内涵和意义，它既遗留着历史文化印迹，也被观映者的主观能动性所唤醒③。博物馆环境的多元塑造和创意设计，对于文化传播效能和知识获取理解有着重要的意义和价值。2014年，国际博物馆日曾将"博物馆藏品架起沟通的桥梁"作为主题，博物馆一切活动的根本依据是"藏品"④，而一切活动都是为了服务"观众"。博物馆藏品自身往往是脱离了其自然状态而被展出和展览的，很多时候难以被观众直接"吸收理解"，藏品本身并不能成为人与人之间沟通的媒介和桥梁⑤，需要一些理念的铺陈和阐释；阐释藏品作为符号化能指时的意义所指，即"释展"（interpretative planning），强调在博物馆和艺术馆语境下，对展览的主题和思想通过文字叙述和视觉设计所做的文化阐释⑥，因此，博物馆规划设计者和策展人的作用是不言而喻的，他们作为文化信息内容和意义的传播者，在众多静态独立的文物之间建立起故事叙事的关联意义，以此为融入文化情景之中的观众打开了更好更快地汲取知识营养成分的绿色通道。

博物馆文化传播者对于文博空间环境的多元塑造和创意设计，对于文化传播效能和知识获取理解有着重要的意义和价值。为了避免常规文物陈列式

---

① SILVERSTONE R. The medium is the museum: on objects and logics in times and spaces [J]. *Museums and the Public Understanding of Science*, 1994: 34-42.

② HENNING M. *Museums, Media and Cultural Theory* [M]. London: McGraw-Hill Education (UK), 2005: 26.

③ HOOPER-GREENHILL E, ed. *Museum, Media, Message* [M]. London: Routledge, 2013: 43.

④ 安来顺，等."博物馆藏品架起沟通的桥梁"专家笔谈 [J].东南文化，2014（3）：11-25.

⑤ 安来顺，等."博物馆藏品架起沟通的桥梁"专家笔谈 [J].东南文化，2014（3）：11-25.

⑥ 沈辰，何鉴菲."释展"和"释展人"——博物馆展览的文化阐释和公众体验[J].博物院，2017（3）：6-17.

展览所带来的文物在时间和空间上的"叠加"使文物成为"孤立"的现象[①]，博物馆通过情景化的文物展陈，实质上提供给观众文物"生存"的"上下文"，将文物藏品和社会文化糅合，使用技术化手段，利用藏品作为媒介，将博物馆所欲强调的文化意义渗透于情景叙事声音中，促成不同意义空间的连接、渗透和互动[②]，赋予原本被忽略的观映个体更多的主体能动性，以此在文物与观众之间搭建一座交流沟通的桥梁。

（二）情景场域：博物馆展陈的叙事空间

媒介环境伴随着数字技术的应用朝着愈加智能化的方向发展，"零点智媒"时代已经到来。新的媒介环境以全媒体内容形式为标配，吻合沉浸传播（immersive communication）导向和"泛在传播"（ubiquitous communication）的媒介发展趋势，用户体验在一定程度上成为衡量媒介环境建设成果的风向标。未来社会，"数字生活"将成为生活方式[③]，万事万物日益具备媒介特征，博物馆也超越了传统思维定式，成为日常生活中的媒介本身。米歇尔·亨宁（Michelle Henning）在《博物馆、媒介与文化理论》一书中将麦克卢汉"媒介物质性"（the materiality of media）和雷蒙德·威廉姆斯（Ramond Williams）文化研究观点进行比较[④]：如果麦克卢汉将人类行为看作媒介技术所形塑的结果，那么威廉姆斯则认为二者间是相互作用的关系，更重要的是，他认为人类行为本身是具有感官愉悦和物质性特征的。因此，情景效能的提高并不是对各种数字高新技术简单地叠加，它更需要对文物历史故事、社会文化环境、日常生活实践等方面进行综合性的把握，以此产生贴近受众感官认知和情感记忆的沉浸场域，这也对博物馆信息传播渠道的建设提出了更高的要求。

现如今，声光电工艺、交互装置、全息投影、VR（虚拟现实）、混合现实等信息传播技术已经深度融入文博艺术之中。虚拟空间的搭建是数字技术

① 安来顺，等."博物馆藏品架起沟通的桥梁"专家笔谈［J］.东南文化，2014（3）：11-25.
② 陈霖.城市认同叙事的展演空间——以苏州博物馆新馆为例［J］.新闻与传播研究，2016，23（8）：49-66，127.
③ 约翰·厄里.未来是什么？［M］.陆晓，译.南京：江苏凤凰教育出版社，2018：155.
④ HENNING M. Museums, *Museum, Media, Message*［M］. London：McGraw-Hill Education（UK），2005：73.

与文化创意之间的合谋，二者相互作用、彼此影响。AR（增强现实）等媒体技术赋予博物馆场域空间源源不断的能量，"活化"文物的同时也增强了参观者的"沉浸感"和"在场感"①。VR 技术可以对文化遗产的历史情景进行数字模拟，使观众能与远古文明产生近距离的接触；AR 技术在前期数据库构建基础上，对文物进行多媒体形式的复原，极大地增强受众对于展陈藏品所蕴含历史知识的理解。〔从技术角度而言，虚拟现实系统具有三个基本特征：三个"I"——Immersion（沉浸）、Interaction（交互）和 Imagination（想象），其实也强调人在虚拟系统中的主导作用〕智媒时代甚至 5G 时代的魅力，大多在于环境的空间实时动态特征，在不同的个体对于同一事物或景象进行"书写"之时，被描绘对象的鲜活性就渐渐呈现出来，其完整图景也会在众人的交互讨论中得以升华，使静态的物理场域相应地拥有了动态的空间延展和意义赋予。因此，博物馆在现代社会中要实现更好的传播效能，对于文化信息传播渠道的理解不应局限于馆内场景和技术平台，而应更多地应对"万物皆媒"时代中人、物、技术、空间等因素综合应用的可能性。

（三）情景参与：博物馆文化的动态展示

相较于传统博物馆的模式建构，21 世纪的博物馆是创造性的、复杂的和协作的。②在以文化为核心的公共空间中③，"参与范式"受到越来越多的重视。利文斯通认为，参与范式的核心是对地点的重新定义以及对观众的扩展，他指出"观众的参与性越来越强，而参与也越来越媒体化"④。移动互联时代，每位公众都好比是一个无线发报机，形形色色的社交媒体成为社会互动、连接和交往的平台。很多博物馆在确保文物安全的基础上为了文化传播的大众化，

---

① JUNG T，LEE H，ed. *Effects of Virtual Reality and Augmented Reality on Visitor Experiences in Museum*［M］//INVERSINI A，SCHEGG R.Information and communication technologies in tourism，New York：Springer，2016：621–635.

② MACLEOD S，HOURSTON L，HALE J. Introduction：museum making. The place of narrative［J］. *Museum Making*：*Narratives*，*Architectures*，*Exhibitions*，*Londres*/Nueva York，Routledge，XIX–XXIII，2012.

③ 珍妮·基德.新媒体环境中的博物馆——跨媒体、参与及伦理［M］.胡芳，译.上海：上海科技教育出版社，2017：10.

④ LIVINGSTONE S. The participation paradigm in audience research［J］. *The Communication Review*，2013，16（1/–2）：21–30.

撕扯掉了"禁止拍照"的标语；此外，随着"自拍"（selfie）文化的盛行，来自四面八方的观众会以其自身的认识程度进行展馆景象的"收集"，在不同的社交媒体上进行蕴含情感意境的"分享"（sharing），激发数字空间中对于文物展陈和意义背景的公共讨论、交互评论以及参与体验。众多流量的汇聚丰富了藏品本身的文化内涵，同时也延展和扩充了博物馆在都市生活中的空间边界，赋予了文博产品的"情景"意义，这种"场景化的叙述"促进了思想的交流和碰撞。

　　博物馆对多媒体信息技术的应用，可以促进观众的交互参与行为[①]。美国学者亨利·詹金斯（Henry Jenkins）所提出的"参与"（participation）、"故事叙述"（storytelling）理论被广泛认可，此概念肯定了个体在媒介生态环境中的主体性。特别是对成长于数字信息技术环境氛围中的青年，他们早已从"被动的消费者"（passive consumers）过渡为"积极的文化构建者"（active users of culture），其在博物馆环境中的角色定位也日益从被动的"观映者"（spectator）转换为积极的"管理者"（curator）[②]。在博物馆的参观过程中，体验是过程，认知为目标[③]，数字媒体介入下动态游戏化的参与性体验，能够创造合作并且鼓励观众进行参与，不同的参与者透过彼此的异质性可以帮助博物馆创造想法[④]。现代社会，博物馆职能也已经从"单一展示"（performance）转换为"多元建构"（construction）[⑤]；"新博物馆学"（new museology）逐渐将博物馆赋予"寓教于乐"的精神，在形塑藏品庄严氛围的同时也赋予受众自我思想沉淀的机会。妮娜·西蒙（Nina Simon）所撰的《参与式博物馆》一书中明确指出，博

---

① HINDMARSH J, HEATH C, ed. Creating assemblies: Aboard the ghost ship [C] // Proceedings of the 2002 ACM conference on computer supported cooperative work. 2002: 156-165.

② STOGNER M B. The Immersive Cultural Museum Experience——Creating Context and Story with New Media Technology [J]. *International Journal of the Inclusive Museum*, 2011, 3（3）.117-130.

③ 温京博. 数字媒体介入下的博物馆情境设计——以美国新闻博物馆为例 [J]. 艺术设计研究, 2019（2）: 86-90.

④ 何浩. 未来博物馆的游戏化参与性体验设计 [J]. 中国艺术, 2019（2）: 102-107.

⑤ HOOPER-GREENHILL E, ed. *The Educational Role of the Museum* [M]. London: Psychology Press, 1999: 73-79.

物馆的核心价值与观众参与息息相关①；另有学者认为，参观者在博物馆观展之时自主建构思考个体的生命认同和意义②；博物馆观众运用展陈物作为"隐喻"（metaphors）来诠释日常生活中的经历体验③。可以说，"情景"烘托文化氛围，"参与"活化文物历史。

（四）情景体验：人与物关系的持久升华

"体验"（experience）一词对于今天的博物馆而言已经成为核心。④心理学家米哈里·契克森米哈赖（Mihalyi Csik- szentmihalyi）在研究中发现个人完全投注在某种活动情境中，会过滤掉所有不相关的知觉，十分兴奋和充实的情绪就像"水流"一样，毫不费力源源不断地出现，他将这种情绪体验称为心流体验或沉浸体验（flow experience）⑤。约翰·H.弗兰克（John H. Falk）在他所著《博物馆体验》一书中说："沉浸式的情绪可以唤醒人的认知和记忆。他们的体验记忆可能最终影响参观者的选择，进而最终影响学习。"⑥当前，各种智能媒体技术已经与文化艺术空间紧密融合，很多情况下，文化展览氛围可以是让人"身临其境"的，而"沉浸感"的滋生大多是需要结合受众过往认知和文化体验的。沉浸体验（flow experience）或沉浸理论（flow theory），近年来经常被学界和业界所提及。

《沉浸感》一书认为沉浸作用于信息、感官和大脑三个层面⑦。在"文化＋科技"融合的业界层面，以 Team Lab 为代表的"光影艺术空间"以及各种类

---

① 妮娜·西蒙.参与式博物馆：迈入博物馆2.0时代［M］.喻翔，译.杭州：浙江大学出版社，2018：3.
② SILVERMAN L H. Of us and other " things": The content and functions of talk by adult visitor pairs in an art and a history museum［J］. *Dissertations*（ASC）. 5. 1990.251-252.
③ LEICHTER H J, Spock M. Learning from ourselves: Pivotal stories of museum professionals［J］. *Bridges to Understanding Children's Museums*，1999：66-80.
④ 贝拉·迪克斯.被展示的文化：当代"可参观性"的生产［M］.冯悦，译.北京：北京大学出版社，2012：175.
⑤ 王红，刘素仁.沉浸与叙事：新媒体影像技术下的博物馆文化沉浸式体验设计研究［J］.艺术百家，2018，34（4）：161-169.
⑥ FALK J H, DIRKING L. *The Museum Experience Revisited*［M］. London：Routledge，2016：108-110.
⑦ 张以哲.沉浸感——不可错过的虚拟现实革命［M］.北京：电子工业出版社，2017：19.

型的 VR/AR 场景空间秀、博物馆互动参与展等新型文化传播产品昭示着以沉浸传播为导向的"第三媒介时代"已经到来。沉浸传播特征与保罗·莱文森（Paul Levinson）所说的"泛在传播"（ubiquitous communication）有异曲同工之处，认为媒介更趋于人性化；人、媒介、环境融为一体；人类的过去、现在、将来融为一体；虚拟世界和现实世界融为一体。"沉浸"不仅作用于声光电技术所带来的视觉感观体验，而且体现在信息内容沉浸和身体"五感"有机搭配的沉浸体验之上，良好的体验应是在自然状态下获得的沉浸化、无意识的感受。在技术盈溢的当代社会，无论学界还是业界，都日渐有一种共同的认知取向，即从技术沉浸向观念沉浸甚至是更高哲理思考层次的沉浸转变，这种高阶段的沉浸，不仅仅是停留在被各种酷炫技术制造的即时幻象之中的浅层感受，而是从感官知觉层面转向深层维度的辩证思考，甚至还能仪式化地唤醒集体记忆以及将其转化为印刻在历史长河中的文化记忆，从深度和广度上激起文化观念的碰撞和鸣响，以此获得更加长久而深刻的文化传播效能。

三、情景化的模式形态

情景化理念有其自身的演化和发展路径，是一种综合系统地契合融媒体总体生态环境的信息传播和叙事模式，它与政策、技术、文化、社会等因素有着多元化和多维度的关系，是一种动态发展的过程。结合我国社会环境和技术生态的演变，博物馆情景化的模式形态大体上可以看作从1.0向3.0的动态演化进程。

（一）1.0 模式：基于场景还原的氛围营造

19世纪末期，大多数人企图通过博物馆来还原世界的样貌，并期待博物馆中的展品能够以独立的姿态向那些"未经专业训练的参观者"讲述其中的故事[1]，美国费城商业博物馆的馆长威廉·威尔逊（William Wilson）也认为，博物馆内的任何一个展品都应如同一本打开的书，能够为观众清晰地展现出

---

① 康恩.博物馆与美国的智识生活，1879—1926［M］.王宇田，译.上海：上海三联书店，2012: 2.

自身的故事。① 但是，展品自身的故事并不是显而易见的，而更像是一本需要慢慢咀嚼的书，很大程度上需要通过情景化的演绎，才能让藏品自身的内涵展现于观众眼前。同时，展览物也需要通过彼此之间的组合和衔接，进而引出背后更为深远的主旨或意义。

与传统的"观看"不同，博物馆的情景化设计不仅体现在展品的摆设，更体现在对其场景的营造之上。早期博物馆情景化强调的是情景"再现"，希望还原出不同时代、不同地域、不同文化的展品背景。以陶罐为例，情景化的展示可以将观众带回到遥远的过去，通过实景沙盘或造景等手法，将陶罐所处的时期进行模拟还原，使整个展示更为立体生动，不仅使观众能够观赏器皿制作纹路的精美，还能够了解物品在当时所起到的作用以及完整的制作流程，这是用单一的文字介绍形式所无法触及的效果。

此外，最初博物馆场景化的展示，解除了展品单独摆放于展柜之中的传统形式，即通过展品之间、展厅之间的彼此串联，实现了展示的连贯性和故事性。与文学作品等主题相似，博物馆需要通过某一主题来进行展品的组合与空间的设计，从而形成更为完整的场景故事。在这一过程中，空间划分、色彩选择、灯光处理、展品组合顺序等一系列要素均可表现差异化的情景氛围，集中体现展览的主旨意义，从而进一步增强观众的体验感。

（二）2.0 模式：基于智能技术的虚实空间

智能媒体技术的出现助推了深度的文化互动体验，互动将物品与观众感官联系起来，并呈现出全新的信息传播形态和文化承继方式。在此阶段，博物馆情景化借助多种新兴技术，达到一种虚拟与现实融合的状态，使观众享受到更为丰富的多感官体验。

1. 虚拟现实

"虚拟现实"（virtual reality，简称 VR），既指创造虚拟世界的技术，也包括沉浸于其中的体验。早在 2000 年，中国《科技日报》就已经发布题为《虚拟现实技术——崭新的综合性信息技术》一文，其中指出："虚拟现实技术是

---

① 康恩. 博物馆与美国的智识生活, 1879—1926 [M]. 王宇田, 译. 上海: 上海三联书店, 2012: 2.

20世纪末才兴起的一门崭新的综合性信息技术，它融合了数字图像处理、计算机图形学、多媒体技术、传感器技术等多个信息技术分支，大大推进了计算机技术的发展。由于它生成的视觉环境是立体的、音效是立体的、人机交互是友好的，因此，虚拟现实技术将一改人与计算机之间枯燥、生硬和被动的现状，即计算机创造的环境将使人们陶醉在流连忘返的工作环境之中。"[①]近几年，许多博物馆开办起"虚拟博物馆"和"数字沉浸展"，"虚拟博物馆"一般是制作出 VR 影像般的文物展陈视效，感观体验可比拟现实中在三维立体空间中行走的体验，极大地创造出与现实博物馆视觉效果一般无二的虚拟展陈空间，这种 VR 制作可以是基于网页的，也可以是以 APP 软件为载体的。例如：2014年8月，莫高窟数字展示中心竣工投入使用，实行网络预约、分时段参观、数字化虚拟洞窟实景展示与实地参观体验相结合的参观新模式[②]；2016年4月29日，"数字敦煌"资源库平台第一期正式上线，首次向全球发布敦煌石窟30个经典洞窟的高清数字化内容及全景漫游节目。目前，虚拟现实已经成为一种常态化的技术应用模式，并日渐衍生为各种高级形态，越来越多地被投入各种文化信息传播过程当中。

2. 增强现实

增强现实（augmented reality，简称 AR），可以通过计算机实时演算，经由特定数字终端，将此前建设好的数据与真实世界密切接合，并相应地呈现多维立体图像，与观众产生更深层次的互动。增强现实技术概念大约在1990年提出，硬件方面，是由集合处理器、显示器、传感器以及输入设备的载具共同组合成增强现实平台；软件方面，主要是将增强的图像与现实世界相互连接和结合。目前，AR 技术已广泛投入博物馆的展陈设计和文化传播过程中，其思路大体上是在博物馆展陈氛围中增设：虚拟讲解员、AR 历史展品复原、通过 AR 让展览对象"复活"、还原现场展陈部分残缺的藏品、AR 小游戏、AR 智能导航、使用 AR 技术对展品进行评论、AR 技术对复杂展品的分解解说、

---

① 张以哲.沉浸感：不可错过的虚拟现实的革命［M］.北京：中国工信出版社，2017：31.

② 中国经济网."数字敦煌"30年：从构想到不断完善［EB/OL］.中国经济网，2018-11-20.

AR文创产品的互动和展销等[①]。增强现实技术可以将现实环境、物体环境与虚拟环境紧密地无缝联系在一起，并能实现有效地将互动同步反映到虚拟的三维空间，从而给观众带来新奇有趣的交互体验。对于大多数观众而言，只需举起智能手机或馆内特设的移动终端轻轻地在文物面前扫一扫（如图1-1-1），即可从屏幕影像中窥知该藏品的"前世今生"，并且，很多时候可以对现实中缺失的文物进行电子"复活"或"修复"，现存的残垣遗迹也能再现往日的辉煌和炫丽。

图 1-1-1　第二十七届中国国际广播电视信息网络展览会

3. 全息影像

全息影像（holographic image），具有沉浸式、体验式、互动式等特征，可以将文字、图像、声音等元素融合起来，其视觉样态在主体、时间、空间和多维交互中呈现出多样化特征，以此带来沉浸式的现场叙事体验。作为"真正"的三维立体影像，全息影像可以实现无辅助设备、多角度观看的效果，在艺术方面已被越来越多地投入应用，例如：在舞台上重现昔日的明星，让观众的记忆在霎时间被唤醒。同样，这种"克隆"的影像也逐渐被应用于博物馆的文物展示之中，许多博物馆已经开始利用全息影像技术，将部分文物以三维立体的拟真图像悬浮于半空中，以供观众全方位近距离地观赏，由此

---

① 聚象科技.AR博物馆，AR增强现实博物馆的建设案例［EB/OL］.搜狐网，2019-04-15.

给观众带来了全新的文化体验。

伴随着5G（第五代移动通信网络技术）的发展，智能互联网的基础设施建设会大大提高数据传输速度，使信息的传送形态从文字、图片、视频等"平面信息"转向以全息影像为代表的"三维信息"，为全媒体的艺术创作带来更多可能性。

4. 交互装置

博物馆展览使用的交互多媒体技术（interactive multimedia technology）是指基于计算机技术，允许用户控制、组合操纵多媒体的电子系统。[1]观众可通过可视化显示屏、麦克风、感应器等一系列外部设备实现人机交互，这种交互式的操作一改传统展览枯燥单一的信息接收模式，通过鼓励观众的参与和体验，加深观众的投入程度，从而将信息被动接收过程转化为信息主动获取的过程。

交互理念下的博物馆场景化呈现，不再仅是简单地满足视觉与听觉上的刺激，而是通过多种交互装置来调动多重感觉体验，以此建构人们在其中全新的文化实践。设计人员将展览意图蕴藏在交互装置之中，让观众以更为灵活的方式介入文物展示的场景体验，通过调动视觉、触觉、听觉、嗅觉、味觉五种感官，进而完成整个展览项目，并从中提取重要的知识结论。观者沉浸于整个场景之中，装置及其空间立体性赋予了展览场景更加多元的特征，通过计算机控制技术、光影技术、显示技术、传感器技术等综合运用，影像与实体空间彼此接合，在博物馆空间的基础上超越其地理意义，以此实现观众与展品的跨时空对话。

（三）3.0模式：基于思维理念的空间冥想

融媒体环境下，博物馆情景化的内涵也在发生着相应的变化。以互联网为基础的媒介角色，从再现空间的"中介"逐渐转向融合于空间整体的一部分，也意味着情景化进入3.0模式，以此体现出技术的纵深融合对于文化的发掘和运用。自2013年党的十八届三中全会首次提及"推动传统媒体和新兴媒

---

[1]　中国大百科全书出版社《不列颠百科全书》国际中文版编辑部. 不列颠百科全书［M］. 北京：中国大百科全书出版社，2002：394.

体融合发展"以来，"媒体融合"就成为全党和全社会共同关注的事业。经历了近十年的跌宕，5G 技术、人工智能、算法、云平台、大数据、VA/AR/MR、区块链等不断涌现的新技术相继触动着社会发展的脉搏，媒体融合的概念和意义也从最初的"你是你，我是我"渐进为"你中有我，我中有你"，进而过渡为"你就是我，我就是你"的全盛阶段，这为博物馆情景化的发展模式开拓了更为广阔的空间。在媒体融合向纵深发展的新时期，技术的递增和迭代也许并不会如以往那样难以企及，如何更有效地进行技术应用并引导人们进行深度讨论和思考逐渐成为日益关注的议题。

智能媒体时代乃至未来社会，"人—物""物—物"之间的关联和互嵌会日益增强，实体空间与虚拟空间已然融汇一体，位置与空间的概念被重新定义，人类的身体在此基础上也被重新书写，应用于博物馆空间中的智能设备剥离于固定的物理空间，转而与人体结合，甚至嵌入人体，成为身体的一部分。在此环境中，人类终将走向"数字化生存"[①]的状态。当所有"物"都借助技术得到外化的数据反映之时，所谓"情景媒介""情景场域""情景参与""情景体验"实际上就得到了进一步的更新。同时，人们对于物品"真实性"的理解也就不再单纯依靠物理空间的实体感知，而是成为跨越更广泛时间与空间的一种综合性、临场化的沉浸感知。马丁·海德格尔（Martin Heidegger）曾认为"上手状态"是作为工具之于事物的存在方式[②]，也就是说，"一个事物的在场也就意味着事物被使用，当事物无法被使用时，它就不在场"[③]。这里的"在场"既可以是人与物无中介的接触，也可以是在技术的连接作用下实现的虚拟在场。而后者在未来可能会成为一种更为普遍的形式。

在技术盈溢的时代，"内容"又逐渐成为人们关注的重要议题。如果没有五彩斑斓的内容作为叙事基础，再多琳琅炫目的技术装点也会让审美艺术陷入桎梏，因而，展览叙事受到越来越多的关注。博物馆具有"规范知识"以

---

① 彭兰. 生存、认知、关系：算法将如何改变我们 [J]. 新闻界, 2021（3）：45–53.
② 海德格尔. 存在与时间 [M]. 陈嘉映, 王庆节, 译. 北京：生活·读书·新知三联书店, 2000：81.
③ 董明来. 符号与在场性：胡塞尔与海德格尔的分歧 [J]. 中外文化与文论, 2011（1）：166–175.

及"构筑民族国家群体意义的集体身份"[①]的作用，通过博物馆的展览叙事，来自过去的文化记忆能够重现于世。伊丽莎白·亚克尔（Elizabeth Yakel）强调了博物馆的展陈对人类文化的筛选作用，并进一步决定哪些成为"历史性的文化象征"[②]。不同类型、不同主题的展览体现了不同的展览理念以及所要面对的差异化观众，在新的空间观念之上，文化场景、文化观念可能会具有更加多元化的特征。因此，情景化的呈现逻辑应当符合不同的文化视角，以此进一步拓展文物的横向与纵向联系，并建立一个更为整体性的文化脉络。

第二节　理论延伸与扩展

"情景"概念的有效诠释，除了以上围绕主题较为聚焦的思维解析之外，还不能忽视宏观层面相关理论观点的延展思考，以期为理解"情景"及其实践应用打下良好的学理基础。基于前期文献阅读和实践调研，可以看出：博物馆情景化理念可以延展至传播学、社会学、现象学、叙事学、城市规划设计等学科方向。本章节对相关理论观念及其社会实践进行概述，用跨学科视角对核心议题进一步夯实，以此体现学术研究的系统性、多维度和多元化特征。

一、场景理论

数字信息技术的快速发展是与整个社会环境的变迁发展息息相关的。学者胡正荣在《智能化：未来媒体的发展方向》一文中提出，互联网业态的发展基本可分为三个阶段：一是门户媒体时代，即 Web 1.0；二是社交媒体时代，即 Web 2.0；三是智能场景时代，即 Web 3.0。梅罗维茨（2002）将媒介对社会的影响概括为"新媒介、新场景、新行为"[③]。移动传播的本质是基于场景的服务，即对场景（情境）的感知以及信息（服务）的适配，场景成为继内容、

---

① 徐贲.全球化、博物馆和民族国家［J］.文艺研究，2005（5）：43-54，159.
② YAKEL E. Museums, management, media, and memory: Lessons from the Enola Gay exhibition［J］. *Libraries & Culture*, 2000: 278-310.
③ 陆晔.影像都市：视觉、空间与日常生活［M］.上海：复旦大学出版社，2018：30.

形式、社交之后媒体的另一种核心要素。^①《即将到来的场景时代》一书中指出与场景时代相关的五个要素：大数据、移动设备、社交媒体、传感器、定位系统。^②

"场景"一词源于电影专业术语"Scenes"，指包括对白、道具、场地、音乐、服装、演员等在内彼此相互关联的影片元素。《场景：空间品质如何塑造社会生活》一书的作者特里·尼科尔斯·克拉克（Terry Nichols Clark）和丹尼尔·亚伦·西尔（Daniel Aaron Silver）将"场景"引入城市社会研究之中，形成了"场景理论"^③。从社会发展来看，充满人文气息的社区、长盛不衰的音乐剧院、兴旺发达的餐馆、美丽典雅的建筑、资源丰富的学校、图书馆和博物馆等地方（place）一起构成了文化舒适物（cultural amenities）体系，共同建构成一种优质的地方生活质量（quality of life），推动城市的发展与繁荣。致力于研究"场景"的芝加哥学派，把文化从哲学、文学、宗教、伦理学、人类学等研究范畴拉入社会科学实证研究议程之中，从地方美学与文化风格入手，采用大量数据与比较分析，来理性地诠释文化驱动力对社会发展的影响。场景理论的研究体系建立在主观认知和客观结构之上。客观结构是指研究区域中的舒适物设施与活动；主观认识体系主要是指场景的三个主维度和十五个次维度。主维度分别是"真实性""合法性"和"戏剧性"。其中，真实性，指场景规划与建设是否真实，是否符合本地价值和自我认同；合法性，指场景是否合乎道德判断与法律法规；戏剧性，指场景展示的形式是否具有魅力和吸引力。当然，理论的运用与其产生和发展的具体社会环境息息相关，场景理论主要是基于北美案例的分析提出的，在我国本土应用之时，需要结合具体的社会文化背景和时代发展阶段进行相应的调整和重构。《场景》一书的译者吴军对此也做出回应，认为"把一个基于后工业化城市的理论引入中国，会遇到诸多挑战或不适应，因此，先要对我们自己的舒适物、舒适物系统与城市场景类型进行排查与摸底，然后再用定量或定性的方

① 彭兰. 场景：移动时代媒体的新要素［J］. 新闻记者，2015（3）：20-27.
② 罗伯特·斯考伯，谢尔·伊斯雷尔. 即将到来的场景时代［M］. 赵乾坤，周宝曜，译. 北京：北京联合出版公司，2014：11.
③ 顾学文. 场景：城市空间的美学品质［N］. 解放日报，2019-03-30（5）.

式去分析与排列，从而对中国城市中那些细微的、显著的、特色的场景，做到胸有成竹"。

从另一维度来看，场景与情境的英译词均可是"context"，在中文释意中，场景更偏重于空间环境的描绘，而情境更强调环境氛围中所滋生的行为心理，二者互嵌互通、密不可分。学者彭兰在《场景：移动时代媒体的新要素》一文中指出，空间与环境、实时状态、生活惯性、社交氛围是构成场景的四个基本要素。由于各种移动终端的"伴随"特征，一切碎片化时间都被拾取和利用了，并且添附上不同用户的个性化特征。在文博空间中，具有不同人口统计学特征属性的个体对于同一展陈物的观感体验和顿悟思绪是不同的；也就是说，场景不仅仅是一种空间位置指向，也包含着与特定空间或行为相关的环境特征，以及在此环境中人的行为模式或互动模式[①]。在不同的博物馆中，常见一些群簇着讲解老师的游客或学生群体、三三两两结伴而行的友人、享受文娱时光的情侣以及独自鉴赏文物画作的老者等。在摩肩接踵状态下与陈列品匆匆路过的感受，自然是与细细端详和品鉴的心境大不相同的。此外，移动互联时代甚至5G时代的魅力，很大程度上在于环境的空间实时动态特征，在不同的个体对于同一事物或景象进行"书写"之时，被描绘对象的鲜活性就渐渐地呈现出来，其完整图景也会在众人的交互讨论中得以升华，静态的物理场域有了动态的空间延展和意义赋予。

"场景"一词也应黏附着与其他事物共情共景的关系特性，如同学者贝内特（Bennett）所提及的"展览综合体"（exhibitionary complex）概念[②]，就好比19世纪下半叶开始出现的各种新鲜的展示渠道，包括公共博物馆、透景画和全景图、国际展览、拱廊、公共花园和百货商店，它们可以使观众借此了解新生的学科（如历史、人类学和生物学），以及新的视觉技术，如摄影机。另外，场景也是信息流、关系流与服务流的入口。移动互联乃至5G时代已经来临，传统互联网已经逐渐被智能互联网所替代，智能互联网的显著特征可以说是"融合""连接""速度"，融媒体最为重要的特点就是信息的跨平台流动，

---

① 彭兰.场景：移动时代媒体的新要素［J］.新闻记者，2015（3）：20-27.

② BENNETT T. *The Exhibitionary Complex*［M］.London：Routledge，2019：73-102.

众多平台的信息内容只需轻轻点击一下转发键，就可以在任意平台上分享和讨论，而这种在虚拟空间中的"分享"和"讨论"从很大程度上增强了人际交互，也促进了个体身份的认同，进一步推进了网络各个"节点"之间的连接。

随着支撑智能互联网体系的数以千万个城市"微基站"的建立和扩展，网络运行和管理速度也会越来越快，"几秒下载一部电影"的日子已经来临；数字信息技术已然深度地嵌入人们的日常生活当中，人—媒介—物之间的界限变得不再明晰，在衣食住行各方面的物品也日益有了信息收发、交流和存储等方面的特性，整个城市也如同"媒体大脑"一般。华为5G技术专家称，5G网络可以连接5亿个场景、50亿个人和500亿个数据传感器，智能家居、智能医疗、可穿戴设备等形形色色的媒介终端逐渐在生活中变得不可或缺。大数据、数据挖掘、云计算等信息处理技术让社会空间变得更加"清澈明净"，今天的高德地图可以通过社交媒体账号登录，用户的社交和微博信息等数据也可以在高德地图上显现，个体生活的方方面面都可以通过数据工具汇聚整合成清晰精确的"用户画像"，未来的社交活动很有可能堪比电影里的桥段，人戴上数字扫描读取装备（可以是眼镜），就可以看到迎面而来每个人的"基础数据画像"，以此快速地进行辨别分析，从而决定是否与对方有进一步的社会交往，这种数据的采集是基于不同实时场景中的行为指认，数据会动态性地更新滚动，人们也可以选择与其偏好场景中优秀的行为个体进行交往，人与人的交互变得更加简单透明。

二、参与文化范式

相比以往博物馆的模式建构，21世纪的博物馆是创造性的、复杂的和协作的。[1] 在以文化为核心的公共空间中[2]，"参与范式"[3]受到越来越多的重视。

---

[1] MACLEOD S, HANKS L H, HALE J. *Museum Making*：*Narratives*，*Architectures*，*Exhibitions*［M］. London：Routledge，2012：1.

[2] KIDD J. Digital media ethics and museum communication［J］. *The Routledge Handbook of Museums*，*Media and Communication*，2019：193-204.

[3] LIVINGSTONE S. The participation paradigm in audience research［J］. *The Communication Review*，2013，16（1/2）：22.

利文斯通认为，参与范式的核心是对地点的重新定义以及对观众的扩展[①]，他指出"观众的参与性越来越强，而参与也越来越媒体化"[②]，同时也造就了越来越多的人笃信"参与文化"的民主化潜力，个体或集体在某种程度上增添了赋权意识。

（一）参与式文化

美国当代著名传播学家亨利·詹金斯（Henry Jenkins）被誉为"21世纪的麦克卢汉"，他是通俗文化和粉丝文化的大力提倡者，在其1992年出版的《文本盗猎者：电视粉丝与参与式文化》一书中提出"参与式文化"（participatory culture），在2003年所写的《昆汀·塔伦蒂诺的星球大战——数码电影、媒介融合和参与性文化》一文中又对该概念进行了更深入的诠释，而后又在2006年出版的《融合文化：新媒介和旧媒体的冲突地带》一书中明晰了"融合文化"的定义[③]，围绕媒介融合、参与性文化、集体智慧三个方面展开深入的案例分析。在詹金斯的定义维度中，媒介融合和参与性文化代表媒介转型的两种模式，前者强调媒介所有权和生产方面的变革，而后者则着重论述媒介消费革新[④]。信息技术的迭代翻新，从某种程度上赋予了"受众"作为信息生产者（producer）和消费者（consumer）的双重身份，"产消者"（prosumer）推动了自媒体平台的繁茂和用户生成/原则（UGC）内容的增长，也日益培养一种"新旧媒介碰撞、草根媒介和公司媒介交汇、媒介生产者的权力和媒介消费者的权力互动"的场域[⑤]。

詹金斯认为"参与式文化"主要与以下几点紧密相关[⑥]：

① FISKE J. The cultural economy of fandom [J]. *The Adoring Audience: Fan Culture and Popular Media*, 1992: 30-49.
② LIVINGSTONE S. The participation paradigm in audience research [J]. *The Communication Review*, 2013, 16 (1-2): 25.
③ 王蕾. 亨利·詹金斯及其融合文化理论分析 [J]. 东南传播, 2012 (9): 11-13.
④ 杨玲. 媒介、受众与权力：詹金斯的"融合文化"理论 [J]. 山西大学学报（哲学社会科学版），2011, 34 (4): 64-70.
⑤ 亨利·詹金斯. 融合文化：新媒体和旧媒体的冲突地带 [M]. 杜永明，译. 北京：商务印书馆，2012: 2.
⑥ JENKINS H. Confronting the challenges of participatory culture: Media education for the 21st century [M]. Cambridge: The MIT Press, 2009: 3.

—— 相较于艺术表现和公民参与而言门槛较低

—— 强烈支持"创造"和"分享"

—— 非正式的师徒制,"传帮带"式的信息传递

—— 某些认为自身内容贡献非常重要的成员

—— 相互分享、联系和寻找志趣共鸣的成员

参与式文化"吸收并同时对新媒体信息技术的爆发做出回应,这使得普通消费者也有可能通过这种崭新而强有力的方式来存档、注释、占有和再循环利用媒体内容"[①]。千禧年(2000)之后,中国的社交媒体在国家政策、技术本身、社会需求和全球文化等元素的驱动下有了快速的发展,贴吧、博客、电子商务、微博、微信、公众号以及抖音、快手等短视频平台门类繁茂,在对媒介生态技术领域更迭和增添色泽的同时,也使公共民众的日常生活有了活力光彩。"人人都是麦克风"的口号随着一本名为《草根媒体》(*We the Media*),由美国硅谷著名的 IT 专栏撰稿人丹·吉摩尔(Dan Gillmor)所著的书籍而问世,被各大媒体和受众所称颂赞誉。网红(online celebrities)、网络文学、短视频博主、播客、直播明星等内容创造冲击着人们的视线,也潜移默化地形成参与式的文化环境。

参与文化范式下,集中智慧的体现。詹金斯用法国赛博理论家皮埃尔·列维(Pierre Levy)的"集体智慧"概念来描述理想中受众参与的状况,"在互联网上,没有人知道所有东西,但每个人都知道一些东西"[②]。藏品一旦被放到网上,就有很大可能成为激发公众参与的焦点,人们自愿以不同方式、不同诉求临时聚集在一起,从个体所长做出贡献。传统媒体时代,单向传播、大众传播是主流传播范式;而在媒体融合背景下,"1+N"信息传播模式脱颖而出,即一个平台上吸引若干个体参与其中,如同 iPhone 手机一样,一个手机硬件平台上支持 N 个不同的软件驻入,这些软件可以实时下载、更新或替换,使整个移动系统呈现动态、可持续性的传播过程。博物馆也可以像智能

① JENKINS H. Confronting the challenges of participatory culture: Media education for the 21st century [M]. cambridge: The MIT Press, 2009: 8.

② JENKINS H. *Convergence Culture: Where Old and New Media Collide* [M]. New York: New York University Press, 2006: 2-23.

手机一般，从若干方面来尝试引入公众智慧。比如：通过开发新的项目来创造新的内容（工艺品、照片、故事或其他素材），这些物品都可以成为他人使用的资源；还可以通过藏品改造和内容改编，配合社会公众需求，营造更为浓厚的文化分享氛围。除网络互动之外，很多博物馆设立空白墙面、即时贴和铅笔，让观众分享他们的观点和看法，进而通过社会互动、连接和参与，将一些想法应用到展览陈列设计和观映体验之中。

此外，"跨媒体叙事"也可以被称为参与性文化的核心内涵。亨利·詹金斯在其2006年所写的《融合文化：新媒体和旧媒体的冲突地带》一书中，用电影《黑客帝国》（The Matrix）作为经典案例，形象地描述人的思想意识可以在数字空间中任意驰骋，而其身体的物质属性可以不用发生任何改变。"跨媒介叙事"的核心思想可以表述为：每一种媒介对于阐明整个故事都有其特殊的贡献，它反映了媒介的联合经济[1]；不同媒体平台间的互文性连接（intertextual links）对于主题空间场景中受众对于主题故事理解力和情景代入感的提升也是有一定帮助的。移动互联时代，每位公众都好比是一个无线发报机，形形色色的社会化媒体成为社会互动、连接和交往的平台。随着"自拍"（selfie）文化的盛行，来自四面八方的观众会以其自身的认识程度进行展馆景象的"收集"，在不同的社交媒体上进行蕴含情感意境的"分享"（sharing），进而激发数字空间中对于文物展陈和意义背景的公共讨论、交互评论以及参与体验。2014年发起的"博物馆自拍日"是一个为期一天的众包活动，目的是促进世界各地博物馆对藏品的认识[2]。当然，这种博物馆中的"自拍"行为需建立在对文物足够保护的基础之上，所以，大多数博物馆仅是开放有限的对光照并不是很敏感的馆藏工艺品给大众，在对光亮要求过高的藏品旁边都会贴上"禁止拍照"的标识，也会运用馆内电子监控以及巡检员进行监督和防控。众多流量的汇聚丰富了藏品的文化内涵，同时也延展和扩

---

① 文卫华.融合文化下的传播策略与收视形态探析——以美国电视连续剧《迷失》为例 [A].中国传媒大学研究生院.中国传媒大学第三届全国新闻学与传播学博士生学术研讨会论文集 [C].中国传媒大学研究生院：中国传媒大学国际传播研究中心，2009：7.
② 朱莉·德克尔.宾至如归：博物馆如何吸引观众 [M].王欣，译.上海：上海科技教育出版社，2016：5.

充了博物馆在都市生活中的空间边界，也赋予了文博产品"情景"意义，这种"场景化的叙述"促进了思想的交流和碰撞。

（二）参与式博物馆

20世纪70年代之后，博物馆日渐将其焦点从物质文化的保护和权威文化的树立转向增进知识交流的讨论中来，话语建构中的"参与"议题逐渐受到人们的重视。物件、场所和艺术品似乎越来越多地通过它们与人类关系这一视域来呈现[①]。在此过程中，它们应该被认为是可以理解、可以接近的。"公众参与"是博物馆在新时代的社会担当和责任，是大众知识交流普及的必要模式。古德诺在博物馆研究领域中分析了公众参与，认为它包含了"访问—反映—供给—结构性参与"这些步骤[②]。"访问"是指贴近某些特定观众的期望接触博物馆及其藏品，比如：通过社交网站或虚拟博物馆等通道，提供一个"幕后"参观的机会；"反映"是指博物馆努力将社群成员纳入展厅，使他们的故事自然而然地融入展览；"供给"相当于从社群中收集信息过渡到博物馆的一种流动，如建立"数字空间"，以便公众上传自己的音视频作品和文本素材；"结构性参与"意指社群和博物馆以平等伙伴的角色来从事议程设定、制定决策等工作。[③]

美国学者妮娜·西蒙（Nina Simon）在其《参与式博物馆：进入博物馆2.0时代》一书中坦言，"参与式博物馆"理念精神源于詹金斯的"参与性文化"理论[④]。她还提及美国当代著名互联网思想家克莱·舍基（Clay Shirky）对"参与性文化"贴近技术维度的阐释，认为网络技术的迅猛发展赋予了公众在以往大众传播时代所不具备的"媒介接近权"和"文化参与共享权"，指出参与式文化"实际上是一种同义反复，文化中很重要的一部分便是参与聚会、活

---

① FOUCAULT M. The archaeology of knowledge [J]. *Social Science Information*, 1970, 9（1）: 175-185.

② SKARTVEIT, HANNE-LOVISE, GOODNOW K J. *Changes in Museum Practice*: *New media*, *Refugees and Participation* [M]. New York: Berghahn Books, 2010: 25-30.

③ SKARTVEIT, HANNE-LOVISE, GOODNOW K J. *Changes in Museum Practice*: *New media*, *Refugees and Participation* [M]. New York: Berghahn Books, 2010: 25-30.

④ 妮娜·西蒙. 参与式博物馆：迈入博物馆2.0时代 [M]. 喻翔，译. 杭州：浙江大学出版社，2018: 5.

动和表演"。如果说在以单向传播为主要特征的 Web1.0 时代，博物馆的信息传递是宣导式的权威话语模式，那么在 Web2.0 甚至更高阶梯序列的信息传播时期，以往的信息线性传达已经被多向传达所取代，人人具备构建知识的技能通道，观众在博物馆内不再仅是被动地进行信息获取和消费，他们可以更为主动地参与内容建构过程之中。西蒙从"参与"维度出发，研究紧紧围绕博物馆为何需要参与、如何设计参与实践、如何管理评估参与度以及博物馆参与理论可以怎样进一步解析等研究议题展开。

西蒙定义了五种博物馆可以达到的水平：① "从博物馆到我"（museum to me），参观者可以说是被动的信息接收者，重在强调博物馆所具备的信息供给功能；② "博物馆与我"（museum with me），用户与内容之间有一定程度的互动，但没有重要的内容输出；③ "我—我—我—博物馆"（me & me & me & museum），个体的解释和博物馆的互动是焦点，观众能更好地参与其中；④ "从我到我们和博物馆"（me to we with museum），"集体智慧"理念诠释系统空间中的个体互动，鼓励观众将参与和活动分享出去；⑤ "博物馆中的我们"（we in museum），强调整个博物馆可以被营造为一个综合性的社交空间，人们可以共同参与、共同学习、共同分享。这五个阶段并不是绝对的逐一递进的关系，可以重叠或跳跃，"参与型"博物馆很大程度上将是未来博物馆发展的主要形态。当然，这种"参与"也是"情景化"的精粹和重要内涵。

另外，艾伦（Allen）借鉴了社会文化理论在博物馆研究中的作用，提出博物馆场景中的"学习讨论"观点[1]：强调学习的"过程"，把焦点置于承认学习是一种"意义建构"的研究议程，而不仅仅是对行为的关注；承认博物馆是一个"对话的场所"，包括隐性的对话；鼓励研究人员和实践工作者真正携手协作，"一起追求共同的议程"，另外，埃娃·戴维松（Eva Davidsson）还承认叙事的力量[2]。

---

[1] ALLEN,GUTWILL J,PERRY D L,et al. Research in museums: Coping with complexity[J]. *In Principle，in Practice: Museums as Learning Institutions*，2007：229-245.

[2] 埃娃·戴维松，安德斯·雅各布松. 解读科学中心与博物馆中的互动：走向社会文化视角[M]. 北京：北京师范大学出版社，2019：74.

三、情境主义国际思潮

情境主义国际（Situationist International 1957—1972，简称 SI）是 20 世纪中后期欧洲非常重要的一个社会文化思潮。可供资料显示，一般将情境主义国际 15 年发展历程分为三个阶段：早期为"先锋派时期"（The Avant-garde Days，1957—1962）；中期为"革命期"（From the Schism to the Revolt，1962—1968）；后期为"分裂期"（From the Revolt to the Veritable Split，1968—1972），SI 从早期的艺术批判扩展至后来的日常生活批判，再发展到对整个社会及革命成果的批判。SI 成立之初，一些诸如达达主义、未来派和超现实主义等欧洲艺术运动为其增添了浓厚的文学和先锋派艺术根基。当时，还有一些先锋派团体的思想和艺术力量注入 SI[①]，如实验艺术家国际（The International of Experimental Artist）、字母主义运动和字母主义国际（Lettrist Movement）、包豪斯印象运动国际（The International Movement for an Imaginist Bahaus），它们直接或间接地发展 SI 早期理论并奠定了其后来的理论基础和发展方向。SI 发展的中后期，特别是 1968 年法国"五月风暴"的席卷蔓延，SI 事业获得了极高的声誉。

（一）景观社会

贯穿 SI 整个历史进程具有极高代表价值的著作有居伊·德波（Guy Debord）出版的《景观社会》，书中揭示了当代资本主义社会由"生产型社会"向"消费型社会"结构性转变的事实。都市空间越来越被形形色色的象征性符号所填充，在日常生活环境中凝聚成有消费属性或革命实践意义的"景观"。德波的思想起点大多源于西方马克思主义哲学家列斐伏尔的观点，列斐伏尔关注在 20 世纪 40 年代所倡导的要注重生产领域之外由消费建构起来的"日常生活"领域，而他的学生鲍德里亚在其《消费社会》一书中，也对资本主义发展的新形态做出了更为详尽的剖析。情境主义的践行目标在于"改造社会和日常生活，去征服由景观造成的冷漠和假象，通过积极的'情境'创

---

① 姚继冰，张一兵."情境主义国际"评述［J］.哲学动态，2003（6）：43-48.

造和技术运用来提高人类的生活"①。德波提倡我们必须设想一个第三空间：生活空间，即自由和休闲空间。在这个空间中，"单一的都市主义的最低行动是将游戏的领域扩展至所有理想的建筑中"。

（二）"漂移"（derive）理论

"漂移"（derive），是情境主义国际提出的关于空间的重要概念。德波将漂移定义为一种"在复杂环境中快速通行的技术"（a technique of rapid passage through varied ambiances），"漂移"包含了"游戏的建构行为及其心理—地理效应的意识，因此和经典的旅行或漫步概念区分开来"②。

如果说"闲逛"的目的是丰富城市现代性的体验维度，那么"漂移"就是为了打破已经被束缚的空间生产，再造一种全新的空间实践。因此，"在一次漂移中，一人或多人在一段时间内抛掉他们的关系、工作、休闲活动以及所有其他运动和行为，让他们任由空间中和他们在其中所遭遇的东西所吸引"③。"漂移"实践所倡导的是一种游戏式的空间实践。

对"漂移"的理解涉及一个当代城市空间的关键属性——游戏性。

荷兰学者赫伊津哈（Huizinga）将游戏定义为"一种自觉地站在惯常生活之外的不严肃的行为，但与此同时全然强烈地吸引游戏者的自由活动"④。进而，游戏"在自己适当的时空边界内，根据既定的规则有序地向前推进"。在这个定义中，游戏与枯燥的日常生活是有明确界限的。在游戏界限内，规则和自由并存；最后，在游戏空间中需要全然的沉浸和体验。由此，"空间媒介"对使用者的最大意义就是作为一个游戏空间的存在。"漂移"是游戏空间中实践的基本方式。

① 居伊·德波.景观社会［M］.张新木，译.南京：南京大学出版社，2017：184.
② DEBORD G. Theory of the Dérive［J］. *Internationale Situationniste*，1958，2（20.05）：2015.
③ DEBORD G. Theory of the Dérive［J］. *Internationale Situationniste*，1958，2（20.05）：2015.
④ HUIZINGA J. *Homo Ludens：A Study of the Play-element in Culture*［M］. London：Routledge & Kegan Paul Ltd，1938：13.

（三）行走的都市"闲逛者"（flaneur）

"闲逛者"或"游荡者"（flaneur）象征的是现代性中一种全新的多维度（物理的、地理的、文化的以及经济的）移动性[①]。在都市空间中漫无目的地"行走"是瓦尔特·本雅明（Walter Benjamin）笔下现代性的象征。他在巴黎这座混合着古典和现代气息的都市中发现了空间是如何透过人们日常漫步、注视凝望而变成一种欲望的象征和满足。游荡者如同本雅明自身的生活经历一样，都是没有进入时代主流的异己者，都是对各种细小事物进行洞察和揭示。对城市文本的研究而言，注重对于城市景观的阅读和阐释以及对于城市生活的体验。本雅明关注作为多层意义的空间城市与阐释解读这些意义的行为之间是什么样的关系。

本雅明关于"漫游者"的理解大多源于19世纪诗人夏尔·波德莱尔（Charles Baudelaire）的赞颂，他希望将城市环境当作集体记忆与体验的集中陈列室来研究，他研究的是现代性的符号、隐喻和幻象。本雅明曾师从格奥尔格·齐美尔（Georg Simmel），齐美尔曾发表评论文章《大都市与精神生活》（*The Metropolis and Mental Life*），率先对现代城市文化、城市状况与生活体验进行探讨。他对城市主义的分析并未建立在乡愁的基础之上，反而认为现代城市居民是工具主义的（instrumental），他们所展现出的感知麻木、沉默寡言其实是对现代城市中体验到的各种刺激做出的自我保护式的（文化）反应，面对大都市的混乱，"大都市居民会以一种理性的方式做出反应，而不会变得情绪化……"[②]。他对城市的赞美是不容置疑的，"与为琐屑和偏见所束缚的小镇居民不同的是，大都市市民是'自由的'……大型社会单元中的沉默寡言、漠不关心以及生活的理智层面，对于个体独立具有重要意义"[③]。这种"城市中的解放和自由"的论述也见之于乔纳森·拉班（Jonathan Raban）在《柔软的城市》（*Soft City*）一书中对于"后现代城市"的阐释，他讲述了自己如何从

---

① DE SOUZA E SILVA A, HJORTH L. Playful urban spaces: A historical approach to mobile games [J]. *Simulation & Gaming*, 2009, 40（5）: 602−625.

② SIMMEL G. The metropolis and mental life [J]. *The Urban Sociology Reader*, 1903: 23−31.

③ 德波拉·史蒂文森. 城市与城市文化 [M]. 李东航, 译. 北京: 北京大学出版社, 2015: 32.

乡村社会的束缚与监视中逃离出来，并且在大都市的混沌与匿名状态中找寻到了自由。自20世纪70年代中期起，陆续有学者致力于人们使用和体验的方式来对城市空间进行调查研究，并以此揭示这种空间实践所产生的现实和长远意义，这种研究取向不同于宏观的马克思主义政治经济学和人类生态社会主义视角的研究，而是偏重于从微观层面将视线集中于城市居民的活动与互动，并阐释深入其中文化层面的意蕴和内涵。

四、人性的"文化体验"

伴随着技术更迭速度的加快，信息科技已经不再成为文化创新发展的壁垒，花样烦冗的技术手段并不能一味地进行简单机械化的"复制"和"堆叠"，在很大程度上需要在人文环境中契合人的观感体验。说到底，技术终究还是"以人为中心、为人服务"的。

（一）新博物馆学理论

"新博物馆学"这一确切的名词定义起始于20世纪80年代，尽管在20世纪60年代已经有过一段时间的酝酿沉淀。在《新博物馆学》（*The New Museology*）一书中，主编彼得·弗格（Peter Vergo）在梳理"新博物馆学"定义时提出，"新"其实是来自博物馆专业和外界对"旧"博物馆学的不满。1993年，美国博物馆学家哈里森（Harrison）发表《90年代博物馆观念》一文指出：新博物馆学的重点不再置于传统博物馆所一向奉为准则的典藏建档、保存、陈列等功能，而是转而关怀社群与社区的需求，成为博物馆经营的最高指导原则。[①]新博物馆学相较传统博物馆学，在根基立意、研究重心、基础理论、发展策略以及目标使命五个方面呈现出略微的差异。比如：新博物馆学以人为本，强调以"物"（藏品）为导向转变为以"人"（观众）为导向的动态发展过程，关注人类可持续发展，提倡环境教育，反对文化一元化，宣导文化的多元性和多样性，对原住民和传统遗产文化给予保护（见表1-2-1）。这些"新"思维观念其实是与该学术倾向所孕育的社会和文化背景息息相关

---

① 甄朔南.甄朔南博物馆学文集［M］.北京：中国大百科全书出版社，2004：289.

的。20世纪下半叶，人类面临生态环境破坏和全球化社会道德下降的双重危机，特别是二战后，战争给社会生态遗留下来的满目疮痍、种族纷争和恐怖活动仍在蔓延，在各种危机面前，人们意识到具备文化传承和传播职能的博物馆的重要性以及不可或缺的作用。

表 1-2-1　新博物馆学与传统博物馆学对比表 [1][2]

	传统博物馆学	新博物馆学
立意	物	人
侧重	技术、方法	目的、理论
理论	藏品管理、保存技术、陈列设计、历史学等	博物馆应为社会及其发展服务；政治学、社会学、教育学等
策略	学术研究、专家为主、精英主义	观众需求为主、大众主义、专家参与
使命	巩固主流文化、提升文化素养、改善社会行为	尊重文化多样性、关注环境保护教育、强调终身教育、提高观众素质

（二）"人性化"的城市规划设计

扬·盖尔（Jan Gehl）在其著作《人性化的城市》中将"人性化景观"定义为城市中有利于人们行走、坐下、倾听、交谈、观看的场景；威廉·怀特（William White）用长达三年的城市公共空间实地观察项目来论述城市应该是人的居住地，而不能仅仅简单地将其作为经济机器、交通节点或巨大的建筑展示台[3]。加拿大城市规划学者简·雅各布斯（Jane Jacobs）在其著作《美国大城市的死与生》中提到"街道芭蕾"概念，意即城市街道混合使用（mixed-use）理念。雅各布斯主张，大城市的设施和场所除了行使各自本身所具有的功能属性之外，还应满足人性化的多元需求，避免过于僵化的规划扭曲了城市"现代化"的初衷。雅各布斯这一呼吁诉求就如同对于"理想城市—帕尔马诺瓦"

① 甄朔南.甄朔南博物馆学文集［M］.北京：中国大百科全书出版社，2004：289.
② 耿超.博物馆学理论与实践［M］.北京：科学出版社，2019：27.
③ 王蕾.意象表征·情感联结·具身参与：论数字时代的媒体建筑光影传播［J］.现代传播（中国传媒大学学报），2019，41（09）：102-107.

（Palmanova）的设想^①构建一般，尽管帕尔马诺瓦看上去是完美的（它是一座拥有着从中心向四周辐射的宽敞街道的九角星形城市），但它从地理位置而言与繁荣的中心城市威尼斯相隔遥远，处于偏僻地区，附近也有军队驻扎，民众很少有人愿意来此居住，据说只有获赦的威尼斯罪犯才愿意住在那里。从理念设计层面而言，帕尔马诺瓦是完美理想的，但是他却忽视了人的差异性和居住体验。因此，完全不考虑人文需求的城市设计最终走向消亡。

19世纪末，美国因缺乏品位的城市建筑、品质低下的城市空间而饱受当地甚至全国性媒体的批评，自始兴起了一场 "城市美化运动"（City Beautiful Movement），最初源于1892年芝加哥举办的世界博览会，此次盛会所装点出来的 "白城"（White City）展示了白色 "文明" 的科学成就、建筑和技术。"白城" 向世人充分展示了当建筑、规划、景色、雕塑、装饰等各方面的设计师汇聚之时的合作能将城市美化到什么程度。在国会参议员的推动下，借鉴了一些规划学者的建议，推出美国城市第一个从美学角度出发的城市规划法案。法案目标：通过改造首都的面貌，达到与欧洲在文化上的平等；更好地纪念国家的缔造者们；通过美化城市，提升市民的生活品质。华盛顿特区国家广场（National Mall）的规划：以华盛顿纪念碑为中心，国会山、白宫、林肯纪念堂、杰斐逊纪念堂占一边；沿着东侧大草坪的两条长边则布置了 "联邦政府部门" 和 "国家级博物馆与美术馆"。此外，华盛顿交通运输线路是与各个景点的设计高度匹配的，美国国家历史博物馆、美国艺术博物馆、史密森尼国家自然历史博物馆、国家航空航天博物馆等各大博物馆附近都有地铁站和公交站台。这种 "博物馆区域"（museum district）的设计方案与欧洲城市的 "博物馆区" 相似，不同类型和风格的博物馆汇聚在一起形成整座城市的文化标识，也形成服务于人们知觉感官和心理需求的城市精神。

（三） "身临其境" 的沉浸体验

心理学家米哈里·契克森米哈赖（Mihaly Csikszentmihalyi）在《心流：最优体验心理学》（*Flow: The Psychology of Optimal Experience*）一书中提出 "心

---

① 卓昱. 西方城市发展史［M］. 北京：中国建筑工业出版社，2018：96-97.

流"（flow）理论。心流，意指当人们沉浸在当下着手的某件事情中或某个目标时全神贯注、全情投入并享受其中而体验到的一种精神状态[①]。一般产生沉浸体验的前提是"已有能力的拓展"。心流状态是人们自然而然地接收和消化信息、调动以往思绪以及心无旁骛学习的最佳状态，甚至可以全神贯注到忘记时间和空间。契克森米哈赖教授在诠释"心流"概念定义的基础上提出沉浸体验包括九个维度：清晰的目标、自觉的体验、挑战与技能的平衡、潜在的控制感、对任务的专注、明确的反馈、行动和意识的融合、时间感的扭曲、自我意识的失去。媒介形态正逐步突破传统"空间"范畴，在视觉感觉上给受众营造"超现实""超时空"的沉浸性体验场域，这与保罗·莱文森（Paul Levinson）提出媒介演进的人性化趋势是相契合的[②]。沉浸媒介以"人本位"为主，一切皆为媒介的形态；而没浸在空间中的个体也告别了其"单向度的人"的身份，正日益向"积极的参与者"转变。

　　著名未来学家阿尔文·托夫勒（Alvin Toffler）在1970年出版的《未来的冲击》中首次提到"体验时代"必将到来[③]。而后，美国学者B.约瑟夫·派恩（B. Joseph Pine Ⅱ）和詹姆斯·H.吉尔摩（James H. Gilmore）出版了《体验经济》等著作，对体验经济做了更为系统和全面的研究分析。该书将人类社会发展归纳为农业社会、商品社会、服务社会和体验社会四个阶段。[④]体验是在个人的心理、生理、智力和精神水平处于高度刺激状态时形成的[⑤]，每一种体验都源于被营造事件和体验者前期的精神、存在状态之间的互动。2017年7月，国务院印发的《新一代人工智能发展规划》，将人工智能列入战略层面，智能化的数字媒体技术很大程度上推进了"数字经济""体验经济"的

① CSIKSZENTMIHALYI M, CSIKZENTMIHALY M. Flow: The psychology of optimal experience [M]. *New York*: *Harper & Row*, 1990: 87.

② 王蕾，张林，石天旭.IP沉浸体验：主题乐园发展新路径[J].出版发行研究,2019(2): 32-36, 14.

③ 阿尔文·托夫勒.未来的冲击[M].孟广均，译.北京：中国对外翻译出版公司, 1985: 124.

④ B.约瑟夫·派恩，詹姆斯·H.吉尔摩.体验经济[M].毕崇毅，译.北京：机械工业出版社, 2016: 7.

⑤ B.约瑟夫·派恩，詹姆斯·H.吉尔摩.体验经济[M].毕崇毅，译.北京：机械工业出版社, 2016: 13.

生成，而在当前社会乃至未来世界中，要想捕捉良好全方位的文化体验，也许那时已经离不开"交互"（interaction）、"沉浸"（immersion）和"构想"（imagination）。

体验时代，归根到底是对展馆受众文化和个体参与的重视。一般而言，当前最高感知程度的沉浸体验应包含四个方面的条件需求：首先，沉浸的空间体验应有效触动激发个人的感官神经和身体触觉。近几年，可穿戴设备（wearable equipment）流行国内外，大体上这种设备有两种形式，一种是"头盔一体机"，只要戴上这个"头盔"，就可以在计算机提前设定好的虚拟场景中畅游；另一种可以说是"外接设备"，需要将已经进入场景程序或软件的移动手机装嵌进该设备，从而实现与"一体机"类似的效果。可穿戴设备被广泛应用于电子游戏、房产装修、影视娱乐以及博物馆观展等方面，其中《生化危机》获得了广大消费者的喜爱，还有众多博物馆 APP 向民众开放，足不出户就能获得贴近真实的观映体验。

其次，沉浸的场域应是可以进行数据拾取和多维虚拟展示的。现实展馆的游历需要观众身体力行地在不同的展陈区穿梭，有时耗费大量体力却得不到很好的观映体验。此情此景之下，也许在实体空间窄仄之时遨游于数字虚拟空间的体验更为便捷和舒适。虚拟文博世界是可以在真实世界之外有所作为的，如果在数字多维体验设备中可以实现任意场景切换和数据资料储存提取，那对于去博物馆进行信息知识获取和学习的人群就自然是再合适不过了。就好比电影《头号玩家》中的"哈利斯日志"博物馆，馆藏每条记录都取自前期家庭录影记录、照片、监控录像等数字储存仪器，用户可以自由选择特定的场景，对影像素材进行定制化的收视、回看和储藏，并且在观映之时，用户身体与场景影像是互嵌合一、无缝连接的，以此真正实现了媒体融合高段位所声称的"你中有我，我中有你"。

再次，不同的个体所收获的体验感应该是有所差异的。也许不久之后提供给不同个体的体验产品可以是"定制化"的，大数据等技术以其庞大的数据处理能力为每个用户做出精准的画像素描，文博产品可以根据不同观众的人口统计学指数及时调整其观映参数，目的是让知识获取和交互参与的传播力更加有效。但是，这种设计的初衷并不是加强"茧房"效应，拉大人与人之间的知识鸿沟，而是在为受众提供信息时可以进行知识供给等级的划分，以便进行不同层级信息知识的选取和相应的提高。

最后，沉浸体验应是可持续发展的动态进程，在某种程度上具备消费功能属性。提及近几年最为火爆的光影展览，莫过于以 Team Lab 为首的沉浸式数字互动艺术展了。Team Lab 是 2001 年以东京大学研究所的学生为中心创立的团队，最初是只有 4 个人组建成的一个小型的数码技术与艺术的跨界公司，现如今，Team Lab 已成为拥有 400 多名程序员、工程师、数学家、建筑师以及网页设计师的专业团队，创始人是猪子寿之，因看重团队合作，所以公司以"Team"命名。2018 年，日本 Team Lab 宣布在东京台场开放一座沉浸式艺术博物馆"森大厦 Team Lab 无边界数字艺术博物馆"。博物馆名字里的"无边界"（borderless）一词，体现了要打破"一种艺术和另一种艺术""艺术和游客"以及"自己和他人"之间的界限，让来访者融入艺术，并成为艺术的一部分。在上海油罐艺术中心①设立的长期展览"水粒子世界"，观众在水幕影像中担当观赏者和障碍物的双重角色，作品的灵气互动性呼之欲出，另外在其中所展示的"花与人"作品中，花朵会持续地呈现诞生、生长、开花、凋谢、枯萎以及死亡的过程，若观众停伫不动，他们附近的花朵就会生长得比平时繁茂，若观众触摸或踩踏到花朵，它们就会相继凋零死去。当然，数字技术之于沉浸感营造的作用力是巨大的，但与此同时，文博业界也逐渐从技术沉浸转向对内容沉浸的关注，这在第一章"情景体验"部分的理念阐释中也有相应的详述。

五、空间 & 身体

技术循而往复的更迭、社会空间的持续流动以及人类越来越频繁的交往互动等方面，使我们生存的世界早已发生了巨大的改变。传统社会和媒体生态中的理论已然不能很好地诠释当前和未来社会中的信息传播观念和现象，

---

① 上海油罐艺术中心是由著名的当代艺术收藏家乔志兵先生创办的集展览场地、广场、书店、教育中心、餐厅于一体的 6 万平方米的多功能文化中心。

"蝴蝶"的翅膀早已经伸展开来，我们需要理智地迎面朝向扇动而来的"巨风"，在新的环境之中进行多维度、多层面、多元化的综合研习和实践。"身体"和"空间"是近年来的热点议题，很大程度上是与智能传播技术"超现实"的快速发展息息相关的。随着数字科技对于人类日常生活的高浓度渗透，物体不再被视为物理的现实存在，物体本身也具备了媒介属性，"身体"成为具有信息传递功能的"具身"，而"空间"也相应地增添了信息互动和消费体验的属性。在万物皆媒体、互联互通的时代，越来越多的物体不再仅作为信息传播的载体而存在，已日益演化为媒体本身。博物馆情景化的文化创意，在很多时候也在汲取这种全新的理念演变趋势和认知。

（一）身体即媒介

长期以来，传播学领域主要呈现"离身性"或"去身体化"的研究趋势，"传播是精神交往及互动"[①]的思维方式日积月累地遮掩了身体的光华。但是，技术的革新迭代可以说是激活身体的催化酶，"将本质重新放回存在"的研究取向也接踵而至，这一点与现象学理念也有异曲同工之处。现象学（phenomenology）是20世纪在西方流行的一种哲学思潮，不同发展阶段的代表学者有埃德蒙·胡塞尔（Edmund Husserl）、马丁·海德格尔（Martin Heidegger）、莫里斯·梅洛－庞蒂（Maurice Merleau–Ponty）等。几位学者的哲理虽有细小观念差异，但他们均侧重强调"知觉感观"的作用，相较惯常的"透过现象看本质"的大多数西方哲学方法，现象学者更多拒绝从思想逻辑上超越人类自身凭之出发的东西，也就是说，无论思想上升飞翔或是向下沉潜，均不能扯断它的现象"脐带"；意向精神似乎总是超脱于现象现实，而印象中也会残留过往的知觉元素，因为现象本身是丰富、微妙和生动的。如同胡塞尔的"时间晕"思路，梅洛－庞蒂以胡塞尔的发生现象学、内时间意识流域的思想为出发点，结合海德格尔关于缘在与世界互构的"同存在"思想，将其创造性地用于对身体的理解[②]，就缔结了"身体空间晕"的想法。梅

---

① 刘海龙，束开荣.具身性与传播研究的身体观念——知觉现象学与认知科学的视角［J］.兰州大学学报（社会科学版），2019，47（2）：80-89.

② 张祥龙.什么是现象学［J］.社会科学战线，2016（5）：1-10，292.

洛－庞蒂认为知觉世界是人与世界的原初关系，是一切意义的源泉，感知对于他而言首先是发生在"身体场""视域""知觉场"之中，是以"身体意象""处境的空间性"为介质的，也就是说，感知可以是非实显的、情境化的和有自己构意空间的。梅洛－庞蒂指出：

> 现象学是关于本质的研究，在现象学看来，一切问题都在于确定本质……但现象学也是一种将本质重新放回存在，不认为人们仅根据"人为性"就能理解人和世界的哲学。它是一种先验的哲学……在它看来，在进行反省之前，世界作为一种不可剥夺的呈现始终"已经存在"，所有的反省努力都在于重新找回这种与世界自然的联系……①

21世纪，伴随着大数据、云平台、算法程序、虚拟现实、人工智能等新媒体科技的崛起，"身体"这一在传播学领域凋敝已久的元素得到了某种程度的回归。② 梅洛－庞蒂曾言，身体是我们能拥有世界的总的媒介。

> 我的身体是所有物体的共通结构，至少对被感知的世界而言，我的身体是我的"理解力"的一般工具。③

移动互联时代，智能手机等电子通信设备几乎"黏附"在每个人身上，形成一种"具身关系"（embodied relationship），每具肉身成为如同电子地图般存在的网络世界的光标，其"移动性"特质勾勒出社会现实的景观图景。唐·伊德（Don Ihde）也在其著作《技术与生活世界：从伊甸园到尘世》一书中从技术哲学的角度出发，深度诠释人类身体借助"媒介技术"与"生活世界"关联所形成的"具身关系"。在伊德的图式描述中"人—技术—世界"之间的关系在数字时代可以演变为"（人＋技术）—世界"，人的肉身附着于形形色色的电子产品，由于现代社会衣食住行的方方面面都直接或间接地被信息技术所捆绑，置身于其中的身体也就日益演化成了"赛博人"（cyberman）。"赛

---

① 莫里斯·梅洛－庞蒂.知觉现象学［M］.姜志辉，译.北京：商务印书馆，2001：1.
② 孙玮.交流者的身体：传播与在场——意识主体、身体—主体、智能主体的演变［J］.国际新闻界，2018，40（12）：83-103.
③ 莫里斯·梅洛－庞蒂.知觉现象学［M］.姜志辉，译.北京：商务印书馆，2001：300.

博人"来源于后人类思想的赛博格（cyborg），又称电子人。[1]1985年，哈拉维提出赛博格宣言，将赛博格定义为无机物机器与生物体的结合体，就好比安装了假牙、假肢、心脏起搏器等的身体，技术实实在在地嵌入了人类肉身，也让身体成为一种另类的"位置媒介"（locative media）。

在悄然而至的5G时代甚至是更遥远的未来，"人—物""物—物"之间的互嵌关系会更加深入稳定。可以说，后人类的社会环境已经接踵而至。在后人类看来，身体存在与计算机仿真之间、人机关系结构与生物组织之间、机器人科技与人类目标之间，并没有本质的不同或绝对的界限[2]，甚至在后现代主义理论家吉尔·德勒兹（Gilles Deleuze）看来，人本主义主体具有解构的潜力，信息具有脱离载体的潜能，"没有器官的身体"（body without organs）成为具体形象（身体）的替代物，如同威廉·吉布森（William Gibson）把后人类身体描述为"数据做成的躯体"[3]一般。如果把自由主体称为"人/人类"，那么他的继任者/替代者就叫作"后人类"。后人类并不像是在移动互联时代中人与机器的简单黏合，他是从更为广泛意义之上与智能环境的无缝渗透，知觉和感观也会面临新一轮的重组和再造，正如同德布雷所提及的"媒介圈"概念——媒介圈展示了技术、媒介、人、社会是一种新型互嵌咬合的关系。

（二）空间的社会生产

数字信息技术飞跃之时，以身体为媒的"位置媒介"将移动个体在实体或物质空间中的轨迹进行谱写和数字性记忆，其学理上也比较吻合列斐伏尔所说的"空间的生产"[4]、德波的"漂移"理论[5]以及索亚的"第三空间"理论[6]。空间本质上有双重特性，不仅是社会关系的产物，也是社会关系的生产

---

[1] 孙玮.赛博：后人类时代的媒介融合［J］.新闻记者，2018（6）：4-11.

[2] 海勒.我们何以成为后人类——文学、信息科学和控制论中的虚拟身体［M］.刘宇清，译.北京：北京大学出版社，2017：4.

[3] 吉布森.神经漫游者［M］.Denovo，译.南京：江苏凤凰文艺出版社，2013：16.

[4] LEFEBVRE H. *The Production of Space*（1991）［M］.London：Routledge，2014：38.

[5] KNABB K. ed. *Situationist International Anthology*［M］.Berkeley，CA：Bureau of Public Secrets，1981：62-66.

[6] 爱德华·索亚.第三空间——去往洛杉矶和其他真实和想象地方的旅程［M］.陆扬，等译.上海：上海教育出版社，2005：102.

者①。数字技术的迅猛发展对时空序列造成了影响和改变。工业时代，机械钟表工艺的普及出现了福柯所提及的规训性的时间，而在网络时代，"时间压缩"已经成为常态，虚拟空间中发生的任何事情在无干预的情况下可以永久定格存在，过去、现在和将来的时间脉络可以被实时拾取和收藏；与此同时，物理空间在形形色色的技术驱动下进行着无形的延展和动态的调整，"空间实践"（spatial practice）、"空间表象"（representations of space）和"表征性空间"（spaces of representations）呈现高度互嵌和咬合的关系，形成爱德华·索亚所说的"真实—想象的混合体"②。"空间媒介"③强调网络化、非历史性特征的"流动的空间"④ 所蕴含的技术特性，同时凸显虚拟和实体物理空间交叠中的"中介化交往实践"。行走于赛博城市的"漫游者"（flaneur）被林林总总的数字技术所黏附或渗透，他们在媒体平台上的"书写"或"表演"，成为空间叙事的翔实素材，"打卡"和"自拍"是不同个体的多维度日常生活实践，个体通过自己的观感体验视角赋予同一空间不同的编码诠释可能，并在平台展示、分享交流、互动参与等活动中对文本进行差异化解码，使静态的物理空间有了活态的"生命体征"。

博物馆的空间场域也日益从物理空间的展陈场所转向集虚拟和实体空间于一体的"混合空间"。单霁翔对陈列展览的理解是："在特定的空间内，以学术研究资料和文物标本为基础，以展示空间、设备和技术为平台，按照一定的主题、序列和艺术形式进行组合，实现面向大众进行知识、信息和文化传播，具有高度综合性、专业性和前瞻性的工作。"⑤可见，空间超脱出单纯的展列功能，向更为广阔的信息文化传播目标迈进，服务对象也不仅限于馆域中的观众，而面向更多的社会乃至全球公众。党的十九大报告把坚持文化

---

① 马克·戈特迪纳.城市空间的社会生产［M］.任晖，译.南京：江苏凤凰教育出版社，2014：10.

② 爱德华·索亚.第三空间——去往洛杉矶和其他真实和想象地方的旅程［M］.陆扬，等译.上海：上海教育出版社，2005：102.

③ 李耘耕.从列斐伏尔到位置媒介的兴起：一种空间媒介观的理论谱系［J］.国际新闻界，2019，41（11）：6-23.

④ 曼纽尔·卡斯特.网络社会的崛起［M］.夏铸九，王志弘，译.北京：社会科学文献出版社，2001：524.

⑤ 单霁翔.解读博物馆陈列展览的思想性与观赏性［J］.南方文物，2013（3）：1-8.

自信作为习近平新时代中国特色社会主义思想的重要内容。习近平总书记在 2013年提出的"丝绸之路经济带"和"21世纪海上丝绸之路"倡议的最终目标是加强不同地域、不同文化间的沟通、交流和融合；2015年，国家发展改革委、外交部、商务部联合发布了《推动共建丝绸之路经济带和21世纪海上丝绸之路的愿景与行动》，规划定义了新疆、陕西、甘肃、吉林、云南、上海、海南等18个重要省市自治区，以及西安、兰州、重庆、成都、武汉、长沙、南昌、合肥等重要节点城市。"一带一路"倡议促进了中外文明的交流互鉴，而博物馆正是沿线国家和地区人民了解彼此文化的窗口，很多丝路沿线城市博物馆已经结成跨地域性质的"博物馆联盟体"复合空间，努力打通线上线下文博传播壁垒，为我国文博事业的勃兴以及传统文化对外传播效能的提高贡献力量。

此外，关于"空间—地方"关系的理论取向，也随着社会生态环境的变化和技术发展的革新处于动态调整过程当中。在传统语境中，地方意味着静止、封闭，而空间意喻着流动、延伸。段义孚（Tuan）在《恋地情结》一书中表达了静止的地方观①，瑞尔（Relph）将盈溢着流动性的空间称为"无地方"（placelessness），认为人的"流动性"会削弱"地方性"（locality）②。数字时代，与人类生活无缝衔接的媒体平台以及现代主义、后现代主义、赛博朋克、乡村怀旧等大众文化风格的蔓延，催生了空间的"流动性"和消费主义美学的崛起，从某些方面也助长了心理感知层面"无地方性"的扩散以及视觉观映层面"非地方"（non-place）元素的滋长。很多包含博物馆在内的城市公共文化空间正在承受着不同维度、不同方位的挤压，在加速度和奇观性的拟像世界中，越来越多的人将自身桎梏于混沌空间之中，沉溺于"空间延展"的光影变幻，逐渐丧失了对于"地方本真"的深度揣摩。从这一观点层面上，博物馆情景化并非等同于绝对的空间消费和数字拟像，重视空间而忽略地方，贴近全球化而弱化本土特征，而是从"空间的社会生产""空间与地方互融"

---

① 段义孚.经验透视中的空间和地方［M］.台北：台北"国立"编译馆，1998：173.
② 李昊，周扬.无地方蔓延下的呈贡新城地方感：居民日常生活的空间实践视角［J］.云南地理环境研究，2020，32（4）：40-47.

的关系平衡角度赋予博物馆空间更多流动、开放和人性化发展的可能，在文化传承和保护的基础上通过创意理念和实践的运作，以此获得文物"活化"和文化参与的更多可能。

六、"情景化"的记忆唤醒

人类生存在符号润饰的世界当中，而多种多样的符号所附着的意蕴常常是动态发展的，它们会随着时代的演化、社会的变迁、技术的更迭以及全球传播格局的转换而发生改变，因此，每个符号都会储藏印刻着相应的记忆。法国社会学家哈布瓦赫（Maurice Halbwachs）在《记忆的社会性结构》一文中首次提出"集体记忆"（collective memory）概念，将其定义为"一个特定社会群体成员共享往事的过程和结果，保证集体记忆传承的条件是社会交往及群体意识需要提取该记忆的延续性……集体记忆本质上是立足现在而对于过去的重构"[1]。哈布瓦赫是一名社会心理学家，他不是一个文化批判者，他对集体记忆开创性的发现建立在他对记忆与群体关系的思考上，但其实他没有超越群体层面，没有考虑将其记忆理论扩展到文化理论领域，文化进化的视角也很大程度上被忽视了。而扬·阿斯曼（Jan Assmann）在其著作《文化记忆：早期高级文化中的文字、回忆和政治身份》中，将（集体）记忆作为上位概念使用，在此之下区分出"交往"记忆和"文化"记忆两种形式[2]。交往记忆和文化记忆间根本性的差异（polaritat）可以看作日常生活与节日庆典之间的差异，或者可以直接将它们称为日常记忆和节日记忆[3]（如表1-2-2所示）。

---

[1] 里斯·哈布瓦赫.论集体记忆 [M].毕然，郭金华，译.上海：上海人民出版社，2002：39.

[2] 扬·阿斯曼.文化记忆：早期高级文化中的文字、回忆和政治身份 [M].金寿福，黄晓晨，译.北京：北京大学出版社，2018：38.

[3] 扬·阿斯曼.文化记忆：早期高级文化中的文字、回忆和政治身份 [M].金寿福，黄晓晨，译.北京：北京大学出版社，2018：51.

表 1-2-2　交往记忆与文化记忆

	交往记忆	文化记忆
内容	以个体生平为框架所经历的历史	神话传说；发生在绝对的过去的事件
形式	非正式；尚未成形；自然发展的；通过与他人交往产生；日常生活	被创建的；高度成形；庆典仪式性的社会交往；节日
媒介	存在于人脑记忆中的鲜活回忆；亲身经历和据他人转述的内容	被固定下来的客观外化物；以文字、图像、舞蹈等进行的传统的、象征性的编码及展演
时间结构	80~100 年；随着不断向前的当下同时前进的时间视域中的三至四代人	神话性史前时代中绝对的过去
承载者	非专职的；回忆共同体中某时代的亲历者	专职的传统承载者

　　记忆唤醒是一项多维度的动态可持续性工程。克朗（Crang）将遗产展示看作不断变化的表演，"人们将一系列转喻的他者带入每个展览——如引发的个人共鸣以及展示勾起的回忆和关联"[①]。遗产展示通过把传记和文化结合在一起，为公共展览空间和私人传记空间的交错提供余地[②]。遗产展示的过程是一种文化交错的搭建过程，游客的注视中蕴含着将自我想象成"他者"的身份认同和建构。在中国革命和人民军队的摇篮井冈山，90 多年前的硝烟已经散去，但在井冈山留下的 100 多处遗迹正用无声的语言向世人诉说着当年的记忆，每寸砖瓦文物都记载着我们党光荣的革命历史，无论是群山叠绕中静穆安息的革命烈士陵园、经历战火轰鸣的大井朱毛旧居和小井红军医院，还是位于黄洋界哨所崎岖绵延的挑粮小道，都共同见证着那段激荡人心的峥嵘岁月。井冈山革命博物馆收藏着几万余份珍贵的文献资料、历史图片以及党和

[①]　CRANG M. On the heritage trail: maps of and journeys to olde Englande [J]. *Environment and Planning D: Society and Space*, 1994, 12（3）: 341-355.

[②]　贝拉·迪克斯. 被展示的文化：当代"可参观性"的生产 [M]. 冯悦，译. 北京: 北京大学出版社，2012: 132.

国家领导人、著名书画家和各界知名人士的墨宝珍迹。博物馆在展陈方式上采用了大框架和立体版面，运用现代声光电等高科技手法，准确地向广大观众介绍中国共产党领导创建第一块农村革命根据地的战斗历程；文博展览现场还有讲解员声情并茂地配合讲解词咏唱当地民众对革命战士满怀深情的歌曲，红色曲调、红色家书以及烈士家属的现身讲述环环相扣，让置身情景中的观众仿若回到了烈火燃烧的革命年代，脑中自小对于这段革命历史的学习怦然浮现在眼前，形成一幅动态的影像画面，在观映者面前展映，由此，有效地形塑和构建了游客在庄严仪式中进行集体追忆的"活态历史"文化空间。

七、情景多元叙事

情景与对于事实的复原有关，但事实的讲述离不开文化叙事的作用力。这种叙事往往贴近时代不断变动的趋势，进而具备了多元化和多维度的特征。叙事类似于"讲故事"，而讲故事不仅有对客观世界和事实的记录性描述，也有叙述主体主观的思想嵌入和观点表达。叙事可以把现实世界与想象世界联通起来[①]，往往只会在浩瀚的现实中挑选一部分进行叙述，对现实进行精细挑选的同时还会增添艺术加工的成分。由于博物馆兼具文化传承和社会教育的功能，针对馆藏的故事讲述被视为"在休闲娱乐外壳下具有交流价值、说服力和教育意义的行为"[②]。

另外，博物馆叙事体现在现代展陈理念的革新层面。不同于传统博物馆单纯地展示藏品的目的，现代展览的趋向变化是把某个展示物置放于某种情境关系之中，引导不同的个体从多维视角去观察和理解，比如：时间顺序、叙事情境、叙事载体都会围绕主题的不同而产生相应的变化。文字、图画、影像等都是叙事载体；展览叙事常常将物从现实场景中裁剪出来，再对其进行拆解和重构，把原先在形态、尺度、色彩、材质等多个层面的元素进行打散和聚合，其中既有客观事物的现实性元素，也有展览方在主观意境上的认

---

① 李德庚. 流动的博物馆 [M]. 北京：文化艺术出版社，2020：7.

② LWIN S M. Whose stuff is it: A museum storyteller's strategies to engage her audience [J]. *Narrative Inquiry*，2012，22（2）：226-246.

知和表达，有时还会引导观众参与叙事，以双向叙事代替单向叙事，从而进行展陈内容的共同建构。

随着数字时代的到来，智能媒体技术已嵌入情景展示之中，虚拟和现实空间可以实现无缝融合，多元叙事有了更多的可能性。对于技术的应用，大致有两种对峙的看法：一方认为，声光电技术可以促进媒介空间的延展，使故事场景内容有了更多的表达层次；另一方则认为现代社会处于加速度的"时空压缩"桎梏中，文化实体空间需要有原生态场景的寻觅与人们面对面的情感交流，而技术泛滥会对质朴或真实的叙事起到相反的作用。总之，博物馆的展览叙事既不可能复制客观现实，也不可能是一种纯主观的叙事，它注定只能站在主观与客观世界之间①。

---

① 李德庚.流动的博物馆［M］.北京：文化艺术出版社，2020：14.

第二章

博物馆情景化的过去与现在

第一节 历史语境

一、欧洲博物馆的历史拾珍

公元前4世纪末，托勒密王朝（Ptolemaic Dynasty）在亚历山大建立 Mouseion（缪斯神庙，希腊语），可以说是英语 Museum（博物馆）一词的词源。Mouseion 主要是指奉献给缪斯女神的圣殿，而缪斯女神主要掌管的是艺术和学问。古希腊重视深邃的精神和精雕的艺术，由帕特农神庙内存放黄金象牙镶嵌的雅典娜女神像就可窥见一斑。公元前2世纪，罗马从武力上征服了希腊，无论在共和初期还是帝国时期，罗马人都向往奢靡的生活，极具享乐精神，修建大型帝国广场、黄沙漫漫的斗兽场和富丽堂皇的大浴池，但他们并不排斥希腊文化，希腊的精美艺术品成了展现罗马贵族权力和财富的象征，在达官贵人的殿宇中装饰着从异邦带来的雕像、象牙、玳瑁、金丝挂毯等物件，在图书馆里珍藏着柏拉图、亚里士多德等人的手抄本。罗马建筑师设计了一些专门存放和保护艺术品的建筑物，在建筑设计理念上也有了相应的人文倾向，如奥古斯都时代的建筑师维特鲁威（Vitruvius）设计的图书馆是朝东的，可以减少潮湿空气，减少虫蛀和发霉的风险。

中世纪时期，教堂的金库取代了古希腊神庙的藏宝屋和罗马权贵的私人储藏室。修道院（monastery）构成了中世纪城市的基本单位，修士们戒律严明地遵守着井然有序的清贫生活；王公贵族们也极力收藏着圣物以及富含异域风情的宝石和罗缎之类的珍品。可以说，当时的人们虽然信奉上帝能带领他们逃离黑暗和迎来光明，极尽己能地修葺教堂和供奉神灵，但人类收藏的天性依然存在。

　　文艺复兴重新唤起了人们对古典时期艺术品的兴趣。文艺复兴发起地佛罗伦萨的美第奇家族（Medici Family）通过商业和金融创造了巨大的财富，在统治佛罗伦萨的两个世纪期间，他们竭力收藏了很多古希腊和古罗马的奇珍异宝。意大利佛罗伦萨市乌菲兹美术馆（Uffizi Gallery）的美第奇（Medici）藏品展示是早期公共博物馆突出的例子①。当时大部分藏品都是向少数精英展示，如学者、关系紧密的旅行家和统治阶层，而不是面对大众。16世纪，美第奇家族开始将其藏品向公众开放，家族成员洛伦佐（Lorenzo de' Medici）最早使用 Museum（意大利语 Museo）来称呼他用于收藏珍贵抄本和宝石的房间。

　　在16和17世纪，欧洲贵族和君主们将不寻常发现放在 "珍物柜"（cabinets of curiosities）②或 "奇观室"（德语：wunderkammer），在意大利被称为 "储藏室"（gabinetto）或 "画廊"（galleria）。贵族陆续建立起私人博物馆，邀请访客前来把玩，以此彰显自己的身份和地位。同时，很多博物学家通过 "研究室（studio）"③来了解自然和探索科学。当时的展览究其目的性，仅以藏品丰富性和多样性来凸显主人的价值和品味，因此，所展之物其实并未按照等级秩序排列，也未按年代历史时期来标注。"这些收藏室里的物品呈现出独特的设计，创造出惊人的展示效果，各种奇异的收藏品组合在一起，仿佛是精心设计的微缩奇观。"④而19世纪的公共博物馆一般以现在为终点根据历史发展的顺序来安置物件。直到17世纪晚期，展览还只是在群众面前供奉圣主（sacred host）或是在市场中展示货物，而不是针对艺术或文化的展示。

　　17世纪后期，英国贵族伊莱亚斯·阿什莫林（Elias Ashmole）将其收藏的货币、徽章、武器、服饰、考古出土物、美术品、民族民俗文物等全

---

① HOOPER-GREENHILL E. *Museums and the Shaping of Knowledge* [M]. London: Routledge, 1992: 23.

② 贝拉·迪克斯.被展示的文化：当代 "可参观性" 的生产 [M].冯悦，译.北京：北京大学出版社，2012：154.

③ 意大利文 "studio" 的原意是 "研究室" 或 "书房"，源自拉丁文 "studium"。

④ 简·罗伦克，李·H.斯科尼尔，克雷格·伯杰.什么是展示设计 [M].邓涵予，等译.北京：中国青年出版社，2008：13.

部物件捐献给牛津大学。1683年5月21日，牛津大学阿什莫林博物馆①（The Ashmolean Museum）向公众开放，标志着现代意义的博物馆诞生。此后，Museum 成为博物馆的通用名称，用来意指收藏和展出历史古物、艺术品和自然标本的一种机构。

1753年，英国国会下议院决定，在汉斯·斯隆（Hans Sloane）爵士藏品的基础上创建一座综合性的博物馆兼国家图书馆——大英博物馆（British Museum），1759年博物馆正式对外开放②。此外，卢浮宫在1793年正式对外开放，它是世界上第一座国家艺术博物馆。此前在法国路易十四统治时期，凡尔赛宫花园对外开放，观众可以参观宫殿中的绘画等饰物珍藏，法国大革命之后，帝制被推翻，皇家帝室的艺术收藏变成共和国公民的共同财富。

19世纪，欧洲的工业革命与资产阶级革命在社会经济、政治、文化领域都产生了巨大的影响，博物馆也日益增多起来，甚至有学者将其称为博物馆发展的黄金时期。另外，19世纪帝国主义刺激了宏大的博物馆建设项目。博物馆为殖民主义服务，突出从简单的传统社会到复杂的现代社会的转变。大多展示物来源于欧洲收藏者（包括传教士、探险家、商人、军团和殖民者）赤裸裸的劫掠。1798年，远征意大利的拿破仑·波拿巴凯旋，队伍满载着各种艺术瑰宝、奇珍异品和科学仪器回到巴黎，这些战利品作为国家荣耀的象征，被卢浮宫、法国国家图书馆和巴黎植物园收藏。此外，19世纪下半叶，考古学已发展为一门学科，古埃及和美索不达米亚文明被欧洲探险者发现，爱琴海文明与美洲文明也吸引了大批学者在希腊和美国等地开展发掘活动。一系列世界博览会的举办也对博物馆的繁茂产生巨大影响。

20世纪以后，种族和文化的进化秩序被日益抛弃。弗朗兹·博厄斯论

---

① 牛津大学阿什莫林博物馆的全称为阿什莫林博物馆艺术与考古博物馆（The Ashmolean Museum of Art & Archaeology）。该博物馆是世界上最早的公共博物馆，它的形成标志着近代博物馆的诞生。

② 爱德华·P. 亚历山大，玛丽·亚历山大. 博物馆变迁——博物馆历史与功能读本［M］. 陈双双，译. 南京：译林出版社，2014：65.

述，20世纪早期的博物馆在模拟文化背景或情境下展示物件。① 人类学视域被引入馆藏陈列理念，"从本土视角"来理解和展示文化② 得到越来越高的重视。此时，博物馆流行将不同文化、民族和场所之间等同融合，形成"文化拼图"式的世界观。其实，在20世纪大部分时间里，为公众展示文化也是有等级特征的，大多博物馆的意图不过是充当迎合少数受过良好教育阶层的机构③。直到20世纪末，文化展示才开始讨好"普通"游客④，文化从精英的围墙中走出来，部分有了空间消费属性。

20世纪80年代，享誉盛名的"新博物馆学"（the new museology）运动开始了，倡导者雨果·戴瓦兰（Hugues de Varine）宣称"参观者并不是温顺的消费者……而是一个可以且应当参与到未来建设——博物馆研究——中的创造者"⑤。尽管新博物馆学精神屡屡经受"使命被无形放大"的争议，在20世纪90年代，许多理论家和实践家还是跟随着这场运动的号召推进博物馆传播和实践改革。胡珀－格林希尔⑥ 提出用"整体"观念来审视博物馆，将其与社会环境密切结合在一起；她认为，建设、位置、政治和经济的背景都与人们对博物馆展览做出的反应是相关的，以此肯定参观者的主体能动性，而并非仅是单一的接收权威信息的工具，因此，她提出了从一个线性模型过渡为"信息在连续过程中被制定、交换和解释的交互模型"的转型理念。⑦ "新博物馆学"的主要特征是将研究焦点从"信息传输"移向"用户视角"，了解参观者

① WEBER R L. Cannibal Tours and Glass Boxes: The Anthropology of Museums [J]. *American Indian Quarterly*, 1996, 20（1）: 126-128.
② WEBER R L. Cannibal Tours and Glass Boxes: The Anthropology of Museums [J]. *American Indian Quarterly*, 1996, 20（1）: 126-128.
③ BOURDIEU P, DARBEL A, SCHNAPPER D. *The Love of Art: European Art Museums and Their Public* [M]. Cambridge: Polity Press, 1991: 53.
④ DICKS B. *Culture on Display: The Production of Contemporary Visitability* [M]. New York: McGraw-Hill Education, 2004: 146-147.
⑤ VARINE H. The word and beyond [J]. *Museum International*, 1985, 37（4）: 185-185.
⑥ HOOPER-GREENHILL E. Museums and communication: an introductory essay [J]. *Museum, Media, Message*, 1995, 1（1）: 1-12.
⑦ HOOPER-GREENHILL E. Museums and communication: an introductory essay [J]. *Museum, Media, Message*, 1995, 1（1）.

的所思所想和行为模式，从单向传播逐渐转为双向互动传播[①]。这一转变过程中，技术的发展变迁不容忽视，但也伴随着"技术决定论"和"环境决定论"的多维讨论，无论是协商合作还是博弈竞争，"人"的因素日益融入博物馆的研究和运营实践当中，并且人的重要地位也日益凸显出来。

二、北美博物馆的温故回首

如果说近现代意义上的博物馆于17世纪诞生于欧洲，那么到了19世纪末，美国博物馆事业发展异军突起。

1846年，位于美国首都华盛顿的史密森尼博物学院成立。最初的史密森尼博物学院是一个纯粹的科学研究机构，不愿接受藏品。1873年，乔治·布朗·古德（George Brown Goode）加入史密森尼博物学院，此后，该学院开始向"一个致力于科学、人文及艺术领域的公众教育、基础研究和国家服务的独立机构"的方向转变[②]。

1870年，美国纽约大都会艺术博物馆成立，采用向市政府和由私人组成的受托委员会负责的模式：市政府出资兴建博物馆大楼，因此，博物馆以纽约市冠名，但馆内藏品的所有权和管理权属于受托委员会。除此之外，美国大多数博物馆由私人开办，博物馆管理者从多处募集资金支持，如：政府、私人捐款、基金会以及门票收入。

二战期间，有不少博物馆毁于战火之中，仅1941年，苏联就有427座博物馆被毁。战后经济复苏、科学技术和国际交往的增强，又促进了文博事业的繁荣。

美国在两次世界大战之间，新建博物馆速度几乎是每周一座，20世纪60年代更是达到每3.3天一座。另外，除了传统的艺术、历史、自然、科技博物馆类型之外，新型博物馆不断涌现，如：儿童博物馆、生态博物馆、社区博物馆等。1899年，布鲁克林儿童博物馆（Brooklyn Children's Museum）成立。

---

① DROTNER K, SCHRADER K C. *Museum Communication and Social Media：The Connected Museum*［M］. London：Routledge，2013：24-25.
② 耿超. 博物馆学理论与实践［M］. 北京：科学出版社，2019：49.

20世纪末以来，计算机互联网技术飞速发展，通过数字媒体技术构筑空间成为博物馆发展的新趋势。1993年，美国国家信息基础设施建设把数字化博物馆与图书馆列为重要组成部分[①]。另外，以往博物馆的发展重心在于收藏和保护藏品，而20世纪以来的博物馆的重心向观众和公众教育方面转移。1942年，西奥多·L.洛在为美国博物馆协会教育委员会撰写的《博物馆：一种社会工具》中提到，博物馆应该把大众教育作为其最主要的目标[②]。

三、亚洲博物馆的荏苒岁月

中国博物馆事业起步较晚，开始于20世纪初。第一个将英文 Museum 翻译成"博物馆"的人是林则徐[③]。1839—1840年间，林则徐翻译了许多外文书籍，其中将英国人休·慕瑞（Hugh Murray）所著《世界地理大全》一书加以润色，撰成《四洲志》一书，而后，魏源据此编写出《海国图志》。《四洲志》一书中写到"兰顿建大书馆一所、博物馆一所"，由此可见，林则徐是启用"博物馆"译名的东方第一人。"博"就是多样性和多元化；"物"就是作为博物馆基础的资源内容。汉语"博物"一词，最早见于《左传·昭公元年》："晋侯闻子产之言，曰：'博物子也。'"与今近似。19世纪后叶，维新派宣传"维新变法"思想，开始主张在中国建立博物馆。同时期，外国人也在我国境内开设了很多近代意义上的博物馆。

1911年，辛亥革命推翻了清王朝的统治，1912年，中华民国成立，此后一段时间，古物陈列所、故宫博物院、国立历史博物馆陆续建成开放。1914年，北洋政府把热河行宫和沈阳盛京故宫两处20余万件文物运到北京，仿效外国先例将紫禁城前朝改为博物馆向公众开放。10月10日，古物陈列所正式对外开放，其全盛时期包括整个紫禁城的前朝部分，武英殿、文华殿、太和殿、中和殿、保和殿等主要建筑和紫禁城四门中的西华门、东华门，可以说

---

① 耿超.博物馆学理论与实践［M］.北京：科学出版社，2019：53.
② Low T L. *The Museum as a Social Instrument*［M］. New York: American Association of Museums, 1943: 70.
③ 耿超.博物馆学理论与实践［M］.北京：科学出版社，2019：2.

是我国乃至亚洲第一个皇宫博物馆，在全世界仅次于卢浮宫和凡尔赛宫①。

1925年9月，《故宫博物院临时组织大纲》通过，10月10日，故宫博物院在乾清门广场举行成立大会，对公众开放。当时的故宫博物院只包括紫禁城的后宫部分，与古物陈列所并存二十余年。抗日战争时间，两馆同心协力将国宝辗转各地、躲避敌军侵害，跋山涉水上万公里，铸就了世界历史上抢救保护珍贵文化遗产的传奇。抗战胜利后，1948年，国民政府将古物陈列所与故宫博物院合并，形成今日包括整个紫禁城在内的故宫博物院。

1912年至1936年，中国博物馆数量大增，1936年，中华书局出版的《博物馆学概论》是中国博物馆学的开山之作。1927年至1936年，是民国时期经济发展的"黄金十年"，也是我国博物馆事业发展的一个高峰，博物馆数量一度达到231个。

20世纪初，中国民族资本主义工业迅速发展，实业和教育兴国理念深入人心，在此背景下，中国人创办了第一座博物馆——南通博物苑。南通博物苑是一座中国古代苑囿与西方博物馆理念融合的"园馆一体"综合性博物馆。创办者张謇（1853—1926）是江苏南通人，清末状元，在赴日本参观游历过当地的博物馆和接受实业教育之后，大力倡议回国创办本土博物馆。1938年，日寇占领南通，馆藏品大部分被掠夺和损毁，在1949年中华人民共和国成立后才得以保存。

1937年至1949年，中国陆续爆发了抗日战争和解放战争。国家政治、经济、文化、教育事业等方面遭受了重大的打击，博物馆事业自然也陷入了停滞低迷状态。1945年抗日胜利后，故宫博物院、国立中央博物院、河南博物馆等单位陆续恢复工作。但是，在解放战争胜利前夕，国民党政府将国内大型博物馆中众多珍贵藏品运往中国台湾地区，而这些文物构成了中国台北故宫博物院的展陈品基础。

中华人民共和国成立后，随着社会主义建设事业的发展，中国博物馆事业进入了快速发展的繁荣阶段。1956年，全国博物馆工作会议在北京召开，

---

① 段勇.当代中国博物馆［M］.南京：译林出版社，2017：5.

会议第一次提出了"三性二务"要求，即"博物馆的基本性质是科学研究机关、文化教育机关、物质和精神文化遗存及自然标本的收藏所"，其基本任务是"为科学研究服务，为广大人民群众服务"①。20世纪50年代，建立了一批省级地志类（包括自然、历史与革命三部分，又称综合型）博物馆和以革命为主的纪念性博物馆。

当然，在此期间博物馆的发展也并非一帆风顺。1958年全国掀起"大跃进"活动，博物馆建设数量盲目冒进，随后的"文化大革命"（1966—1976）也再次让中国博物馆事业陷入僵局。在20世纪80年代改革开放后，中国文博事业再次进入蓬勃发展阶段，博物馆数量和类型均大幅提升，省级博物馆改扩建与地市级博物馆兴建成为热点，1987年，全国博物馆数量达到900余个，营建主体也日渐多元化，形成了国家、集体、部门、个人等多方办馆的局面。21世纪，伴随着数字信息科学技术的飞快发展、全球化进程的加快以及国民思想观念和信息接受意识的提高，很多博物馆的创建和运营过程中融入了多元化的创新创意元素，"活化"了文物，开拓了民众的视野，也提升了国家对外传播的形象。

博物馆的诞生源自人类的收藏本能和知识求索天性。古希腊和古罗马时期就有了收藏意识，中世纪时期的凋敝和黑暗也没有熄灭人们对艺术品的收藏热情，文艺复兴的思想启蒙更加点燃了人们探究古典艺术和文化的热情。工业革命和资产阶级革命之后，科学技术的迅猛发展和经济水平的提高促进了社会文化艺术的繁茂发展。虽然两次世界大战让数以百计的博物馆损毁于战火硝烟之中，但文博事业在战后兴旺和复苏的速度更加快了，并且在国际范围内也组建了博物馆协会和展览等公共公益事业机构。1946年，国际博物馆协会成立，联合国教科文组织的博物馆部门为此协会提供资金支持。截至当前，国际博物馆协会已在119个国家设立国家委员会，它还拥有30个国际委员会，涉及艺术博物馆、教育博物馆、考古博物馆、大学博物馆、军事博物馆等诸多领域，致力于保护物质与非物质文化遗产、文化传播和抵制非法

---

① 耿超.博物馆学理论与实践［M］.北京：科学出版社，2019：70.

交易。1977年始，国际博物馆协会将每年5月18日定为国际博物馆日。

20世纪以后，博物馆的职能除了收藏和保护文物藏品之外，还增添了公众教育的职责和义务。2007年，国际博物馆协会对博物馆的定义进行修改，将"教育"目的增添其中："博物馆是一个为社会及其发展服务的，向公众开放的非营利性常设机构，为教育、研究、欣赏的目的征集、保护、研究、传播并展出人类及人类环境的物质和非物质遗产。"博物馆学研究也逐渐成为集教育学、心理学、管理学、传播学、社会学等众多学科为一体的跨学科专业。

21世纪，数字媒体技术在加速发展。在度过了传统媒体为主的大众传播、社交媒体为主的移动传播时代之后，我们很快迎来了以智能或5G技术为支撑基础的泛在传播时代，人与物、实体空间与虚拟空间、线上与线下世界的分界线已不再明晰，被成千上万微基站包裹的城市空间也会逐步成为一个在线地图，每个个体也成为网络地图中闪动的光标节点。在大数据、云计算、VR/AR/MR、物联网、智能机器人等新型信息科技频频出场之际，博物馆也期待在迎来其光华迸发之时促进人类深厚文化积蕴的华美绽放。

第二节　现实环境

一、政策环境

国家往往通过制定文化政策来把握对博物馆的扶持力度，并确立一套客观的价值体系，用以促进文化的多元化发展[①]。精英主义、媒体解释、政府与被治理者之间的信任、专家知识、循证决策、知识转移等因素都会影响博物馆相关政策的制定[②]。在欧洲，文化政策的地位逐渐从边缘向中心转移，欧盟针对包括商业博物馆艺术展览在内的文化和创意产业，接连制定《促进文化和创意产业作为欧盟增长和就业的推动力》（2012）和《创意欧洲（2014—

---

① D SCHAFER P. Revolution or *Renaissance*: *Making the Transition from an Economic Age to a Cultural Age* [M]. Ottawa: University of Ottawa Press, 2008: 152.

② LEVITT R. The political and intellectual landscape of instrumental museum policy [J]. *Cultural Trends*, 2008, 17（4）: 223-231.

2020）计划》（2013）等相关系列政策，力求以文化元素为基础，以创新力为核心，通过技术、创意和产业化的方式开发、运用知识产权①，为欧洲博物馆的创意迸发提供优越的文化战略环境。英国博物馆政策曾推动博物馆的工具化趋势，促使其提供卓越和高质量的服务，并成为灵感和创造力的集合②。可以说，博物馆的创新发展几乎离不开政策的支持。本节立足国内环境，主要探讨我国近年的优质文化政策对博物馆情景化发展的贡献和意义。

（一）鼓励与扶持

公共文化服务是由政府主导、社会参与形成的，致力于满足公众文化需求、保障公众文化权益的各种公益性文化机构及服务的总和。③随着新世纪的到来，我国的经济得到了迅速发展，在科技、文化、艺术领域也逐渐开始摸索自身发展的道路，在国际上日益产生重要的影响。2005年10月，党的十六届五中全会通过了"十一五"时期国民经济和社会发展规划，提出要"加大政府对文化事业的投入，逐步形成覆盖全社会比较完备的公共文化服务体系"④。伴随"十一五""十二五"时期文化改革发展规划的贯彻落实，我国文化事业和文化产业得到了各方面扶持，国家文化软实力在不断增强。在"十三五"规划之中也明确了"加快现代公共文化服务体系建设、完善现代文化市场体系、现代文化产业体系以及完善和落实文化经济政策"等文化发展要求⑤，为我国的文化发展提供了总体性的政策指导。

党的十八大以来，在党和政府的大力支持下，我国博物馆的数量和质量节节攀升，在场馆建设、藏品陈列、科学研究、社会教育、文明互鉴等方面成绩斐然。2016年12月，全国人大常委会发布《中华人民共和国公共文化服

① 戴启秀.欧盟文化战略视角下欧盟文化政策研究［J］.教学与研究，2016（11）：71-79.
② GRY C. Instrumental policies: causes, consequences, museums and galleries［J］. *Cultural Trends*，2008，17（4）：209-222.
③ 夏洁秋.文化政策与公共文化服务建构——以博物馆为例［J］.同济大学学报（社会科学版），2013，24（1）：62-67.
④ 新华社.国家"十一五"时期文化发展规划纲要（全文）［EB/OL］.中央政府门户网站，2006-09-13.
⑤ 资料来自人民网文化频道"文化部'十三五'时期文化发展改革规划"为题的报道。

务保障法》，为加强公共文化服务体系建设提供了制度性保障，对相关政策的制定也具有指导意义。截至2019年年底，全国已备案博物馆5535座，全年接待观众达12.27亿人次①，博物馆事业呈现繁盛蓬勃发展的良好势头。

表 2-2-1　近年重点公共文化服务政策

发布时间	政策名称	政策内容	意义
2008 年	《关于全国博物馆、纪念馆免费开放的通知》	在宏观层面上确定了博物馆、纪念馆免费开放的实施范围、步骤、保障机制以及工作要求。	我国采用完全"政府主导"型免费开放方式，从财政方面给予不同级别博物馆尽量多的补贴。这一举措不仅拉近了博物馆与社会公众的距离，大幅度激活全国人民对博物馆的参观热情，还促使全国各馆拿出更多的精力进行文化创新活动，以此传播多元文化，促进社会和谐。
2011 年 12 月	《博物馆事业中长期发展规划纲要（2011—2020年）》	赋予博物馆提高公共服务能力等发展任务；致力于推进博物馆陈列展览精品工程，建设高素质人才队伍；鼓励博物馆进行科学研究和国际交流合作。	建设高素质人才队伍，推进陈列展览精品工程的规划，突破展览情景化改造的创新瓶颈。鼓励国际交流，促进思维共享和方式借鉴。
2016 年 12 月	《国家"十三五"文化遗产保护与公共文化服务科技创新规划》	提出要显著提升文化遗产在认知、保护、传承、服务等方面的发展目标。	此规划明确提到并鼓励交互体验技术的改进与革新。

---

① 新华网.2019年我国博物馆接待观众12.27亿人次［EB/OL］.新华网，2020-05-18.

续表

2017 年 2 月	《国家文物事业发展"十三五"规划》	提出多措并举，让文物活起来，坚持创造性转化和创新性发展，让历史说话，让文物活起来，讲好中国故事，拓展博物馆文化休闲功能，强化文教结合。	本规划注重历史和文物活化，克服文物叙事和阐释能力不强的缺点，鼓励博物馆以舒缓轻巧的方式实现情景化的叙事功能。
2017 年 5 月	《关于加强"十三五"文物科技工作的意见》	根据总体目标强调重点任务和落实措施；完善科技投入机制；建立现代信息技术应用体系。	重视公众科学素养的提升，从科技工作的整体布局上促进博物馆情景化中的先进技术应用。
2021 年 3 月	《关于推动公共文化服务高质量发展的意见》	明确新发展阶段公共文化服务高质量发展的目标与任务。如推进标准化建设工作、优化公共文化设施网络布局、加强平台建设与数字文化服务场景应用等。	该意见是在新形势之下推动公共文化服务高质量发展的重要文件。注重以人为本、满足人们日益增长的美好生活需要。

（二）规范与治理

2008年起，治理概念引入行政学①。近年来，我国致力于建设更高效科学的公共治理体系，强调公共治理要以满足公共需求为导向，采取以人为本的公共治理方式来切实回应社会需求。②自1951年起，中央政府各部门就开始制定并落实博物馆相关政策，如1979年公布的《省、市、自治区博物馆工作条例》、1985年发布的《博物馆藏品管理办法》、2005年制定的《国务院关于非公有制资本进入文化产业的若干决定》等具有管理性质的政策性文件。近年来的政策内容则更加丰富，更系统化，为博物馆情景化奠定了基础。

---

① 杨立华，常多粉.中国行政学三十年的范式变迁：从行政管理到公共治理［J］.中国行政管理，2019（6）：94-102.
② 陈振明，薛澜.中国公共管理理论研究的重点领域和主题［J］.中国社会科学,2007(3)：140-152，206.

表 2-2-2 近年博物馆重点规范治理政策

发布时间	政策名称	政策内容	意义
2005 年 12 月	《博物馆管理办法》	主要从博物馆设立条件、年检要求、终止规范、藏品管理以及陈列展示方面做出指示。强调博物馆需结合本馆特点开展形式多样的社会教育和服务活动。展品应以原件为主，使用复制品、仿制品和辅助展品应予明示。	首先，明确规定博物馆在建立、运营、开放过程中的具体细节，推动博物馆管理现代化。其次，明确博物馆自身的教育责任与义务，规范了馆内的场景复原行为，确定了陈列尊重历史的基本原则。
2015 年 2 月	《博物馆条例》	在《博物馆管理条例》的基础上完善管理规定，细化管理和社会服务方面的具体内容；同时加入法律责任部分，规定了博物馆收集非法藏品、进行非法经营等法律责任。本次修改对博物馆的教育功能进行大幅度的提升。	首先，条例提高了民办博物馆的社会地位，为其吸引更多社会投资、创新展览方式、更新产品技术创造了良好环境。其次，促进博物馆与社会优秀文化思潮和经营方式产生交集，为博物馆情景化实践提供更多的可行方案。
2017 年 9 月	《关于深入推进公共文化机构法人治理结构改革的实施方案》	在坚持党的领导基本原则的前提下，按照政事分开、管办分离的要求，促进博物馆公共文化事业发展为目标，建立以理事会为主要形式的法人治理结构，多部门协同起草机构章程，明确多方责任。	国家文物局和地方政府分别对各级别博物馆进行业务和行政的管控。在结合本土实际与国际环境的基础上进一步推动博物馆管理向治理迈进；引入多元社会参与力量，为博物馆与社会各行业合作共赢创造有利条件。
2016 年 7 月发布，2020 年 1 月再次修订	《博物馆定级评估办法》《博物馆定级评估标准》	重新修订了评估办法和标准，划定可参与博物馆评级的范围，明确引用标准规范、专业术语等具体内容，在过往博物馆评估政策的基础上再次细化等级划分条件和评分标准。	这是推动博物馆的治理体系和治理能力现代化的重要举措。不再以藏品多寡作为衡量博物馆质量高低的核心标准，启发博物馆探究文物内涵，利用媒体技术营造场景空间，激活博物馆创新活力。

（三）保护与发展

中国历史悠久，文化遗产形态多样、内蕴丰富，是不可再生的宝贵资源，在社会认知、文化传承、教育服务、对外传播等方面施展着重要作用，也是博物馆内藏品的重要组成部分。人与物质生活环境（包括自然地貌）、文化空间的互动是文化遗产重生的关键①。近年来，为文化遗产添加创意、激发文物活力已成为文物事业发展的重要趋势。2019年8月，习近平总书记到敦煌视察时指出，要通过数字化、信息化等高技术手段，推动流散海外的"敦煌遗书"等文物的数字化回归，实现敦煌文化艺术资源在全球范围内的数字化共享②。在参观各地博物馆的过程中，习近平总书记不断强调推动中华文明创造性转化和创新性发展，要"让收藏在博物馆里的文物、陈列在广阔大地上的遗产、书写在古籍里的文字都活起来"③。可见，文物保护与文化传承的工作已经从静态、固定的方式逐渐向动态、灵活的方式转变，借助一些数字化的手段，文化遗产资源能够更为有效地进行收集、保存、再现与传播，从而进一步实现文物的"活化"。

纵观历史，我国曾先后通过《文物保护法》和《非物质文化遗产法》等基本法律，以此更好地保护、储存、修复珍贵文物。2016年，国家文物局等五个部门印发了《"互联网＋中华文明"三年行动计划》，致力于推动博物馆的信息共享与文化传播，鼓励文物"上网"以及多场景、多方位的展示。各地也响应政策号召，相继出台了文化科技融合相关的政策措施，为我国博物馆情景化建设提供了良好的环境条件。

---

① 任珺.跨域视角下的文化政策研究［M］.北京：社会科学文献出版社，2014：188.
② 新华网.习近平：在敦煌研究院座谈时的讲话［EB/OL］.新华网，2020-01-31.
③ 央视新闻.鉴往知来｜方寸间览千年，跟随习近平领会博物馆的"心"意［EB/OL］.中国青年网，2020-05-18.

表 2-2-3　近些年重点文物保护与创新发展政策

发布时间	政策名称	政策内容	意义
2003年5月发布，2013年、2016年、2017年修订3次	《中华人民共和国文物保护法实施条例》	针对《文物保护法》中的具体问题进行补充，确立了不可移动文物、馆藏文物、民间收藏文物的保护、修复、复制等管理制度。制定了考古挖掘项目的资质条件、经费、负责制度、流程。	条例要求利用音像制品、电子文本等多元形式有效保存和分析古文化遗址、墓葬等不可移动文物保护单位，并严格规定考古调查挖掘流程中的行为规范，将考古遗址类情景创意的实施、场景的搭建和开放以政策的形式确定下来。
2005年12月	《国务院关于加强文化遗产保护的通知》	强调"保护为主、抢救第一、合理利用、加强管理"的十六字方针，着力解决历史文化名城保护、重点文物维修等文物保护突出问题，对文物"复建"进行严格限制，并重点强调非物质文化遗产保护。	对于重点文物维修、复建等问题的指出，使文物保护更加细致，也相应地提高了文物保护力度。
2016年3月	《国务院关于进一步加强文物工作的指导意见》	扩大保护范围，强调了大遗址、水下文物和濒危、材质脆弱馆藏珍贵文物的抢救保护，建立国家文物资源总目录和数据资源库；拓展利用渠道，严格执法。	大遗址、水下文物的抢救和维护间接使博物馆情景重现的范围更为广阔。此外，本意见具体提出了数据资源库等数字化实践项目，为情景化奠定了数字资料基础。
2019年8月	《关于促进文化和科技深度融合的指导意见》	针对文化与科技的融合发展，重点需要加强文化关键技术和文化装备技术的研发；构建完善文化科技创新体系建设，促进创新成果的产业化推广；加强文化大数据体系建设；推动媒体融合纵深发展以及利用新技术促进内容生产与传播的现代化。	文件中指出需要推动文化相关技术的研究以及博物馆等公共文化机构的文化大数据建设，这些措施有助于进一步促进文物的数字化建设，为博物馆情景化提供了更加坚实的数据和技术基础。

二、技术环境

（一）从展示到互动：智能交互的实现

自20世纪60年代开始，与三维数字技术息息相关的VR技术开始大幅度跃进和革新，整体流程分为监测与传感、虚拟环境生成、虚拟环境展示以及多元互动四个步骤[①]，此后又逐渐衍生出AR、MR等扩展现实技术。1984年，知名创新设计公司创始人比尔·莫格里奇（Bill Moggridge）提出交互设计（interaction design）的概念，核心本质为鼓励用户参与的人机交互（human-computer interaction）也跟随概念诞生而进行衍化，并逐渐将关注点从最初的可用性过渡到产品使用过程中的多重感受之中。截至目前，交互技术可按应用目的不同分为两种交互类型：一是以展示和叙事为主的弱交互，二是强调人际和人机互动的强交互。[②]

21世纪早期，博物馆内最常见的交互设计包括带有扩展标签信息的交互式屏幕、视频或交互式媒体游戏[③]，此阶段还未重点强调人类体验感和沉浸感。随后出现了沉浸式虚拟现实技术（immersive virtual reality），即利用头盔显示器、手套等设备把用户的眼睛、耳朵、身体等封闭起来，再令使用者产生虚拟视觉、嗅觉、触觉等感知，随之采用与目、耳、身一一对应的视向、头部和手部跟踪器[④]，使用户感受在虚拟的空间、规范、场景中的交互式信息仿真技术[⑤]。如富兰克林博物馆（The Franklin Institute Science Museum）于2016年结合360°全息影像技术，使用世界一流可穿戴设备，使观众领悟到沉浸式游览中的"人馆结合"感受。

近年，国外众多艺术博物馆也同样开始将VR配置引入艺术品展示过

---

① 武娟，等.虚拟现实现状综述和关键技术研究［J］.广东通信技术，2016，36（8）：40-46.
② 北京联合大学，北京数字科普协会主编.博物馆之路［M］.北京：电子工业出版社，2015：8-9.
③ CAMERON F. Digital Futures I: Museum collections, digital technologies, and the cultural construction of knowledge ［J］. *Curator: The Museum Journal*，2003，46（3）：325-340.
④ 北京联合大学，北京数字科普协会.互联网时代的数字博物馆［M］.北京：电子工业出版社，2017：21.
⑤ 陈根.虚拟现实：科技新浪潮［M］.北京：化学工业出版社，2017：3.

程中，英国泰特现代美术馆（Tate Modern Art Gallery）、旧金山现代艺术博物馆（San Francisco Museum of Modern Art）、芬兰国家博物馆（Suomen Kansallismuseo）将不同流派的画作渲染成虚拟状态的作品，再一次赋予其活化的生命。交互触控装置也被广泛应用于公共文化机构的体验设备之上，成为辅助观众浸没于情景空间里的重要"功臣"，其中多点触控（multi-touch）技术与感应器、投影仪、红外光源等设备都有着不可分割的联系。于2014年重新开馆的库珀·休伊特史密森尼设计博物馆（Cooper Hewitt Smithsonian Design Museum）开发了一支兼具交互与存储功能的移动触控笔，将其与沉浸体验、设计式互动、空间投影等项目融合于一体。

伴随5G时代的发展，韩国政府为博物馆引进VR、AR等技术，并用财政资助体验馆的建设，如在光化门周边的体验项目上就投入400亿韩元。韩国国立中央博物馆（National Museum of Korea）于2020年开设特色分馆"数字沉浸式体验馆"，处理绘画类和建筑类展品的具体信息，呈现以文化遗产为主要素材的沉浸式体验内容。其中"数码实感影像馆"广受好评，利用一系列最先进的3D视觉技术，包括AR/VR/MR、全息投影等尖端科技，依托于展示馆的四面墙壁和部分地面，开创了沉浸式数字画廊（immersive digital galleries），以绚丽光影和交互活动给观众营造耳目一新的动态展陈空间。博物馆从琳琅满目的名画中挑选出内涵丰富且最能体现古代韩国历史面貌的代表作品，将其分为自然景观、贵族往事、宗教传说等不同主题，力求面面俱到，满足差异化观众的审美志趣。

西班牙的加泰罗尼亚艺术博物馆（Museu Nacional d'Art de Catalunya）利用AR技术引导观众在方位移动中与恐龙场景产生互动。位于耶路撒冷的大卫塔博物馆（Tower of David Museum）用新的方式激发人们对历史学习的热情，该馆在观众周围创建了AR层，在虚拟层内叙述古代故事，并重新划定时间轴上的重要时刻，以此探索耶路撒冷历史上的关键事件。日本京都国立博物馆（Kyoto National Museum）、荷兰国家文物博物馆（Het Rijksmuseum Amsterdam）等国际顶尖文博机构也都有着类似的新兴技术应用。

与此同时，"文博数字化"在国内也受到广泛的关注。2018年故宫开发完成的《御花园》VR 作品复原了宫殿场景，并让观众借助 VR 头盔通过虚拟操作来体验投喂珍稀动物、礼拜、觐见、绘画等古人生活[①]。在"大美亚细亚—亚洲文明展"和"纪念马克思 200 周年诞辰主题展"中，中国国家博物馆均运用了触控、多屏联动等人机智能交互技术，如运用了可以实时动作捕捉的裸眼 3D 技术、互动立体显示系统以及智能交互知识问答系统，为《资本论》《本草纲目》、"大明宝钞"和史前铜鼓等众多历史遗产设计出符合其文化背景的展示情境。重庆中国三峡博物馆则引入被称为"微软 HoloLens 全息眼镜"的 MR 设备，以晚清实物地图作为基础资料，精心设计了古城门、居民生活场所等动态情景，将视听叙事恰如其分地融入其中，使观众可以全身心地沉浸于蓉城历史之中，享受一场独特的文化漫游盛宴。

此外，应用于广大博物馆的新兴科技还主要包括以虚拟现实为代表的智能交互技术，常常配合全息投影、幻影成像等技术来共同开创人文体验项目。AR 是使真实世界和虚拟物品层层堆叠的计算机技术，MR 技术则是包括 AR 和 AV（augmented virtuality），增强虚境在内更广泛的连续空间[②]。与更为人熟知的 VR 技术相比拟，AR 和 MR 技术并未完全将使用者隔离在虚拟世界之中，而是尽可能地将虚拟与现实融洽地连接于一体，以精妙的方式保存文化遗产的艺术特征，并以科技创新实现文物的无限机械复制和大量生产，赋予其更加旺盛的生命力，在"人—物"的交互中提高它们的可接触性、可解读性。

（二）从线下到线上：展览空间的开拓

本雅明曾提出，艺术作品在原则上总是可复制的[③]。文化遗产数字化实践能打破行业内外的信息壁垒，将不可再生的文物资源转换为赓续流传的数据内容，深度挖掘和利用潜藏的文化要素，以全新的文化载体书写艺术历史、传承文脉基因。在博物馆的数字化实践过程中，根据传播方式以及实现手段

---

① 苏怡.从有形到无形——利用 VR 技术拓展博物馆实体空间 [J].东南文化,2019（S1）：79-83，78.

② 黄进，等.混合现实中的人机交互综述 [J].计算机辅助设计与图形学学报,2016,28(6)：869-880.

③ 瓦尔特·本雅明.机械复制时代的艺术作品 [M].王才勇，译.北京：中国城市出版社，2001：5.

的不同,可分为线下展览和线上展览两种类型[①]。线下展览作为传统博物馆展览的主要形式,需要依托实体空间进行策划;而线上展览则完全脱离物理空间,依靠网络实现展览的设计与表达。

1995年,美国率先建成博物馆互联网系统,不仅为观众提供全方位、多角度的观察视角,还将藏品的设计细节、出土环境等进行系统性、无期限的保存;法国的卢浮宫博物馆(Louvre Museum)和美国的大都会艺术博物馆(Metropolitan Museum of Art)等国际一流机构也接连对所有文物完成数字化采集;我国故宫等国家级博物馆以及省级文博机构也于20世纪90年代开始筹备博物馆数字化展览[②],诸如此类的实践可称为探讨藏品乃至整个文博空间超脱实物形态的初步尝试,为线上和线下的情景营造做好了基础数据储备工作。

利用3D打印、增强现实、体感交互、全息影像等多种技术手段赋能实体展览,逐渐成为技术发展背景下博物馆展览的一个必然趋势。公共文化机构在20世纪90年代就将数字技术牵引入文化界,并将其大规模地投入应用[③]。3D扫描、处理、建模、打印技术通常是连贯且自成一套的系统,即三维数字技术,其中3D打印技术是以计算机三维设计模型为蓝本,通过不断将各种高分子材料树脂、金属粉末、细胞组织等特殊打印材料,逐层堆积粘接、叠加成形并最终打印成目标实体[④]。三维数字技术等致力于全面展示和传播文化遗产的科技,不仅可以高效而无破坏地获得、复原、修复文物信息,保证文物安全,填充博物馆展览内容,还能够进一步丰富、扩展和烘托博物馆情景展示的氛围。

2014年8月,敦煌莫高窟数字展示中心正式投入使用,其核心展示内容分为"数字敦煌"与"虚拟洞窟"两个部分,借助数字技术等多媒体手段,将莫高窟中精美的壁画制作呈现出来,帮助游客在参观洞窟之前就能够深入

① 赵卓.“互联网+”时代博物馆展览形态的创新发展[J].中国博物馆,2020(4):55-60.
② 吴丽华,等.网络数字媒体技术在生物多样性数字博物馆中的应用研究[M].北京:国防工业出版社,2013:3.
③ 杨拓.新技术视角下博物馆发展实践与趋势[J].中国国家博物馆馆刊,2019(11):146-152.
④ 俞朝晖.面向馆藏文物的三维数据获取及可视化研究[D].华南理工大学,2016.

了解相关文化知识，减少洞窟开放的数量，以更好地保护遗址。自2015年起，故宫博物院便在端门设立了故宫博物院端门数字馆，数字馆立足于传统实体建筑，通过精心采集的高精度文物数据，结合严谨的学术考证，借助 AI、VR 等技术，再现了一个数字化的故宫。无论是只可远观的建筑，还是一些无法对外开放的区域，都能够被制作成数字化内容以供选择，让观众在其中与文物进行亲密的交互，获得比实物参观更加全面有趣的体验，从而领略到其中深厚悠远的历史文化积淀。

在实体展览之外，线上展览和虚拟博物馆也是生动的、开放的沉浸式情景实践。在21世纪早期，网上博物馆的虚拟展厅就正式出现于大众面前。[①]格里菲思曾言，博物馆空间能使人油然而生一种敬畏感，这样带来的浸没式心灵体验是其他类别空间所不具备的。[②]网络虚拟空间可以大幅度地摆脱地点、人流量等因素限制，高效调动和编排馆内资源，在虚构场景中精心重建展览的逻辑性和层次性。数字展示技术也有力地提高了博物馆情景展览的效率，顺应了观众的内在精神需求，也相应地提高了到访率。

2009年"卢浮宫在线"正式问世，利用三维全景技术360°展示了卢浮宫的展厅，并同时穿插了展厅藏品的背景介绍。2017年建造的荷兰克拉默博物馆（Kremer Museum）就是一座无实体空间的 VR 博物馆，该馆将藏品渲染成 3D 高分辨率复制品，试图探寻在线上虚拟情景中深化博物馆用户沉浸感的可能性。由于新冠肺炎疫情的影响，我国国家文物局协调各地文博单位，通过"博物馆线上展览平台"展示了400余个在线项目，包括在线虚拟展览项目、数字全景展厅项目、博物馆大数据平台和文物数字化展示项目等，充分发挥了网络平台的技术优势以及博物馆传播文化的积极作用，让观众足不出户便可"漫游"各地文化遗址，领略中华文化的博大精深。[③]疫情过后，三星堆

①　简·基德.新媒体环境中的博物馆：跨媒体、参与、伦理 [M].胡芳，译.上海：上海科技教育出版社，2017：12.

②　GRIFFITHS A. *Shivers Down Your Spine*：*Cinema，Museums，and the Immersive View* [M]. New York：Columbia University Press，2008：235.

③　国家文物局."博物馆网上展览平台"已推出270余个网上展览项目 [EB/OL].弘博网，2020-02-07.

博物馆重新开放，也同时推出 VR 虚拟展、云上博物馆等奥妙漫游项目，面向各类社会群体定制不同的专属直播讲解，国宝"青铜大立人像"甚至还在线担任迎宾工作。[①]

相较于上述提及的实体文物，"非遗"的数字化尝试则更为必要。非物质文化遗产是特定人群的生活经验、历史传统、集体记忆以及社会实践[②]，具有无形和有形的双重属性。信息采集、三维扫描、建模技术、人工智能、动作捕捉、增强现实等综合数字技术应用的落地，相应地提升了"非遗"保护与传播的新效能。大数据以及各类数字展示技术在博物馆展览领域都具有广阔的应用前景，无论是线下展览中的技术赋能，还是线上展览的创新呈现，都体现着技术与博物馆的深度耦合。与此同时，虽然高新技术的风潮在业界愈渐风靡，但也有部分博物馆和美术馆坚守初衷，致力于传统方式的布置和展示，并且始终受到游客青睐和光顾。可以看到，技术的应用需结合政策、社会、文化、受众等综合环境，文化事业是一项长期的系统工程，文博数字化也并非倾斜于文化和技术之间的天平，从某种程度上，还需进一步明确技术为文化遗产保护和应用服务的功能属性。

三、文化环境

在《文化的解释》一书中，克利福德·格尔兹（Clifford Geertz）将文化定义为"一种通过符号在历史上代代相传的意义模式，它将传承的观念表现于象征形式之中。通过文化的符号体系，人与人得以相互沟通、绵延传续，并发展出对人生的知识以及对生命的态度"[③]。从这一定义中可以看到，格尔兹将文化作为一种意义模式（meaning pattern），并在阐释中赋予时间维度的含义，认为文化是在历史积淀下产生的共同意义。文化在不断渗透进入社会结构的过程中也不断塑造着人类，在不同的环境中打造出不同的文化模式。经过历史的积淀，这些文化形成了各自的文化谱系，而博物馆作为特定文化的

---

① 川观新闻 SCOL.云观展 开启博物馆奇妙漫游模式［EB/OL］.百度，2020-07-16.
② 刘晓春.非物质文化遗产的地方性与公共性［J］.广西民族大学学报（哲学社会科学版），2008（3）：76-80.
③ 格尔兹.文化的解释［M］.纳日碧力戈，等译.上海：上海人民出版社，1999：11.

聚合，集中展现了不同文化的精神面貌。2019年，国际博物馆日的主题确定为"作为文化中枢的博物馆：传统的未来"，强调了博物馆作为文化中枢，具有连接过去与未来、文化传承与发展的作用。博物馆应当担负起文化供给、文化传承以及促进公众文化认同的责任，与此同时，还应致力于搭建起文明交流与对话的平台，以此促进不同文化之间的互鉴互通，更好地维护文化的多样性。

（一）多维连接下的文化传承

习近平总书记指出："一个国家、一个民族不能没有灵魂。"博物馆作为重要的文化服务机构，发挥着以文化人、以文育人、以文培元的作用。[①]博物馆一方面保存了许多文化遗产，其中蕴含着大量丰富的历史文化信息，在时间上连接过去、现在与未来；另一方面，人们在博物馆中的文化实践，实现了不同个体对于文化记忆的共享、交流与参与，个体的身份认同在这一过程中也不断得到强化，进而促使国家或地方的文化认同得以产生[②]。

1.地域文化的记录与复兴

博物馆与城市在多个维度上彼此赋能、相互成就。博物馆可以被视为一个连接实体场所和其他传播场域的媒介。[③]一方面博物馆突破时空界限，浓缩历朝历代的文化精粹；另一方面，文博组织与所在城市紧密相连，既是独特的文化地标，也是全球文化软实力博弈中的城市名片，展示着差异化的地域文化生态，彰显着城市精神和文化魅力。

博物馆是展示族群文化活动的弹性空间，而博物馆情景化是地域文化传承可视化的实践方式，令原始朴素的文博观光业更具有灵活性和可塑性，以开放的动态思维保存文化遗产。文博场景在故事性叙事、色彩美学、高新科技等因素的加持下显现出奇异的魅力。博物馆审视并剖析所在地域的文化特点，力图呈现表现力、故事性较强的文化场景。布鲁日（Brugge）是比利时著

---

① 焦丽丹.记忆空间＋文化空间＝作为文化中枢的博物馆［J］.中国博物馆,2019（3）：7-12.
② 于莉莉.新技术影像与博物馆集体记忆的多重建构［J］.东南文化,2020（4）：157-162.
③ 周海燕,吴晓宁.作为媒介的时光博物馆："连接性转向"中的记忆代际传承［J］.新闻界,2019（8）：15-20.

名的旅游城市，位于比利时西北部弗兰德平原，距北海14公里，素有"小威尼斯"之称。Brugge 荷语是"桥"的意思，河道遍布城里，很多建筑是依河道而建。布鲁日的"黄金时代"的神奇布鲁日历史博物馆（Historium），是一个可以互动的博物馆。通过7间以历史为主题的房间，逼真的布景、应景的影像、贴合的音乐，瞬间引领观众体验一场神奇的时间穿梭旅行。可见，对于文化底蕴深厚的城市而言，铸牢文化自觉意识是实现自我保护、强化和传承的关键手段。

2. 文化记忆的强化和认同

文化记忆是文明的精神墓碑，是每个社会和时代所特有的被人们集体重新使用的知识总和。[①]文化记忆的建构离不开具有仪式性的公共机构。法国历史学家皮埃尔·诺拉（Pierre Nora）认为记忆是积淀于一定的空间、行为、器物等具象之中的，而博物馆则作为记忆存留的代表性场域之一，成为人们寻找文化记忆的切入点。[②]城市为博物馆奠定了知识、经济、管理和运营的基础，博物馆曾是历史学家记录和展示城市发展历程的场所，也曾是城市记忆的载体。城市博物馆已然成为市民的记忆和发展资源。[③]

博物馆以场景为中心建立的文化记忆和现代真实景观得以相互融汇和交织。具有连续性、再识别性特点[④]的集体记忆，在基于个体生活实践的"五感"空间中被唤醒、思考和确认。参观游览，不仅仅是一种局限在狭小空间的短暂行为，也可以延伸至观后常态生活中的记忆填充工作。通过推动个体记忆与集体记忆之间的互动，可有效活化文化遗产和精神文化意涵[⑤]，赋予其意义的同时延伸地域情怀。

丹麦奥尔胡斯的旧城区博物馆（The Old Town Museum），又称"回忆之

① 哈拉尔德·韦尔.社会记忆：历史、回忆、传承［M］.季斌，王立君，白锡堃，译.北京：北京大学出版社，2007：4-6.
② 皮埃尔·诺拉.记忆之场——法国国民意识的文化社会史［M］.黄艳红，译.南京：南京大学出版社，2015：10-11.
③ 宋向光.物与识——当代中国博物馆理论与实践探析［M］.北京：科学出版社，2009：78.
④ 阿斯特莉特·埃尔主编.文化记忆理论读本［M］.冯亚琳，译.北京：北京大学出版社，2012：25-26.
⑤ GRISWOLD W. *Cultures and Societies in a Changing World*［M］. CA: Sage, 2012: 14.

屋"，通过铺陈古建筑、商店、客厅、厨房等场景的细微之处，并结合扮演旧时居民和历史人物的演员们的精彩演绎，展现了丹麦人民几个世纪以来在城市中的日常生活痕迹，将北欧近代奉行的简洁、轻松和环保的生活方式和价值观念沉淀到同质感的场景内部，把属于老丹麦人的家乡变为观众的场域，实现历史情景与信息环境的完美融合。沉浸式体验重构时空关系，观众在凝视中找寻自己的模糊身影，共享物质、精神以及行为文化，在拍马背、逗白鹅和饮啤酒的闲适活动中减小性，在历经洪水泛滥、铁路开通等历史关键节点的同时，深化文化记忆，提炼城市精神。

图 2-2-1　丹麦奥尔胡斯的旧城区博物馆[①]

（二）全球视野下的文化交流

1.特色文化的展示与表达

麦克唐纳[②]认为，博物馆是"我们时代关键的文化中心"。今天，博物馆关注的是生活方式，而不是恍如隔世的什么物件[③]。博物馆的职能已经大大超出其诞生早期的文物收藏功能，场馆设计、建筑表象、文物陈列、展陈

---

① Miriam. Visit Den Gamle By（Old Town）in Aarhus, Denmark［EB/OL］. Adventurous Miriam，2015-03-21.https://adventurousmiriam.com/den-gamle-by-aarhus-old-town/

② MACDONALD R M. Museums and controversy: What can we handle?［J］. *Curator: The Museum Journal*，1996，39（3）：167-169.

③ DICKS B.*Culture on Display*: *The Production of Contemporary Visitability*［M］.McGraw-Hill Education（UK），2004：7.

场景等方面与信息媒体科技有效地结合在一起，形成贝内特[①]所说的"展览综合体"（exhibitionary complex）。而博物馆功用的日益延伸和扩展，从总体上可以说是围绕人的需求和激发人的想象，创造"会说话的环境"（talking environments），以此更好地服务于文化创造。物件、场所和艺术品似乎越来越多地通过它们与人类的关系这一视域来呈现。[②]在此过程中，它们应该被认为是可以理解、可以接近的。

文化展示时代的开端可以追溯至18世纪，直到20世纪早期，文化展示仍是社会精英消遣的活动。随着博物馆走向大众，文化展示在国家形象树立、文化身份彰显、公民身份建构以及全球文化互通等方面有着积极的促进作用。在展示内容方面，直至当今社会，博览会、博物馆和文化中心所展示的东西并不一概都是高雅文化，也有来自"通俗"或是"流行"的文化。荷兰首都阿姆斯特丹的市中心有一整块区域就叫作"博物馆区"（museum district），那里汇集着能代表荷兰杰出艺术历史的"庄严文博殿堂"，如阿姆斯特丹皇家博物馆（Het Rijksmuseum Amsterdam）、阿姆斯特丹国立博物馆、凡·高博物馆（Van Gogh Museum）；在当地其他区域也有着能彰显市民文化艺术的主题型博物馆，如：喜力啤酒博物馆（Heineken Experience）、风车村博物馆（Zaanse Schans Museum）。

另外，文化的展示并不仅仅局限于博物馆、美术馆内部的展陈空间，文化含义可以被印刻进风景、宽街窄巷、交通站点、街道设施、墙壁、物件以及艺术作品之中。博物馆的文化展示应该是拥抱社会的，与社会生活紧密联系的。当前，大多数国内外博物馆都会开发生产与其馆藏文物相适应的文创产品，比如：明信片、文具、服饰、饰品、家居摆件、玩偶等。梵蒂冈圣彼得堡大教堂（St. Peter's Basilica Church）出口处还常年设有邮局，以供游客在拜访圣地之时书信远方。

---

① BENNETT T. The Museum, the fair, and the exposition [J]. *Eyeline*, 1988, 7: 34-36.
② FOUCAULT M. The archaeology of knowledge [J]. *Social Science Information*, 1970, 9（1）: 175-185.

2. 多元文化的理解与互鉴

文化熔铸于民族的生命力、创造力与凝聚力之中，文化的民族性构成文化多样性，而正是这种文化的多样性，才构成了人类整体的文化生态。[①] 博物馆也越来越认识到，仅仅收藏展示本民族、地区的历史文化记忆是远远不够的，在凝练自身文化符号与形象的同时，也需思考与其他文化的交流问题，在不断的磨合中找到适合自身发展的道路，以此适应全球化带来的一系列新状况。

20世纪50年代，中国首次在苏联开启了对外展览，将国画、油画等270余件珍藏文物展出，其后又在捷克斯洛伐克、罗马尼亚、波兰、匈牙利、德意志民主共和国以及保加利亚等国展出。20世纪70年代，在周恩来总理批准有关筹办出国文物展览的报告之后，"中华人民共和国出土文物展览"开始在几大洲的15个国家和地区展出，通过400余件精选文物，展示了从旧石器时代到明代之间的文明历程，展现了中华民族源远流长的历史文化，也为不同国家之间的文化外交打开了新的大门。在过去二十年间，我国与其他国家在博物馆交流方面做出了很多努力，也取得了良好的反响，如大英博物馆展出的"秦始皇：中国兵马俑"，美国大都会艺术博物馆举办的"走向盛唐——三至八世纪的中国艺术和中外文化交流""帝国时代：中国古代秦汉文明"等系列展览，都是西方国家与我国博物馆合作完成的展览。"走向盛唐展"通过大量珍贵文物向西方世界展示了3—8世纪的古中国，从三国两晋南北朝时期的聚散分合，再到隋唐时期大一统的局面，并最终走向盛唐的历史，这一展览引起了空前的轰动，吸引数百万人前去瞻仰参观，极大地促进了文化交流。[②] 近年，国内也不断引进展览，如"古罗马文明展：罗马帝国的人与神""世界文明珍宝——大英博物馆之250年藏品展"，以及2016—2017年南京博物院与加拿大皇家安大略博物馆合作举办的"法老·王——古埃及文明和中国汉代文明"展览等。这些展览使观众感受到不同文化之间的差异性，在一定程度上促进了世界文化遗产的共享和相互理解。

---

① 单霁翔.博物馆使命与文化交流合作创新［J］.四川文物，2014（3）：83-96.
② 单霁翔.博物馆使命与文化交流合作创新［J］.四川文物，2014（3）：83-96.

除了博物馆的跨地域展览合作之外，各国、各地区的相关机构也在不断加强联系。1983年，中国博物馆学会加入国际博物馆协会，并在1989年、2002年两度与国际博物馆协会合作举办国际博物馆协会亚洲太平洋地区大会。2010年，国际博物馆协会第22届会员代表大会在上海举办，这也为我国博物馆与其他国家和地区博物馆的交流和发展提供了宝贵的机会，进一步扩大了我国博物馆界在世界范围内的影响力。1977年，国际博物馆协会第12次全体会议通过并设立"国际博物馆日"，并将日期定于每年的5月18日，帮助在博物馆与博物馆、博物馆与公众之间搭建起一座沟通的桥梁。根据每年"国际博物馆日"的主题，各个国家的博物馆都会开展相应的活动，促进博物馆的交流对话。2020年"国际博物馆日"的主题定为"致力于平等的博物馆：多元和包容"，即如何通过博物馆更好地实现多元文化的平等共存、和谐共处，这也是在新的形势下博物馆应当明确的方向。

四、受众环境

（一）体验经济时代的到来

20世纪中后期兴起的新博物馆学思潮，推动博物馆将工作重心从"收藏物"向"人"的方向转移，传统的"藏品驱动型"文博机构也日益转型为"观众驱动型"。随着国际博物馆业界持续将"有助于人的发展和愉悦"作为核心价值，有人曾直言，如果博物馆能提供更多的创意信息，博物馆对游客的吸引力会更大。[①]1998年，经济学家B.约瑟夫·派恩和詹姆斯·H.吉尔摩在常年的商业运作和创意营销中产生了巧思，最早提出了"体验经济"的概念[②]。20世纪70年代，体验经济成为业内和学界讨论和实践的热点，体验是消费文化理论中的关键概念[③]。罗夫曼（Lofman）通过对顾客消费体验的调研，发现

---

① SCHWEIBENZ W. The" Virtual Museum": New Perspectives For Museums to Present Objects and Information Using the Internet as a Knowledge Base and Communication System [J]. *Isi*, 1998, 34: 185-200.

② 赵放，吴宇晖. 体验经济的思想基础及其规定性的阐释 [J]. 吉林大学社会科学学报，2014, 54（2）：62-69, 173.

③ ARNOULD E J, THOMPSON C J. Consumer culture theory（CCT）: Twenty years of research [J]. *Journal of Consumer Research*，2005, 31（4）：868-882.

了在用户体验中，场景、感觉、思维、情感、行动和评价是层层递进的关联元素。[①]任何一种体验都不会是独立存在的体验，功能体验、情感体验以及其他类别的体验之间是相互依存、相互统一的关系。[②]体验具有复合性，一个整体体验是由很多部分或不同层级的体验整合而成的。在博物馆情景设计中聚焦观众体验，其实是设计规划者对于展览区域以及场馆内外全景进行的再次创作。

2017年，大英博物馆（British Museum）、约克郡博物馆（Yorkshire Museum）和部分大学的学者就曾把托克西（Torksey）军队营地遗址的考古研究成果，转化为一个情节相当真实的场景体验式项目。设计者依托于足有75个足球场面积的原址遗迹，用虚拟现实的方式再现了9世纪末入侵英国的维京人在寒冷的季节驻扎营地、以待进攻的状态。当游客戴上头罩和特别设计的耳机时，可以暂时与处于战争准备中的军人置换人生，并可以在四个场景中任选其一进行人生冒险。

还有"二战"博物馆，如奥斯维辛集中营（Auschwitz）和迈丹尼克集中营（Majdanek）也不拘泥于传统的展览方式，而是基于牢房、毒气室和火化炉等场景原址，致力于最大限度地向观众展示历史的真实。在迈丹尼克纳粹博物馆的《最后的再见》VR体验展中，观众以大屠杀幸存者平切斯·戈特（Pinchas Gutter）的视角，见证了纳粹政策实施时期流水线式的种族灭绝，真切地经历了1943年犹太人从华沙贫民窟被驱逐到集中营后所承受的身心折磨和悲惨遭遇。这种扮演独特个体的历史人物角色体验展给予双方互相陪伴的亲切感，比起真实的历史影像更具有代入感和观赏性，以平民的角度再现战争洪流中的悲惨众生，极大幅度地提升了体验者的亲历感。

（二）受众消费需求的转变

在体验经济时代，人们大多转变为具有能动意识的消费者，并且对消费

---

① LOFMAN B. Elements of experiential consumption: an exploratory study [J]. *ACR North American Advances*，1991，18（1）：729-735.

② 肖丹，孙利.情感产品与功能产品造型设计语言分析 [J]. 包装工程，2009，30（10）：231-232.

也提出了更高的要求，在需求结构、内容、形式等诸多方面都发生了显著的变化，具体表现为情感需求比重的增加、对个性化服务的需求升高、参与意识的增强以及对多元体验需求的增加等方面。① 现代展陈趋向于把游客看作积极的消费者，而不是权威知识的被动接受者。② 情景化复原文物历史图景这一想法被广泛采用，借助声光电技术手段，博物馆能够因地制宜，更加有效地激发观众的情感，丰富观众参观时的多维体验。

1. 参与意识与多元化体验

文化参与是一种以多维信息为特征的行为活动。③ 对于文博行业来说，大众的参与频率、需求、行为模式、持续时间等维度，不仅受观者的教育程度、职业、学科、收入等因素影响④，还与创意规划、活动安排、传播策略等方面相关联。有学者通过对不同展示方式和装饰元素下参观者的想法、情绪、参观行为模式进行调研和数据分析，发现相较于在独立展柜中的藏品展示方式而言，在场景展示中观众的愉悦度和唤起度较为突出；并且，在整体环境中呼应展示主题和还原历史场景的装饰元素越多，越能引起观众积极的情绪反应。⑤

在美国自然历史博物馆"像翼龙一样飞翔"展区，观众通过变动手势、身体姿态与场景互动，那张巨大的电子屏不会在无人之时亮起，而是会灵活识别屏幕前人们的举动，如与远古飞行动物展翅动作类似的手臂挥舞行为，可让翼龙不停地在森林、海洋和火山场景中穿梭翱翔⑥。观众可通过全身参

① 刘凤军，雷丙寅，王艳霞.体验经济时代的消费需求及营销战略 [J].中国工业经济，2002（8）：81-86.

② MACDONALD S. Exhibitions of power and powers of exhibition [J]. *The Politics of Display：Museums，Science，Culture*，1998：1-24.

③ BOLLO A，DAL POZZOLO L，DIFEDERICO E，et al. Measuring cultural participation. 2009 framework for cultural statistics handbook No. 2 [J]. *Montreal Quebec：UNESCO Institute for Statistics*，2012.

④ WANG W，FU M，HU Q. The behavioral pattern of chinese public cultural participation in museums [J]. *Sustainability*，2020，12（7）：2890.

⑤ 薛颖，文宜鑫.博物馆展示环境对观众体验的影响研究——以"风·尚——18至20世纪中国外销扇"为例 [J].东南文化，2020（3）：174-182.

⑥ 新华网.体验美国自然历史博物馆互动式教学（高清组图）[EB/OL].新华网，2015-05-15.

与，感受到远古地球霸主的种族魅力和超强实力。位于奥地利林茨市的 Ars Electronica 电子艺术中心自 1979 年以来一直是"未来博物馆"，传播文化创新思想。该中心主题包括媒体艺术与人工智能、生物技术、基因工程、神经病学、机器人技术和假肢学等科学领域的融合。馆内没有"请勿触摸"的标志，提倡互动和参与；游客可以尝试浸入周围的环境，并肆意畅想未来景观。

2. 情感需求与个性化服务

当个体生活被商品与消费所侵占、被奇异的景观所堆积之时，越发疲惫的情绪可以借助参与体验进行缓解与释放。本雅明提出的"都市漫游者"形象为大众理解城市空间开辟了一个新的视角，与德波提出的"漂移（derive）"[①]以及米歇尔·德·塞托提出的"行走（urban walking）"[②] 概念一脉相承，均突出了人们通过自身体验来感知场景的空间实践特性。在上海思南露天博物馆，人们能够获得自由而个性化的体验，空间中充斥着影像屏幕和 VR 设备等数字技术，其中每个事物都被赋予了属于自己的"二维码"。博物馆不预设游览路线，参观者可以借助电子地图，自主寻找存在于空间中的展品，并通过扫描二维码进入展品空间之中，这为观众的自由行走与个性体验提供了更多的可能性[③]。在漫步的过程中，人与人、人与物以一种自然的状态进行偶遇，通过身体的实践，观众得以对博物馆事物进行综合的感知，进而构建出个性化、定制化的动态空间。

2016 年，新加坡滨海湾金沙艺术科学博物馆（ArtScience Museum Marina Bay Sands）推出数字艺术流派作品的互动展，向大众开放了一个充满艺术意味、科学原理、魔术隐喻的世界。这个互动空间拥有虚拟城市空间和绚丽海洋场景，奇妙的动植物会根据与它们的互动姿势来显现不同的样态，游客甚至可以构建自己的交通网络，并实时观察城市中的多样景观。秀美的花卉在科技的加持下，跨越季节生长的藩篱，呈现播种、成熟、盛开、凋零、死亡

① 居伊·德波.景观社会［M］.张新木，译.南京：南京大学出版社，2017：150-152.
② 塞托.日常生活实践：1.实践的艺术［M］.方琳琳，黄春柳，译.南京：南京大学出版社，2009：139.
③ 孙玮.从再现到体验——移动网络时代的传播与城市文脉保护［J］.探索与争鸣，2017（9）：38-41.

的动态过程。花朵生命过程中的每一步都可因观赏者的行为发生改变，用肢体去触碰抚摸，花瓣就会随之飘落，若人们静止不动，虚拟生物则会遵循原本的生命轨迹，此情此景与真实花园相比，更具几分奇异的复合时空之美。

2020年，湖南省博物馆开设"宋朝人慢生活镜像"展览，以情景化的方式展示宋朝文人的日常情趣，将古琴、书画、围棋、馔器、酒具和素髹漆器等珍稀文物置入有真人NPC（非玩家角色）参与的具体情景中，文人墨客崇尚素雅简约的生活方式，工艺审美亦偏向于简洁实用和清新高洁的意趣志向。演员们或弹琴弈棋，或纵情饮酒，或插花焚香，观众亦可作为"慢生活体验官"与真人NPC共同进入宋人的诗意生活，一起轻嗅幽香、作诗抚琴。文物器具的使用情景映衬出文人雅士谦恭内敛的修养品格，也彰显出传统士大夫们的典雅文化。可见，技术应用、文化创意和受众参与之间的关系是相辅相成、紧密联系的，基于文化与技术创意融合所搭建出来的情景空间，赋予了置身于其中的观众更多消费体验的维度，而观众积极的互动反馈实践也在不断拓展空间的同时赋予文化场所更多的精神和意义。

第三章

实证调研（访谈录）

回顾人类社会悠久而绚烂的文明发展史，不同国别、大陆区域、种族以及宗教皆拥有各自不同的地缘政治制度、信仰、习俗和价值观念等精神凝结，差异性的文化圈层在人类的迁徙、沟通和冲突中不断交叠、碰撞和融合。博物馆概念最初源自公元前4世纪末古希腊人的奇思妙想"藏宝屋"，后历经几个世纪，达官贵人们储藏收藏品的宝库熔铸成早期博物馆的雏形，17世纪，现代博物馆正式建立。传播媒介的进化让历史文物和文化风貌的保存和展示越发便捷，然而，现代博物馆作为收集、总结、记录并传播繁荣文化的场所，自始至终具有不可替代的作用，甚至随着技术的革新越来越凸显其自身的媒介属性。

对于研究者而言，面临复杂的学术问题，除了在浩如烟海的图书典籍中彻夜钻研，深度访谈也是不可缺少的步骤。访谈是研究者通过口头交流的方式，从访谈对象那里收集（或"建构"）第一手资料的研究方法[1]。与其他收集和整理材料的方法相比，访谈能够对研究问题进行更加广泛、深入的解释，并且，在访谈过程中，研究者能够根据具体情况进行即时的调整，以此获得更为准确的信息。此外，访谈的适用性颇为广泛，口语表达能够弥补被访对象因缺乏文字运用能力而无法进行回答的问题，并可以与其他诸多方法进行组合使用，从而更加有效地获取所需材料[2]。

目前，面对竞争激烈的世界文化市场，文博行业并未止步不前，而是在坚守初心的前提下，不断完善自身功能，突破桎梏，以富含创新性的情景展

---

① 陈向明. 质的研究方法与社会科学研究［M］. 北京: 教育科学出版社, 2006: 165.
② 张伟. 质的研究——访谈法探析［J］. 南昌教育学院学报, 2013, 28（5）: 123, 132.

示增强观众的多维体验感，提高观众身心上的满意度。可以看到，全球博物馆的类型日渐多样化、展陈方式日渐沉浸化、技术手段日益先进、传播途径日益多元、与相关主体之间的交互性越发提升。当然，藏品和展陈依旧是博物馆立身之本，但是，情景化传播的尝试与高科技手段的应用让博物馆在现代社会树立起了全新形象，并衍生出革故鼎新的传统文化 IP 活化模式。

本研究从权威性和创新性双重角度出发，在文献资料整理的基础上，选取了特色博物馆、特色文博机构、文化科技公司为访谈对象，通过半结构式访谈的方式，发掘当前博物馆在情景化发展道路上的进展或阻碍。本章的访谈时间范围是2020年9月至2021年3月，访谈的开展是基于相应的实地调研考察，访谈对象均是各单位的主要负责人，在很大程度上具备代表性。访谈内容大致分为两个部分：第一部分对一些主题博物馆和特色文博机构进行调研和访谈，第二部分参与观察与文博机构有业务合作的文化科技公司。访谈对象均为博物馆、文博机构以及文化科技单位的主要负责人。课题组在访谈之前对参与访谈的人员进行了充分的培训，在访谈之前对于被访单位的发展进程和文化产品进行充分的了解，避免在访谈过程中提及敏感性、隐私性问题以及在资料整理过程中带有主观偏见，以此保证资料的可靠性。因在疫情期间，访谈均在线上进行，后期还有部分回访，在获取被访者同意之后对访谈全程录音并妥善保存，访谈内容仅用于本课题学术研究，本章涉及的访谈文字内容、图片素材均已获得被访单位的版权许可和同意回函。

本章致力于向博物馆行业内的优秀从业者提出针对性问题，以客观的立场和跨学科的视角审视我国博物馆在情景展示方面的诸多尝试，以此实现学术探索和业内实践的良性互动。访谈提纲基于前期对于博物馆情景化议题的文献整理，在访谈结构上从发展现状、技术应用、受众基础、未来走向四个主要维度来对博物馆情景化主题进行进一步探索。

第一节　主题特色博物馆

通过前期资料的收集和整理，课题组选择了武汉市和敦煌市这两座历史名城作为访谈内容。武汉的历史资源尤为丰富，遍布古代遗址和革命旧址，身兼中华文明策源地和红色革命发源地的双重角色。敦煌地处长城边陲，壁画和石窟闻名遐迩，既是古丝绸之路的节点城市，也是东亚文化之都；既是多民族文化融汇与撞击的交叉点，也是崇高艺术的殿堂。在进行相关实地调研和初步讨论之后，研究人员分别将武汉革命博物馆、盘龙城遗址博物院、阳关博物馆以及敦煌画院作为研究对象，与各单位的主要负责人员进行深入访谈。这些文博单位皆是独特且卓越的历史标志性文化空间，以不同的定位展示了地域文化特色和风格。武汉革命博物馆立足当地红色景点最多、内涵最丰富、资源保护最早、知名度最高的红色旅游资源集聚区域，现已成为传播红色文化、传承红色基因、开展爱国主义教育的重要阵地。盘龙城遗址博物院是基于最新商朝考古研究成果而创设的遗址类博物院，作为守护历史的驿使，展现着古中国的建筑风光和人文风貌。阳关博物馆是由展厅、研究所、汉阙牌楼、仿古兵营、仿汉阳关关城、仿汉民居街等九部分组成的城堡式建筑群，多年来致力于通过多元的艺术形式来保护并传承敦煌文化和丝路文化。敦煌画院则是植根于敦煌本土文化的文博机构，画院以莫高窟雕塑壁画研究为背景，擅长以泥本壁画临摹的方式还原敦煌壁画的灵性与肌理。

这些被访单位不仅各自拥有独特的历史文化背景，还善于利用自身的空间遗产在城市遗址和革命原址的基础上开拓全新的文化天地，积极通过情景化实践来避免历史遗迹与现代城市空间产生割裂感，运用情景交互的传播方式来更新古朴静态的历史场域。武汉革命博物馆再现百年前革命工作者的革命工作和生活情景，讲述着沧桑的红色故事，弘扬优良的革命精神，透析红色的历史内涵；盘龙城遗址博物院用动人的情景谱写出独特的城邑画卷，揭示早期文明社会特质；阳关博物馆除使用雕塑、壁画、组雕等传统艺术表现手法展现民间传说和历史人物外，还大胆突破固有思维，游客可以通过情景体验项目感受2000年前的繁荣商贸和艰苦军涯，以此达成观赏性、文化性、互动性的多维融合；敦煌画院则开展了临摹体验活动，从美学教育的层面重新诠释和解读敦煌文化，进一步拓展文创空间，从经典敦煌文物中挖掘文化内涵，使受众沉浸于敦煌主题场景中，释放并增强对敦煌文化的热爱和眷恋之情。本节的访谈内容密切贴合文博业界的文化实践现状，也与文化科技行业的前沿数字化应用息息相关，以期与相关学理性思考相互渗透、彼此呼应，共同为博物馆情景化主题提供养料，也搭建起学界和业界对话的桥梁。

一、挖掘红色内涵，赓续红色基因

（一）武汉革命博物馆基础信息

1. 进入现代社会后，博物馆成了历史遗产和文化典故的专业性保存地，凝聚着人们的民族情感和历史记忆。您供职的博物馆是什么类型的博物馆？有哪些主要特色？

武汉革命博物馆是征集、收藏、保护、研究武汉地区近现代文物、革命文物、党史文物以及展示大革命史、中共党史及重大历史事件的革命类综合性博物馆，更是大革命史和武汉地区党史的研究中心。本馆位于武昌红巷13号，目前为一套班子、五块牌子，下辖毛泽东同志主办的中央农民运动讲习所旧址、武昌毛泽东同志旧居、中共"五大"会址暨陈潭秋烈士早期革命旧址、武昌起义门旧址、中国共产党纪律建设历史陈列馆等革命旧址和红色场馆，是风云1927年的重要见证。武汉革命博物馆为国家一级博物馆，是全国重点文物保护单位、全国爱国主义教育示范基地、全国廉政教育基地、全国百个红色旅游经典景区、国家4A级旅游景区和全国文明单位，年接待观众200万人次以上，每年举办、引进、输出临时性展览10余个，举办社教活动50余次。博物馆现在对外开放有复原陈列26处，基本陈列9处以及临时展览多个。其中"探索与奠基——武昌中央农民运动讲习所历史陈列"荣获"第十二届（2014年度）全国博物馆十大陈列展览优胜奖"，"纪律建设永远在路上—— 中国共产党纪律建设历史陈列"荣获"第十七届（2019年度）全国博物馆十大陈列展览精品"特别奖。"日出江城——庆祝武汉解放70周年""敢教日月换新天——武汉70年巨变"分获"2019年度国家文物局传承中华优秀传统文化，弘扬社会主义核心价值观推荐项目和重点项目""2020年度国家文物局传承中华优秀传统文化，弘扬社会主义核心价值观推荐项目和重点项目"。"紧急时期的艰难探索——中共五大历史陈列"获中宣部、国家文物局庆祝中国共产党成立100周年精品展览。

2. 有观点认为，除了藏品，博物馆本身也是一种与观众沟通的媒介。对于这一观点，您怎么看待？

任何博物馆都是一个集视觉、听觉和感觉于一体的感官空间，是一个城市和地区的文化地标，也是公众学习和休闲旅游的载体。优秀的博物馆不仅可以让观众通过展览观看藏品，而且可以提供更多的活动让观众参与其中，去体会藏品所承载的事件和寓意的文化精神，博物馆自身就是观众旅游目的地的载体和媒介。

3. 自开馆以来，贵馆遇到过观众、收入等方面的难题吗？实施了哪些相应的措施？

革命类博物馆现在遇到了发展的春天，随着党中央的高度重视，迅猛发展。武汉革命博物馆的接待观众量持续走高，2019年，观众已经达到了224万人次。完善服务设施，提升服务质量就势在必行。面对大量的观众，博物馆也时常面临着资金经费不足、景区观众承载量受限等问题。为此，博物馆积极争取上级机关财政资金支持，不断完善各项设施，努力提高服务水平，为观众创造安全、舒适、优质的参观和服务体验。

（二）博物馆情景化发展现状

4. 基于研究经验和从业经历，您对于"情景""博物馆情景化"这两个概念有什么理解？

"情景"是对某一段历史、某一个重大历史事件和感人故事的描述和回忆。我个人认为"博物馆情景化"就是"情景再现"，主要是在博物馆的展示活动和展览中，运用高科技技术、设施以及表演方式再现历史和某个事件。"情景再现"能够构造出穿越时空的生动场景，让观众产生身临其境的真切感，引起观众的共鸣和潜在受众的关注，具有很强的教育性。

5. 有些人认为"博物馆情景化"主要指使用一些技术或设施，为观众根据特定主题构造出生动的场景，令观众能有"身临其境"的体验感，引导观众将情感寄于场景之中，从而更深层次地参与到博物馆的主题活动中。请问您对此观点有什么看法吗？

我很认同这种观点，这种"博物馆情景化"在革命类博物馆特别是在各大中小型城市的文化集聚地非常流行。

6. 将场馆、藏品、服务等情景化的这种构思是如何产生的？有怎样的契机？

武汉革命博物馆馆大多进行反映中国共产党的奋斗历程、重大历史事件和重要历史人物的展览，俗称为红色题材的展览。为了让展览能够走进历史、走进现实、走进观众，增强展览效果影响力和观众对红色题材的关注度，我们多采取"小空间大场面，小切口大情怀"的情景化创作手段。

7. 在做出情景化的尝试之前，贵馆是否对用户需求做过调研？

我们并没有邀请第三方做过调研，主要是通过观众的反响进行调整。

8. 贵馆进行情景化实践的目标和诉求是什么？

希望通过科技的手段来展示重大题材的重点内容。真正做到让历史说话、让文物活起来，使观众身临其境，增强观众对历史的理解，达到教育的目的。

9. 您认为博物馆通过"历史情景化"方式来记录、重现革命历史的做法，对于增强民众的爱国情怀有哪些意义？

纪念馆是依托革命旧址建立起来的，其作用是记录和重现革命历史，让大家从革命历史中汲取新时代开拓进取的动力。观众在参观革命旧址时，仿佛置身于历史当中，能够真切感受革命年代的氛围，容易引起情感共鸣。通过对革命人物事迹的了解，人们从中体悟先辈们的高尚品格和伟大精神，被深深感染，从而激发爱国情怀。通过参观后对历史事件进行反思，观众进一步了解党带领人民探索革命道路的艰辛历程，认识到爱党和爱国是一致的，没有共产党就没有新中国，从而在工作和生活中把爱国主义深深植入心中。

10. 从博物馆情景化的角度出发，您供职的博物馆曾举办过哪些相关展览或者从事过哪些其他尝试？

武汉革命博物馆举办过"纪律建设永远在路上——中国共产党纪律建设历史陈列""中国共产党第五次全国代表大会历史陈列""探索与奠基——武昌中央农民运动讲习所历史陈列""大江弄潮——庆祝改革开放四十周年""风韵千载——武强年画与我们的春节"等展览。在上述展览中都尝试过场景复原，大多是以雕塑的形式呈现。

图 3-1-1　中国共产党第五次全国代表大会历史陈列 ①

11. 您刚谈到馆内许多知名的展览大多使用了雕塑来完成场景复原，原因是什么呢？

雕塑会给人一种强烈的视觉冲击力和震撼力。如纪律馆，我们在序厅设计上融入舞美艺术，一组庄重大气的纪检干部人物圆雕，在庄重的国际歌声中徐徐上升，让观众心潮澎湃，非常感人。再如毛泽东旧居，中厅的雕塑生动地展现了1927年6月上旬毛泽东、蔡和森与来自湖南基层的工农群众探索革命去向问题的场景，让观众仿佛置身于历史现场一样，看到了"马日事变"

---

① 图片来源于武汉革命博物馆官网．http://www.whgmbwg.com.

事件发生后，大家在一起讨论革命问题的情景，很有代入感。

图3-1-2　纪律馆序厅圆雕[①]

12. 博物馆情景化模式大概可以分为场景复原、视听体验、互动交流等，贵馆中有哪些模式？

武汉革命博物馆依托武昌农讲所、毛泽东旧居、中共"五大"会址、起义门四处全国重点文物保护单位，以及2019年落成开放的中国共产党纪律建设历史陈列馆，开展了26处复原陈列，通过在革命旧址再现历史场景，拉近观众和革命历史的时空距离，让观众直观地感受到当年发生的历史故事。博物馆和长江人艺合作，开发了情景党课《历史的回望》，通过实景表演的形式，让观众深度参与到历史场景中，得到观众的一致好评。博物馆还开发《请回答1927》实景互动手游，将红色故事封装在手机中，让观众根据系统提示在展馆内解锁剧情，探秘破案，寓教于乐，极大增强观众参观游览的趣味性。

---

① 图片来源于武汉革命博物馆官网．http://www.whgmbwg.com.

图 3-1-3　情景党课《历史的回望》①

13. 您提到馆内有许多复原陈列展示，这些创作依托了哪些文物、历史记载和专家意见呢？

比如，武昌农讲所大教室、教务处、学生寝室等都是根据农讲所学员采访记录复原的。中共"五大"开幕式复原场景则是根据2016年从俄罗斯征集的中共"五大"会场历史照片复原的。

图 3-1-4　中共"五大"开幕式复原场景②

---

① 图片来源于武汉革命博物馆官网．http：//www.whgmbwg.com.
② 图片来源于武汉革命博物馆官网．http：//www.whgmbwg.com.

14. "武昌中央农民运动讲习所历史陈列"对革命英烈的卧室、陈潭秋任教和伍修权上课的教室等地都进行了场景复原，为什么选择这些场景呢？它们有哪些特点和意义？

场景复原是重现革命历史最直观的表现形式。卧室复原场景，包括陈潭秋任教还有伍修权上课教室的场景复原，是为了展示当时革命先辈们选择了不同的方式参加革命活动。像农讲所学员选择学习农运知识、武装斗争，之后参加革命。像陈潭秋选择在小学任教，开展革命活动。他们虽然选择方式不同，但目的都是开展革命斗争。

图 3-1-5 陈潭秋夫妇卧室场景复原 [1]

15. 在吸引大量观众走进博物馆的同时，博物馆也同样需要思考如何为观众带去更好的观展体验。其中，"讲故事"这一亲切友好的沟通方式被很多业内人士认为是提升观众观展体验的有效工具。您怎样看待这种观点？

习近平总书记说过，要讲好中国故事。我们觉得讲故事的确是很好的方式，能够通过亲切友好的方式传递声音，对博物馆来说再好不过了。纪念馆是红色资源的载体，讲好红色故事是我们义不容辞的责任。红色故事如何让人觉得亲切又感动，讲故事的方式无疑是一种很好的选择。

---

[1] 图片来源于武汉革命博物馆官网．http://www.whgmbwg.com.

16. 武汉革命博物馆通常选择怎样的叙事方式？是根据单个展品，还是串联起多面历史，选择有故事关联性的复合型的叙事结构讲故事？

在展览中，我们经常混合采用这两种方式。通过展品讲故事，见人见物见精神。比如，在纪律馆展厅里放置着江西省永新县农民贺页朵的入党宣誓书、狱中八条意见等，能够展现共产党人的精神品质，通过串联历史，讲述历史大事件。又如纪律馆的序厅，背景浮雕由远及近，由虚及实，通过河流山川与中共"一大"会址、中共"五大"会址、瑞金、延安、西柏坡、人民大会堂等革命圣地、标志性建筑元素的有机组合，展示着党的纪律建设走过的光辉历程。

17. 2019年贵馆成功打造了沉浸式红色革命情景剧《庄严的誓词》，您刚提到的《历史的回望》情景党课也是其中的一部分，再现了毛泽东同志在武汉创办农民运动讲习所的点滴历史瞬间。这个情景剧的主要情节、台词、人物是否全部有史料记载，有没有适度的丰富和想象呢？

这些情景剧是在历史事实和馆内研究基础之上，同时在创作中融入了舞台设计和情景设计的元素，可以说是有适度的想象和一定的艺术加工。

图 3-1-6　操场演练情景[①]

---

① 图片来源于武汉革命博物馆官网．http://www.whgmbwg.com.

18. 贵馆在"讲历史故事""情景展示"的实践中，如何把握真实与想象的比例？如何平衡真实性和可看性？

真实肯定是第一位的，超越历史的艺术创作容易失真，不能使观众引起共鸣。我们要在保证真实性的基础上，适度地运用现代艺术去展示历史情境，把观众带入其中。

19. 贵馆的情景布置和展示是如何找到历史的切入点，从而在古今之间建立一座桥梁，让观众将展馆所展现的内容与现实联系起来，激发观众的兴趣的？

情景展示一般是从大历史中的小事件切入，用通俗易懂的语言实现古今对话。比如，在纪律馆，我们把大历史、大事件提炼成名言警句，变得通俗易懂，如"贪污和浪费是极大的犯罪""加强纪律性，革命无不胜"等，用纪律建设史上的58个创新贯穿全展。

20. 贵馆对国外著名博物馆、展览馆的情景化实践有哪些了解？是否有过借鉴和交流？

我们这边了解不多，和波兰博物馆有过交流，但基本没有什么借鉴。

21. 在博物馆情景化的实践中，贵馆与哪些机构进行了协调和合作？

我们和湖北美院、鲁美展览公司、武汉数文科技有限公司等单位进行过合作。

22. 藏品一般具有非物质文化和物质文化两种属性，贵馆如何展示藏品的两种内涵？

我馆对于藏品的展示力求综合适用、完美，即挖掘藏品的历史与故事，以及它们代表的文化和符号，也展现符合整体展出的意境。

23. 贵馆的情景化实践在布置、推广、持续的过程中，馆里各部门都做了哪些具体分工？

我馆在情景化实践中制订了详细的方案和策略，各部门分工科学、合理，团结一致进行布置、推广和持续推进，办公室负责整体宣传和推广，宣教部进行公众服务和宣传教育推广，陈列部则进行实际布置和调研。

（三）情景化里的技术

24. 与传统的展陈方式和观众参观模式相比，数字创意让馆藏"触手可及"。那么，博物馆在情景化实践中应用了哪些数字技术？

武汉革命博物馆在展览中充分应用数字化展示技术，通过投影、灯光、影音、触摸屏等载体全方位立体展示展览内容。博物馆开发"中国共产党纪律建设历史陈列馆数字展馆""武汉革命博物馆全景展馆""日出江城——庆祝武汉解放70周年展览数字展馆""大江弄潮——武汉解放70年数字展览"等线上展览，充分运用720云、全景展示、AR互联等技术手段，还广泛运用自媒体平台，开展线上直播，为观众提供全面、多样的参观学习方式。

图3-1-7　武汉革命博物馆数字全景展馆[①]

25. 贵馆如何全方位地展示藏品？

近年来，武汉革命博物馆深入推进文物藏品数字化展示工作，对馆藏的文物藏品逐一建档，通过3D建模、数字扫描等数字化方式，力求精准全面地呈现藏品面貌，通过数字化的手段让更多的藏品与观众见面。

26. 作为一个强调革命历史的博物馆，馆内布置以及陈列展示的光线、色调、背景音效有哪些特点？

由于红色题材具有特殊性，因此在设置声、光、色的时候，我们要考虑

---

① 图片来源于武汉革命博物馆官网．http://www.whgmbwg.com.

与题材相一致。同时我们也会根据历史情境进行适度的调节，达到渲染氛围的目的。比如，中共"五大"历史陈列，灯光设计便根据历史氛围进行了相应的调整，给人一种紧急时期风云突变的感觉；再比如，纪律馆序厅和尾厅音效的设置给人以庄严之感。

27. 您之前提到了"中国共产党第五次全国代表大会历史陈列"，我们了解到该展运用了气雾屏、电子翻书、幻影成像、人物蜡像等多种科技、艺术的手段，再现了中共"五大"会议历史背景、经过和影响等，这些新兴技术在再现历史景观时有哪些独特的优势？具体再现了哪些景观？

针对会址展览中文字内容多、观众难以理解等问题，组织者在陈列布展中颇费心思，通过别出心裁的展示手段，将平面与立体、视觉与听觉、触觉与感觉融于一体，场景与声光电等现代手段疏密有度，具有强烈的吸引力、感染力、震撼力和视觉冲击力。《唱支山歌给党听》等动人乐曲伴着腾腾升起的红色雾幕逐渐响起，令观众不自觉便走进了中国共产党成长发展的历史时空。瞿秋白1927年写的《中国革命中之争论问题》也被制作成电子翻书，使历史变得可触、可感。毛泽东、恽代英、张太雷等伟人烈士的人物蜡像被放置于馆内，展示了与会期间代表讨论的情形，观众置身于此景，仿佛也参与到了当时的会议之中。

图3-1-8　中国共产党第五次全国代表大会历史陈列^①

————————

①　图片来源于武汉革命博物馆官网．http：//www.whgmbwg.com.

28. 2020年，贵馆"中国共产党纪律建设历史陈列"获得文博界"奥斯卡"（精品奖），应用了大型多点触摸屏、全景虚拟模型等技术，这些更先进、更有创新性的技术和以往馆内应用的声光电技术有哪些联系和异同？

与声光电技术的使用一样，这些都是为了提升观众的参与感。新技术的应用让观众的体验、参与感增强。大型党章墙同时推出多种版本的《共产党宣言》《中国共产党章程》，观众不仅可以在展厅中实时参观，还可通过移动设备端把内容"带回家"，720°全景欣赏虚拟文物图像。可以看到，虚拟现实技术实际上为我们重建了一些已经无法看到的内容，带给参观者直观的信息。

图 3-1-9　《共产党宣言》虚拟文物[①]

---

① 图片来源于武汉革命博物馆官网．http：//www.whgmbwg.com.

29. 在您所介绍的官网上中国共产党纪律建设历史陈列馆等多个数字展馆为观众提供了沉浸式体验，但主要是采取全景 VR 展示、结合 3D 文物和语音视频的方式，在之后的改进创新中，有没有考虑将故事性场景布置和其他互动体验融入进去？

我们打算在技术的支持下，将越来越多的场景布置和互动体验融入进去。一方面，这能够引起线上参观者的兴趣，使中国共产党纪律建设历史上的小片段深入人心。另一方面，也希望通过这一融入，使更多的人在兴趣的激发下，自觉主动地愿意向他人分享这些知识，使越来越多的人了解党的历史，尤其是党的纪律建设的光辉历程，为贯彻落实全面从严治党创造良好的社会环境和舆论环境。

30. 在贵馆情景化展览中，观众可以通过数字科技与博物馆之间有深层次交互参与行为吗？

博物馆开发了《请回答 1927》实景手游，将红色故事封装在手机中，让观众根据系统提示在展馆内解锁剧情、探秘破案、寓教于乐，极大地增强了观众参观游览的趣味性。

31. 据了解，《请回答 1927》还设计了面向观众的历史情节沉浸互动体验，如历史人物打招呼和提问题，这个实景手游的设计思路是什么？观众反馈如何？

2018 年推出的"AR 物联博物馆"首个体验项目《请回答 1927》，其设计思路是将博物馆藏品以及相关人物、历史事件制作成虚拟互动影像，使参观者"重返历史现场"，获得一种沉浸式的体验，仿佛成为历史的一位参与者、亲历者。从观众的反馈来看，这个项目很受欢迎，效果不错。

32. 贵馆运用数字技术后，观众评价是否有所上升？

数字技术的运用提高了观众的参与感和体验感，拓展了观众参观学习的时间和空间范围，打造了真正的"永不落幕的展览"。特别是疫情期间，博物馆数字展馆、"云游都府堤"系列直播活动等线上活动的开展，让观众在家中也能顺利观展，满足了观众的参观需求，线上参观人数累计达到 1000 余万人次，受到了国家文物局等相关机构的关注，也获得了观众的一致好评。

33. 从高科技的引入和运用方面来看，博物馆情景化也是一种数字化的革新，这样的尝试会改变贵馆的定位和发展方向吗？

武汉革命博物馆是武汉地区红色景点最多、内涵最丰富、资源保护最早、知名度最高的红色旅游资源富集区，是传播红色文化、传承红色基因、开展爱国主义教育的重要阵地。博物馆始终致力于讲好中国故事，弘扬红色文化，传承红色基因。我们将坚守培根铸魂的使命，紧跟时代步伐，充分吸收各类科技资源优势，不断推陈出新，增强观众的互动感和体验感，不断满足观众的精神文化需求。

（四）情景化展示与观众

34. 武汉革命博物馆如何定位博物馆和参观者的关系？

我们把博物馆与参观者的关系定位成一种平等、协作、互联、互通的关系。之所以这样定位，是因为我们改变了以往"以藏品为中心"的观念，将博物馆定位成"以观众为中心"。革命类博物馆承载着革命年代的记忆、史实，是开展爱国主义教育和党性教育的活教材，这就决定了我们必须充分发挥革命旧址的教育作用，让观众走进来，被红色历史吸引进来。另外，参观者的反馈建议或意见对我们来说十分重要。这些是我们探索传承红色基因、改进爱国主义教育和党性教育方式的宝贵参考。我们希望通过互联互通促使红色故事口口相传，红色基因代代相传。这是我们的初衷，也是我们的最终目的。

35. 您觉得哪些因素会影响观众对展览或整个博物馆融入情感的效果？

很多因素都会影响观众对展览或整个博物馆融入情感的效果，博物馆人力求做到方方面面，必须精雕细琢、考虑周全，以趋于完美。如展览的整体布局、故事线、展线及展厅空间秩序、展厅环境灯光设置、版面与陈列语言结合、版面设计分层、展览高潮适宜点、情景再现与虚实结合、人体视觉与听觉适宜高度、人体参观疲劳程度、多媒体人体适宜度及其过渡设计等。

36. 如您所说，展厅的空间秩序会影响观众的情感融入效果，"大江弄潮——庆祝改革开放四十周年展览"复原了老汉正街和老房子场景，这两个场景在整个展览中处在哪个位置？和其他展品的衔接是否顺畅？

老汉正街的场景在展览第一部分，老房子场景是在展览中间位置。场景设计都是为了与周围的展品相呼应，让观众有沉浸式体验。

图3-1-10　老汉正街场景复原①

37. 老汉正街和老房子场景相较于其他革命类情景展示会让观众感觉更加熟悉和亲切，但是目前大众还不能走入这些空间去触摸和感受，未来会想要在这方面有所提升吗？

考虑到其中展品的安全性问题，这两个场景当时设置了警戒线。主要是因为之前部分复原场景里放置的展品都被观众人为损坏，有些甚至被直接拿走，这对其他参观观众来说是不太公平的。我们现在也在考虑如何在保障展

① 武汉市文化和旅游局."大江弄潮——庆祝改革开放四十周年"展武汉革命博物馆开展［EB/OL］.武汉市文化和旅游局，2018-12-19.

品尤其是文物安全性的前提下，去提升观众体验感。

图3-1-11　老房子场景复原①

38. 观众在贵馆完成体验式游览后，会不会将这种体验和感触延伸到日常生活中？

我们举办过传统的中华民族民俗展览，深入观众内心，相信会把体验和感触延伸到他们的日常生活中。如"风韵千载——武强年画与我们的春节"展览，便结合了多重情景，实现互动沟通，使观众能够深入进行体验和感触。很多观众流连忘返，并反复参观体验。

39. "风韵千载——武强年画与我们的春节"展览中的观众互动体现在哪里？

有三处互动的地方。第一处是展览中有春节氛围的老房子复原场景，很多观众在拍照。当时很有过年的氛围，画面比较好看。第二处是放置了两个门神的木框架，观众可以把脸凑过去感受，互动性很强。第三处是请武强年画大师，教观众现场印年画，当时参与的人很多。

① 武汉市文化和旅游局."大江弄潮——庆祝改革开放四十周年"展武汉革命博物馆开展［EB/OL］.武汉市文化和旅游局，2018-12-19.

图 3-1-12 观众互动景况 [①]

40. 博物馆参观者的类型繁多，有打卡留念的体验者，有执行学术研究任务的专家，还有补充知识的充电者等，武汉革命博物馆会设计不同的情景展示方式吗？

我们设计了观众调查环节，了解观众的真实想法，以通过不同的展示设计方式增强不同人群的观展体验。场景、雕塑、多媒体、多点触摸屏、全景虚拟模型等技术，都是为了适应不同观众群体对知识的不同需求，增强他们的观展体验。

41. 根据观众的观赏重点和观后反馈意见来看，革命博物馆的观众是看重博物馆的展品，还是更看重不断更新的多媒体展示技术和沉浸式情景布置呢？

这两类观众的比例差不多。一半的观众比较看重我们的展品，因为在展品选择上我们是下了功夫的，多数展品能够较好地诠释主题，体现共产党人精神，具有历史价值和艺术价值。许多文物背后的故事也十分感人，具有教育意义，能弘扬核心价值观、传递正能量，具有重要的教育意义。另外一些观众则对我们的多媒体展示技术和沉浸式布景感兴趣，觉得能够获得沉浸式

---

① 图片来源于武汉革命博物馆官网．http://www.whgmbwg.com.

体验，也能收获想要获取的知识。

42. 现在各种类型的博物馆都在尝试为观众提供沉浸式情景体验，那么您供职的博物馆如何提升自身在业内的影响力？如何向全社会进行推广？

提升为公众服务的文化产品的质量，打造精品陈列展览，开展品牌社教活动，通过充分利用包括自媒体在内的多种宣传途径，扩大自身影响力。武汉革命博物馆已经跻身革命类博物馆前列，可以看到，今年五月开始的"中国博物馆热搜榜"正式发布，全国100个博物馆的"全网热搜"指数首次公布。我馆连续三个月进入"十大热搜博物馆（革命类博物馆、纪念馆）"榜单，并在2020年第一季"博物馆热搜百强榜"中排在第93名，是湖北地区唯一一家登上榜单的革命类博物馆。

43. 博物馆进行情景化实践后，客流量、知名度等是否有提升？实现了怎样的效果？

"闭馆不闭网，服务不打烊，精彩不缺席。"为了满足观众的文化需求和党员干部教育需求，武汉革命博物馆充分利用自媒体平台，深入挖掘馆藏和展览资源，精心组织在线开馆。在官网和微信公众号上推出"中国共产党纪律建设历史陈列馆数字展馆""武汉革命博物馆全景展馆""日出江城——庆祝武汉解放70周年展览数字展馆""心连心，抗疫情""情注笔端，以笔铸剑"等一系列展览，让居家的观众和党员干部也能随时观展，该活动也被国家文物局专题推介。在疫情最严重的时候，我们也为武汉抗疫阻击战加油鼓劲，振奋信心，让金牌讲解员化身荧屏主播，带领观众"云游都府堤"，回顾风云1927年，讲述英烈事迹，致敬时代英雄，传递信仰的力量。活动开展后，网友反响热烈，观看量超过1000万次；人民网、新华网、今日头条、凤凰网累计传播50余次；国内主流媒体、网站和权威新媒体累计传播近百次，形成了媒体联动的强烈传播效应。

44. 有观点认为博物馆情景化的形式大于内容，对于公众的深度学习实效价值不大，您怎么看待这种观点？

博物馆运用现代科技手段，广泛深入开展情景化实践，目的是增强观众的参观体验感和获得感，拉近观众和历史的距离，让观众在情景互动体验中接受潜移默化的文化熏陶。实践表明，博物馆的情景化实践打破了以往单纯的陈列和说教的形式，增添了参观的趣味性，丰富了博物馆文物藏品的展示方式，受到了观众的热烈欢迎，让观众更加愿意走进博物馆，了解文物藏品，学习文化知识，在文旅融合的大趋势中发挥了重要的推动作用。

（五）博物馆的未来

45. 根据联合国教科文组织和国际博物馆协会两项最新研究，疫情已使全球博物馆、美术馆受到严重冲击。请问您供职的博物馆是否因为疫情遇到了一些困难？

疫情期间，博物馆参观人数锐减。武汉革命博物馆采取了一系列措施，推出一系列漫画、书法数字展览，大力开展线上活动，做到闭馆不闭展，以此为契机扩大博物馆的社会影响。

46. 面对会在一定时间内存在的困境，博物馆如何从用户需求出发，优化线上展览？

一是优化展览内容，充分挖掘武汉革命博物馆丰富的历史和资源优势，结合时代特点，推出人民群众喜闻乐见的优质展览；二是创新展览形式，以传统展览、数字展览、视频呈现等方式，带给观众不一样的参观体验。

47. 武汉革命博物馆将如何持续不断地挖掘文物内涵，承古拓新，设定不同的展览主题来映照未来新的时代背景？

第一，我们想用心打造精品展陈，让革命旧址"活"起来；第二，注重藏品挖掘，用史料和文物讲述红色故事，增强红色题材的感染力；第三，充分利用红色资源优势，创新形式开展特色社会教育活动；第四，运用现代科技手段让红色资源"动"起来，为后疫情时代大家足不出户参观博物馆提供平台。

48. 随着科技的发展和社会观念的进步，您认为博物馆创新的核心是什么？博物馆未来会有哪些发展计划和发展趋势？

博物馆创新的核心是人才、技术和思维、方式方法。武汉革命博物馆要守住初心使命，让历史说话，让文物"活"起来，讲好中国故事，加快人才培养，运用科技手段，创新思维，创新方式方法，一如既往地充分挖掘红色资源，向观众讲好红色故事，弘扬红色文化，传承红色基因，建设成为国内影响力较大的革命类博物馆。

二、诠释商代文明，激活古城文化

（一）盘龙城遗址博物院基础信息

1. 进入现代社会后，博物馆成了历史遗产和文化典故的专业性保存地，凝聚着人们的民族情感和历史记忆。您供职的博物馆是什么类型的博物馆，有哪些主要特色？

盘龙城遗址博物院是一家考古遗址类博物馆，位于湖北省武汉市城区北部的府河之畔，承担着全国重点文物保护单位盘龙城遗址的考古发掘及文物保护、展陈、研究工作。现由国家考古遗址公园、遗址博物馆两部分组成。

盘龙城遗址约有3500年的历史，是目前我国长江流域保存最为完整的一座商代早期城址，被誉为"武汉城市之根""商朝南土中心城邑""长江中游早期青铜文明中心"。遗址保护区面积3.95平方千米，其中核心区面积1.39平方千米。中心是一处宫城遗址，城内东北部发现大型宫殿建筑基址，宫城遗址周围分布着作坊区、平民居住区、墓葬区等丰富遗存。

盘龙城国家考古遗址公园于2017年12月由国家文物局挂牌，2018年12月28日新馆试运行开放，2019年9月27日正式开放，是武汉市首家考古遗址类博物馆。新馆占地100亩，总建筑面积约16300平方米，其中展厅面积约4300平方米，有三个主展厅和一个临时展厅。

盘龙城遗址博物院对遗址研究、保护的历程从未中断，遗址保护工程已于2017年完成一期项目，2019年6月国家文物局批准了《盘龙城国家考古遗址公园规划》。盘龙城遗址博物馆历年来坚持考古发掘，定期举行"盘龙城与长江文明国际学术研讨会"等学术会议。2018年7月，盘龙城遗址博物院获评"全国文物保护先进集体"称号。2018年10月19日，启动"盘龙城中美联合考古项目"。2018年10月22日，盘龙城遗址2017年考古发掘成果获评中国考古学大会田野考古三等奖。

2. 有观点认为，不只是藏品，博物馆本身就是一种与观众沟通的媒介。对于这一观点，您怎么看待？

深感认同。从硬件来看，博物馆的建筑风格、周边风光、配套设施等都会影响观众对于博物馆的印象和认同度。例如，观众对于盘龙城遗址博物院新馆的喜爱，让这里成为网红打卡点，也被观众起名"武汉小埃及"。

从软件方面来说，博物馆的展览、宣传折页、门票、员工素质，还有相关的新闻报道，其实都在构筑着观众心目中对该博物馆的印象，这也是一种沟通的媒介。

（二）博物馆情景化发展现状

3. 基于研究经验和从业经历，您对于"情景""博物馆情景化"这两个概念有什么理解吗？

我认为"情景"一般情况下，是指某些场景，尤其是能激发人的情感的场景。而"博物馆情景化"则是通过博物馆各项软、硬件设施（当然核心是展览中的设计），让观众在潜移默化中体会到博物馆想传达的信息、理念、价值观等。

4. 有种看法认为，"博物馆情景化"主要是指使用一些技术或设施，为观众根据特定主题构造出生动的场景，令观众能有"身临其境"的体验感，引导观众将情感寄于场景，从而更深层次地参与到博物馆的主题内容中。请问您对此有什么看法？

基本认同。但我个人认为除了技术或设施这样的硬件，内容设计、人员素质这样的软件更重要。另外，"情景化"的"化"不知做何解？因为一般情况我们提"××化"，都是在强调一种趋势、一种发展方向，对于这一点，我觉得博物馆可以做，但是也得有度，博物馆毕竟是博物馆，不是科技馆，也不是小剧场。

5. 从博物馆情景化的角度出发，您供职的博物馆曾举办过哪些相关的展览或者做过哪些其他尝试？

基础陈列"江汉泱泱　商邑煌煌——盘龙城遗址"以学术立意、公众意识落地，情景展示较多，系统性地讲述了盘龙城遗址的变迁、景象和地位等，于2020年5月18日获评全国博物馆最高奖项"十大陈列精品"。此外还有"庞贝出土文物特展"，以及围绕考古及商文化推出的一系列活动。

6. 将场馆、藏品、服务等情景化的构思是如何产生的？有怎样的契机？

一方面，我院在展览筹备过程中，院领导及相关工作人员到过国内外多家博物馆参观学习、座谈取经，吸收了很多博物馆不同的情景化展示手段和方式；另一方面，是展览特殊性的倒逼，由于盘龙城遗址出土文物涉及年代较早，缺乏文字记载，加之目前考古发掘面积有限，我们能讲述的"故事"很少，能上展的吸引普通观众的"珍宝"类文物也不多，所以我们另辟蹊径，进行了很多情景化的尝试。

7. 贵馆进行情景化实践的目标和诉求是什么？

展览有一项定位，是要做到学术性和趣味性的平衡和统一，情景化实践是实现这个目标的手段之一。

8. 在做出情景化的尝试之前，贵馆是否对用户需求做过调研？

有的，陈列室可以参观留言，以及对其他同类馆的观众诉求也进行过调研。

9. 贵馆的情景化实践在布置、推广、持续的过程中，馆里各部门都做了哪些具体分工？制订了哪些方案与策略？

展陈小组也是单位的核心业务小组，在万院、刘院带领下共同完成了展览文本的撰写、设计工作。和情景化相关的多媒体、艺术品、互动装置等都有专人牵头，小组其他成员配合。另外，在每周进行的例会上，我们会集合博物院、设计公司、施工方，对上周的方案进度、调整思路等进行讨论，这样的例会一直持续到展览结束。

10. 在博物馆情景化的实践中，贵馆与哪些机构进行了协调？与哪些主体进行了合作？

在协调方面，从一开始公园规划保护面积开始，一直到现在博物馆建成，我们都在和不同机构进行协调。兼顾遗产保护和社会效益是一个难点，是需要多方努力配合才能实现的。

例如，公园内最初的宫殿复原展示，是由来自北方的规划保护团队做的方案，使用了北方遗址一般采用的夯土复原模式，结果该模式不耐武汉的暴雨烈阳，不到半年就垮塌了。后来我们自己的团队提出新的方案，在国内多位商代考古专家的论证下，方案通过。我们又和施工团队一起研究，选定了新的材料，才完成了今日的宫殿复原。

在合作方面，我们也和许多机构有合作关系，如和进行考古发掘的武汉大学、湖北省文物考古研究所的合作，和各借展文物的兄弟单位的合作，和展览的设计、施工团队的合作，以及和后期语音导览、文创等合作方的合作。我们和考古的武汉大学的合作模式，是业内翘楚。

11. 除了观众线下体验实体博物馆的沉浸式情景展览，贵馆是否有线上的云博物馆设计？您更倾向于哪种部署？

有的，两手都要抓，两手都要硬。

12. 藏品一般具有物质文化和非物质文化两种属性，贵馆是倾向于展现藏品的历史与故事，以及它们所代表的文化符号，还是更倾向于展现一种意境？

两种藏品两种方向：一是我们通过博物馆室内藏品展现历史和故事，传递信息；二是以博物馆室外藏品表达意境。前者较为关键一些，当然环境的营造也是比较重要的。

13. 盘龙城遗址起源于3500年前，被专家、学者称为"华夏文化南方之源，九省通衢武汉之根"，非常具有历史意义和特殊性。那么您认为，贵馆在场景复原方面的尝试，在让观众了解并喜爱中国古代南方城市乃至殷商文化方面有什么独特作用吗？

这个也要分层次来说。首先，对于武汉观众，尤其是盘龙城周边的"原住民"来说，盘龙城的本体保护展示工程，让原本已经被杂草灌木覆盖的城墙露出了真容，让掩埋在地下的宫殿建筑基址重现世间，很多本地观众非常震惊和骄傲，他们没有想到自己土生土长的地方居然有商代的城池，已经有三千多年的历史，这对于增强武汉市民的城市历史文化自信很有意义，使他们对商代的历史也产生了浓厚的兴趣。这一点从武汉市民申请成为我院志愿者的情况，以及武汉一些民间的历史爱好者学会频频来盘龙城参观都可以窥见一斑。

其次，对于外地游客，也分为两类，一类可能本来只是来打卡"武汉小埃及"，在参观过程中感受到了盘龙城的历史文化底蕴；另一类则是"有备而来"，他们参观了中原地区商代遗址后，想了解南方地区的情况。

图 3-1-13　盘龙城遗址本体 [①]

14. 据了解，在基本陈列"江汉泱泱 商邑煌煌——盘龙城遗址"的二号展厅中，宫殿模型采用解剖式的复原方式，配合 VR 体验。为何选择这种方式？展示效果如何？

其实，我们对于宫殿建筑基址的展示是由多部分构成的，除了问题中提到的解剖式复原的宫殿模型、VR 体验，我们能看到，围绕模型一圈的展台上的橙色区域，有讲述宫殿建设过程的展板；透过宫殿前方的大落地窗，我们可以看到遗址区的景观。选择这种方式，是为了满足不同观众的观展需求，可以让观众从不同角度去感受盘龙城先民当年创造的宫殿的宏伟。欣赏这个宫殿，观众既可以站在宫殿前方，透过玻璃窗远眺遗址区，体验背靠宫殿、面朝遗址的"盘龙之王"的感觉；也可以结合 VR 展示观察模型，直观感受

① 图片来源于盘龙城遗址博物院官网．http：//www.plcsmuseum.com.cn．

宫殿3500年前的风貌；感兴趣的、想深度探究的观众，则可以阅读展柜上图文并茂的展开说明，进一步了解与宫殿相关的小知识，对商代的建筑水平形成认知。

图 3-1-14　宫殿模型复原[①]

15. 第二展厅的展示中出现侧面镜像效果，第三展厅的概念性延绵山体造型也有配合平台展示的镜面效果，两者有何区别？

第二展厅大胆地应用了镜面材质制作台柜竖面，镜像效果柔化了空间视觉效果，让展柜从视觉上变得轻盈，亦平添了神秘之感，尤其是让宫殿模型产生了"悬浮"的效果。

第三展厅利用镜面材质作为展板，呈现展示信息里不断延伸进去的纵深与神秘感。观众在镜像的作用下，感受到一种"考古发掘的进行时状态"。

---

① 图片来源于盘龙城遗址博物院官网 . http://www.plcsmuseum.com.cn.

图 3-1-15　第二展厅[①]

图 3-1-16　第三展厅[②]

16. 在基本陈列中再现了一些盘龙城人的生活场景，其中有一处内有半透明的剪影模型，较为特殊，这是用什么材质打造的呢？此处场景的设计构思和表达内容分别是什么？

此部分内容主要是用比较细的钢丝网制成的，所以我们也称这样的模型为"钢网人"。在展厅中有两处以钢网人为主体的场景布置，一处是盘龙城先

---

① 图片来源于盘龙城遗址博物院官网．http://www.plcsmuseum.com.cn.
② 图片来源于盘龙城遗址博物院官网．http://www.plcsmuseum.com.cn.

民生火做饭的场景，另一处是结合 VR 展示的盘龙城先民居住的场景。在设计构思上，考虑到盘龙城先民当时的衣物等并没有发掘出土的实物依据，避免误导观众，我们便设计了剪影模型，重点表现人物动作，回避人物服装。在内容表达方面，我们则侧重于形象生动地表现文字难以描述的生活场景，如盘龙城先民生火做饭的场景。

a　　　　　　　　　　b

图 3-1-17　"钢网人"模型[1]

17. 与多机构合作的巡展"庞贝出土文物特展"复原了庞贝一户富裕家庭住宅的中庭。相较于本馆独创设计，这类巡展的场景搬运和再现有哪些挑战和困难点？

再现中比较困难的是，中国一共有四个博物馆参与了这次巡展，每个馆的展厅形状、灯光等条件各不相同，因此需要做出相应的调整。

---

[1]　图片来源于盘龙城遗址博物院官网. http://www.plcsmuseum.com.cn.

图 3-1-18　庞贝家庭场景复原①

18. 色彩的选择与搭配是博物馆设计中的重要议题，可以介绍一下贵馆"江汉泱泱商邑煌煌""甲骨文的记忆""庞贝出土文物特展"等知名展览的色彩基调和色彩搭配吗？

"江汉泱泱商邑煌煌——盘龙城遗址"的整体空间色调以黑色为主，跳跃的饱和色用于提示文物和内容要点。大胆应用镜面材质，柔化空间视觉效果。

"庞贝出土文物特展"的整体色调为灰白色，以突出壁画、饰品等展品的色彩。间饰以红色及庞贝的纹样装饰，展示庞贝城曾经美丽、繁荣的景象。

"甲骨文的记忆"的整体色调为较柔和的黄色，与甲骨文的颜色特别接近，突出展览主题；辅之以绿色装饰，取自青铜器的颜色，呈现甲骨文诞生于青铜时代，也是和盘龙城遗址的一个联系。

---

① 图片来源于盘龙城遗址博物院官网．http://www.plcsmuseum.com.cn.

图 3-1-19　　"甲骨文的记忆"特别展览 [①]

19. 展厅中的情景展示在整个展览中的位置选择是怎样的？如何实现与其他固定展品的顺畅连接？

情景展示是贯穿始终的，一般和相应的固定展品配套出现。例如，在盘龙城先民的生活部分，将盘龙城人生火做饭的场景复原和出土炊器、食器放在一起展示，向观众展示盘龙城先民的饮食文化。

20. 有些博物馆会将古文物纹样作为展览的局部装饰图案以渲染历史文化氛围，贵馆中有类似的设计吗？

文物纹样的装饰是贯穿于盘龙城遗址博物院各个区域的，例如，展厅墙壁上方的排风口采用的是盘龙城出土青铜刀上的连续纹样；接待室的地毯是铜提梁卣的俯视图案；展厅中的展板更是多处装点青铜器出土纹样。

21. 许多博物馆的情景展示与单纯场景展示的不同之处在于会有一些影视和舞台（戏剧）设计，贵馆有类似的设计吗？

在这方面设计上，盘龙城共有三个体系。第一个是展内影视，包含了商代落葬礼的推测还原、宫殿建筑过程还原等内容，在第三展厅末尾还设置了裸眼3D效果的弧幕影院，循环播放《前世今生》，讲述盘龙城与武汉、古代与现代的交融。

———————

① 图片来源于盘龙城遗址博物院官网．http://www.plcsmuseum.com.cn.

第二个是院内影视，在公共休息区，我们另外设置了4D影院，这个影院和书店、文创商店及饮品店放在一起。目前影院已经建设完成，相关影视内容还在创作中，届时，游客将在公共休息区，通过观看电影、阅读书籍、购买文创，进一步延展博物馆的参观体验。

第三个是舞台设计，在盘龙城遗址博物院新馆东面，盘龙城湖边，有一处圆形环水剧场，观众可以席地而坐，一边感受湖光水色，一边欣赏优美的戏剧表演。

图 3-1-20　弧幕影院 ①

22. 在吸引大量观众走进博物馆的同时，博物馆需要思考如何为观众带去更好的观展体验。其中，"讲故事"这一亲切友好的沟通方式，被很多业内人士认为是提升观众观展体验的有效工具。您怎样看待这种观点？

非常认同。博物馆语境下的讲故事和一般文学创作中的讲故事有所不同，不一定要以人物塑造、情节创作取胜，而是要通过逻辑性的展览架构、精彩性的展陈语言，将专业性展览转化为普通观众喜爱的故事性展览，吸引观众的注意力。

---

① 图片来源于盘龙城遗址博物院官网．http://www.plcsmuseum.com.cn.

23. 贵馆通常选择怎样的叙事方式？是根据单个展品，还是一条或多条清晰明确的叙事线索串联起多面历史，并选择有故事关联性的复合型叙事结构讲故事？

以后者为主。例如，在第二展厅，我们会分版块介绍盘龙城先民的生产、生活各方面，形成"岛"状结构，观众可以自由选择参观重点，在博物馆提供的历史线索中拼接出个人对盘龙城的认知。

同时，作为考古学背景下的博物馆，我们注重透物见史，对于部分展品，也会延伸故事。这样的故事分古、今两部分，古的一部分，主要讲述展品在当时是如何被制造、使用、废弃的；今的部分，则讲述当前考古学家如何对文物进行发掘、复原、研究等，补充藏品蕴含的信息，并通过多样化的手段将它们呈现为观众喜闻乐见的展览，这也是我们的特色。

24. 贵馆的情景空间的叙事设计，找到了历史故事的情感触发点，在古和今之间建立一座桥梁，从而让观众将展馆所展现的内容与现实关联起来，产生共鸣，唤起观众更多的感知与情绪。请问是如何做到的？

从严格意义来说，盘龙城遗址博物院讲述的历史和一般理解的历史故事有一定差距。我们一般理解的历史故事是帝王将相、才子佳人的传奇故事，但是对于盘龙城遗址这样没有文字记载的遗迹，我们连这里的统治者是男是女都不确定，自然也不会围绕某个历史人物去讲故事。所以，我们的定位是讲述众生相。3500年前盘龙城先民的普遍生活形态，他们的衣食住行、祭祀乃至艺术、生产，和今天的有什么差别，又有什么联系，这是我们关注的重点，也是连接古与今的桥梁。

25. 贵馆在"讲历史故事""情景展示"的实践中，全部依托于史料记载吗？有没有适度的丰富和想象？如果有，如何把握真实与想象的比例？

盘龙城遗址展览之难，正在于连基本的历史史料都没有，因为盘龙城时代文字尚未出现。所以，对于我们来说，更合适的问题应该是我们的实践是否全部依托于学术成果，而我们今天对于盘龙城的认识也确实依靠于考古学的研究成果。

作为一家遗址类博物馆，我们的宗旨是要坚持知识性和趣味性的统一，为了保证讲述的科学性，我们并不会在展览中加入民间传说等方面的素材来吸引观众，但是我们尊重观众的好奇心和想象力，我们会呈现同一个问题的不同学术观点，让观众根据自己的阅历、兴趣等进行比较、选择；我们还会在展厅中留下"谜题"引导观众思考，说出自己的看法。

（三）情景化里的技术

26. 作为一个强调古代历史的博物馆，馆内布置以及陈列展示的光线、背景音效等有哪些特点？

首先，要保障文物的安全以及突出文物的展示效果；其次，要让观众有一个较为舒适的观展体验，避免观众产生"博物馆疲劳"的感受。我们在展厅光线的设置上，并没有选择很多遗址类博物馆为烘托氛围而采用的暗沉式布景，而是采用相对明亮的光线。另外，在每个展厅的出口，都会设有一个观景庭院，让观众的眼睛得到适当的休息。

27. "江汉泱泱 商邑煌煌——盘龙城遗址"中运用了哪些科技手段将考古发掘过程通过场景展现出来？

算是科技手段和传统手段的结合运用吧，我们主要是想将盘龙城的考古发掘作为我国的考古发展的一个缩影。

在科技方面，我们利用3D打印技术分别做了20世纪80年代和现在的考古发掘现场模型，通过考古学家在田野考古中使用仪器和手段的变化，展示了我国几十年来科技考古手段的进步。另外，我们在展柜两侧搭配了互动查询系统和体验游戏，观众既可以查询盘龙城近几十年来考古发掘的现场照片、考古记录、发掘简报等专业内容，也可以体验考古小游戏，从最简单活泼的方式开启考古认识之旅。

图 3-1-21　3D 打印的考古现场[①]

28. 为了避免观众产生审美疲劳，贵馆进行场景再现时，不同模型的材质、比例、尺度、体量等设计元素会有变化吗？是否运用了技术？

肯定是有的。如盘龙城第一展厅的场景再现，主要使用了 3D 打印技术，既有缩小版的考古发掘现场打印，也有等比例重现的、可供观众触摸的文物打印。第二展厅的场景复原方式和手段则更为丰富，有利用钢网人技术展示的商代人生活场景，也有解剖式的宫殿基址复原，以及应用 VR 等技术复原的场景。

遗址区的场景复原则侧重于和自然环境的融合。其中有用鹅卵石标注的护城壕，有用植被标识的墓圹位置，也有利用最新技术复原展示的宫殿基址。

---

① 图片来源于盘龙城遗址博物院官网．http://www.plcsmuseum.com.cn.

29. 您为我们介绍的官网数字展馆为观众提供了沉浸式体验，但主要是通过全景 VR 展示、漫游和文字说明的结合进行，藏品还是在透明柜里，与观众的接触和互动较少。在之后的发展改进中，有没有考虑将故事性场景布置和其他互动体验融入进去？

与之前的回答相似，我们对做场景复原是持谨慎态度的。所以，我们在展厅中也只有生活类场景复原，为了避免误导观众，我们都是通过钢网人的方式来复原人物。

虽然我们场景复原较谨慎，但是不代表我们和观众的互动少。盘龙城展览的一大特点就是有大量的物理互动装置，通过滚筒、拼图等方式让观众自己动手探索盘龙城先民的饮食、生活等各方面信息。另外，考虑到观众对于展柜中文物的好奇，我们有3D打印的文物复制件供观众触摸、感受，还有出土的不同材质的陶片原件供观众感受。

30. 贵馆未来有引进更多技术来调动观众视、听、触等感官，带给观众更丰富、更个性化的参观体验的计划吗？

从观众调查情况来看，我们认为技术还是为展览服务的，目前能利用的适合我们展览的技术，我们基本都应用了。如果以后博物馆展览行业出现了更适合我们展览内容呈现、价值传达的技术，那我们也会考虑。

（四）情景化展示与观众

31. 盘龙城遗址博物院如何定位博物馆和参观者的关系？

二者是互相成就的关系。在一般情况下，博物馆和观众似乎是"给"和"取"的关系，博物馆提供知识，观众从中汲取知识。盘龙城遗址博物院在建院之初，就确定服务观众、引导观众并尊重观众、向观众学习的基调。自2019年试运行开放以来，我们多方面倾听观众意见，根据观众反馈对展览陈列、基础设施、社教活动等进行了持续不断的改进；直到现在，我们也坚持由宣教部主任亲自回复观众留言、观众意见第一时间上报院长的制度。

另外，有一些观众成了我们官方微博、微信的粉丝，为我们的宣传工作建言献策。博物馆还有一群可爱的志愿者，他们曾经也只是普通的参观者，但后来被盘龙城文化吸引，主动加入我们，全面参与到我们的讲解接待、对外宣传、文字翻译等工作中，这是博物馆建设发展不可或缺的重要力量。

32. 与一般封闭式室内博物馆不同的是，贵馆是建立在盘龙城遗址上的，有室外露天的城垣城壕、宫殿建筑、墓葬等遗迹。贵馆这样的基础条件为观众营造的沉浸式互动体验是属于娱乐休闲型、教育科普型，还是文化旅游型？

首先，我们是建立在遗址的一般保护区外围，如果我们建在了遗址上，肯定是不会被批准的。其次，我觉得这三种类型并非泾渭分明，三种类型我们都在有意无意中具备了。

33. 您觉得强调在情景中参与互动是否真正为观众创造了新的智识价值，而非仅仅迎合大众趣味？

如果简单粗暴地做一些故事性场景或采用一些高科技，那肯定仅仅是迎合趣味，甚至连迎合趣味都没有达到。情景式的互动方式只是载体，重点还是在于博物馆想借助这样的方式讲述什么内容，引起观众怎样的思考或情景共鸣。

34. 据了解，展览中还有部分陶片可以直接供观众触摸，这种方式如何平衡文物保护和观众需求？

在展览试运行阶段，陶片是黏在展柜上进行裸展的，观众可以随意触摸。当时我们的考量是，陶器不同于青铜器、纸质文物等对于光线、温湿度的要求高，只要观众不用外力去刻意破坏，简单的触摸对其影响不大。但在开展不久，还是有一块陶片被观众用外力压坏了。所以后来我们便加上了现在的圆形罩子，观众可以将手从罩子中间的圆孔伸进去，借此控制触摸范围，避免陶片被施力破坏。

35. 今年贵馆的"江汉泱泱 商邑煌煌——盘龙城遗址"获得了全国博物馆十大陈列展览大奖。我们了解到这个展览的基本陈列是将考古与展览融合，请问在展览中让观众体验到了哪些最新的考古过程和文物故事？

为了这个展览，我们申报了很多最新的考古课题，并且将研究成果呈现给了观众。如对盘龙城宫殿复原的最新研究，我们通过模型和过程动画的方式进行了呈现；对绿松石镶金饰件的复原，我们则将原件和复原件同时展示，还在旁边的展板详细介绍了复原原理和采用的科技手段。另外，我们通过展板、实物结合的方式，介绍盘龙城目前采用的考古新科技。

图 3-1-22　盘龙城的考古历程 [①]

36. 2019 年有儿童下到探方中模拟考古互动挖掘活动，探方是根据考古挖掘现场复原的吗？

这是根据考古发掘现场做的环境设置。在探方的布置上，我们严格按照考古传统，设计了 5m×5m 的探方，在探方四壁还设计了地层线及土质、土色差异。

---

① 图片来源于盘龙城遗址博物院官网．http://www.plcsmuseum.com.cn.

图 3-1-23　模拟考古体验活动[①]

37. 您提到互动体验区在遗址中，原因是什么？

首先，该区域已经过勘探，确认了地下无遗迹；其次，这样的设置能够让观众在真实的遗址情境中展开实践，从而更深刻地感知遗址文化，获得考古体验。

图 3-1-24　遗址中的互动体验区[②]

---

① 图片来源于盘龙城遗址博物院官网．http：//www.plcsmuseum.com.cn.
② 图片来源于盘龙城遗址博物院官网．http：//www.plcsmuseum.com.cn.

38. 如何在保护遗址的前提下，为观众创造和遗址良性互动的条件？

就博物馆和遗址良性互动的方面而言，最基础的便是博物馆的选址，本馆位于一般保护区的外围，既尽量靠近了遗址核心区，又避免了建设对地下遗迹的破坏。另外，我们在展览中处处贯穿与遗址相关的信息，让观众在参观博物馆的过程逐渐形成对遗址的期待和认知。可以登顶远眺的屋顶，背靠宫殿、面向遗址的落地窗，紧临盘龙湖剧场等，都在博物馆和遗址间架起了沟通的桥梁，让观众充分体会遗址类博物馆的特殊性。

图 3-1-25　背靠宫殿、面向遗址的落地窗 ①

39. 博物馆参观者众多，针对这些不同年龄阶段、不同文化背景、不同参观动机的观众特点和需求，贵馆会设计不同的情景展示方式和体验活动吗？

必然是会的。博物院的展览、宣传、社教等各方面设计都会考虑到不同年龄、背景的观众需求。例如，针对青少年参观者，展厅中的多媒体互动项目有专门为其设计的考古互动游戏与各种物理互动装置，在体验活动的设计中，也有针对性地开发了公共考古、陶瓷文化、商代文化三大主题八门社教课程。同时，在观众中也有一部分资深的考古学或历史学爱好者甚至是有关

---

①　图片来源于盘龙城遗址博物院官网．http：//www.plcsmuseum.com.cn.

领域的专家，我们的展览中也有针对他们设计的部分，第一展厅的多媒体互动查询系统可以查询盘龙城遗址历年发掘照片、记录及研究报告等，在各个展厅还有很多带"？"标识的知识补充版块，有兴趣钻研的游客可以自行驻足，加深了解。

40. 根据观众的观赏重点、停留时间和观后反馈意见来看，观众是看重博物馆的展品，还是看重不断更新的多媒体展示技术和沉浸式情景布置？

从目前的情况来看，停留时间长短的问题不是单纯的展品或者展示技术所致，而是取决于观众群体种类及内容部分，当然也会受到博物馆对展品摆放位置、宣传程度等影响。一般而言，观众对于展品的停留时间会受展品的精美程度、稀有程度的影响，对于镇馆之宝的停留时间会较长。而针对多媒体展示技术及沉浸式情景布置，停留时间则会受到技术的新奇程度和内容设计精彩程度的影响。以盘龙城为例，在多媒体技术应用中停留最长时间的几处，有的是以技术取胜，如宫殿区的 VR，大多数观众尤其是未成年观众都会逗留尝试；有的则以内容取胜，如宫殿建造过程动画、发现盘龙城动画等，虽然技术不新奇，观众也不能进行互动，但正是精彩的内容吸引了观众驻足观看。

三、再现塞上风光，铸造文化伊甸

（一）阳关博物馆基础信息

1. 在众多敦煌自然遗产景区和文化遗产景区中，阳关博物馆是如何定位的？如何在高手如林的行业中脱颖而出，成为大众必选的参观、学习之地？

当下是一个泛文化的时代。要做好一个有特色、有吸引力的博物馆，首先要研究一个博物馆所处的地缘关系和所依赖的文化资源禀赋。如果抓不住文化差异，就没有特色，也就不会有吸引力。

阳关博物馆的观众数量自建馆后呈现几何倍数增长的发展态势，这主要是因为我们博物馆有与众不同的吸引力。阳关博物馆的特色，缘于抓住了"两关长城文化"这个主题。所谓"两关长城"就是阳关、玉门关与河西汉长城。在丝路文化范畴，两关长城文化具有极高的历史文化价值和地位。可以说，如果没有两关长城的保障，就没有丝绸之路的开通，也就没有敦煌文化。

阳关就是丝绸之路的地理坐标，也是文化坐标。2000多年来，这片地域留下了众多物质文化遗存和非物质文化遗存，使我们有效利用古文化，建设取之不尽、用之不竭的文化源泉。王维的"劝君更尽一杯酒，西出阳关无故人"这一边塞诗句，奠定了阳关在中国文学史上不可替代的地位。这些认识是创建阳关博物馆和开发阳关文化的重要依据。我们在抓住资源特色的同时，更注重建馆的理念以及多层次、多形式、多渠道的表现手法。在追求个性化和独特性的同时，尽量避免同质化的建设，以此突出异质化的内容。有特色的博物馆肯定会有吸引力，这是我们多年以来的工作体会。

图 3-1-26　敦煌阳关博物馆[①]

（二）博物馆情景化发展现状

2. 基于您的研究经验和从业经历，您对阳关博物馆的"博物馆情景化"实践有哪些层面的理解？

刚才提到两关、河西汉长城是丝路文化和敦煌文化的重要组成部分。阳关作为雄关要隘，在历史上发挥了重要的作用，它是丝绸之路上最早的海关，

---

① 图片来源于敦煌阳关景区官网．http://www.dhyangguan.com.

也是最早的西大门。阳关的知名度非常高，可以把它留下来的文化遗存归纳为六类：一是古关遗址，即阳关遗迹。二是古城遗迹，即汉代龙勒县，唐代寿昌城遗迹。三是古道遗迹，即丝绸之路南路，也被称为阳关大道。四是古塞墙和古烽燧遗迹。阳关周围有很多两汉、魏晋时期的塞墙和烽燧遗迹，尤以被称为"阳关耳目"的烽燧最具代表性。五是古墓葬遗址。阳关周围有很多古墓，它证明了历史上该地区的重要和繁华。六是古水源遗迹。山水沟、渥洼池和西土沟三个水系是阳关的命脉所在。由于阳关有2000多年的历史，加之是土木建筑，遭遇自然灾害和人为破坏后，现在已变成文明的碎片，文化价值高，观赏价值低。但毋庸置疑的是，阳关是研究丝路文化、敦煌文化的重要物证，是丝路文化、敦煌文化的重要组成部分。

阳关博物馆是景点式博物馆，创建目的是利用古文化来建设新文化。敦煌是一个文化高地，阳关的历史文化悠久而丰富。创建阳关博物馆的目的和任务，从文化角度而言，它需要被保护传承、展示弘扬；从旅游方面来讲，它需要文化来支撑，因为没有文化的旅游是苍白的。本着这个目的，我们对两关长城文化及其文博产业进行了调查研究，归类梳理、筛选定位，确定了阳关博物馆及其景区保护与利用的发展规划。

阳关博物馆是通过建筑艺术、雕塑艺术、壁画艺术、文物成长艺术以及环境艺术相融合的综合性手法来展示的博物馆，它不是传统意义上由几个展厅组成的博物馆。我们让观众通过看展览、听讲解、登城望远、参加出入关仪式、办理通关、走阳关大道、乘坐古代的交通工具等方式来体验历史文化。讲究采用具有知识性、观赏性、参与性、体验性、刺激性等特点的寓教于乐的方式，将抽象的文化概念变成具象的文化产品，把观众带入历史，让观众体验历史，从而感悟到历史文化的价值和意义。

还有一个关键点是，以前大家都认为保护和利用是矛盾的，好像利用文化遗产就会破坏它们，但我们通过这些年的切身实践认识到，合理、科学的利用开发方案和保护方案是不冲突的。首先，要解决好保护的问题。过去对阳关的关注度不是很高，保护进程相对滞后，因此我们持续推进了文物保护规划的基本工作，然后划定红线，让游客的活动体验区域和需要保护的范围都相应地明确起来。可以说，阳关博物馆通过"利用"促进了"保护"，历史文化保护本身就是一种传承。合理利用文物，就是让文物"活"起来的最有效措施，让文化遗产有再生的能力是对其更好的保护，这就是我们通过探索得到的理念，或者说，得到一种在文物保护式开发方面的启发。

图 3-1-27　游客游览阳关遗迹 [①]

3. 博物馆是如何通过体验项目做到让游客真正走近阳关，认识阳关文化，以此更好地体会大漠风情的？

在创建阳关博物馆的原则上，我们追求自然与人文的和谐、现代与历史的和谐、形式与内容的和谐。在这里出现的一草一木都要符合自然环境和阳关历史文化的品质，同时要符合广大观众的消费需求。因此，我们深入研究了阳关博物馆观众的心理预期和文化消费特点。文化服务和教育既要有迎合性，又要讲引领性。我们用各种方式来讲好丝路故事、讲好敦煌故事、讲好阳关故事，以此来吸引和满足来自各地的观众。其中，我们采用了诸多历史还原、情景再现的手段，并且收到了良好的效果。比如，针对所有民众都需持牒过关、验牒过关，我们做了一些相应的延伸。在历史记载的基础上，把如何办理手续、出关验牒和壮行送别做成情景再现活动，将出、入关仪式体现得非常直观，让游客能身临其境地"梦回汉唐"。这两年，结合阳关博物馆

---

① 图片来源于敦煌阳关景区官网 . http://www.dhyangguan.com.

在研学方向的发展取向，我们开发了钻木取火、烽火传递、陶艺制作、修缮长城以及简牍制作和书写等项目。在这些情景再现的环境内，我们把所用的材料、工具和技术都变成了传递文化知识的"课本"，以此提供给学生或游客，使其可以有选择性地进行情景体验活动。

现在要让文物"活"起来且要传承下去，我们就得重新审视历史文化与现代人群之间的联系。历史离现代人群太久远，甚至已经失去了它的使用价值，但里面蕴含的文化价值和智慧信息仍然存在，要想让它"活"起来、火起来，我们就得研究和解读它。因此，只有用合适的方式才能给现代人传递古人的文化与智慧。

关于情景再现手段，全国有许多同行做得很出色，所以，我们在理念和方式上都希望向同行借鉴和学习。不过最关键的还是根据丝绸之路文化与阳关文化的特有资源禀赋来讲述故事、开发参与项目。截至目前，参与互动型项目都给来此参观的游客留下深刻的印象，在这一方面，我们以后还要做下去。

图 3-1-28　办理通关文牒体验活动 ①

————————

① 图片来源于敦煌阳关景区官网 . http://www.dhyangguan.com.

图 3-1-29　出关验牒体验活动 [①]

（三）情景化里的技术

4. 目前，阳关博物馆整体以传统线下的展陈参观为主，那么在观众体验展示方面，您是否考虑过借助一些新媒体技术进行创新？

阳关博物馆于 2003 年 8 月 28 号开馆，初建之时还局限于技术和投资，现在仍然比较传统，我们一直追求质朴自然的风格。所以，采取手法上确实更为保守一点。在多媒体技术创新方面，我们利用得还是不够，在全国各地观摩的一些博物馆，确实更加积极一些。

不过，近几年我们也加强了线上的宣传营销来展示博物馆。随着发展条件的进一步改善，我们或许不会再将主要精力集中在线下，未来可能会在多媒体技术的应用上继续突破，会不断地开发、利用新技术和新手段来宣传阳关的历史文化，让更多的线上观众能够享受到敦煌文化和阳关文化。

5. 申遗成功对于敦煌文化遗产的保护和利用有怎样的影响？敦煌的很多文博机构和景区，包括敦煌莫高窟运用了很多数字化技术，这些数字化技术对于实体文物来说会有哪些有益的补充，或者会有哪些冲击？

莫高窟早就是世界文化遗产，之后敦煌的悬泉置遗址、两关长城开始发

---

① 图片来源于敦煌阳关景区官网．http://www.dhyangguan.com.

力，以此完成了整体的申遗。这对于提高敦煌文化在世界文化之林的地位肯定有很大的助益，同时也进一步提升了敦煌的知名度。申遗成功是一件非常好的事情，对敦煌文化的保护和传承会起到不可估量的作用。

数字化技术对敦煌文化的传播也有显著的益处。首先，莫高窟利用数字化技术与意大利、美国、日本等发达国家联合保护文化遗产，在洞窟里面安装了各类世界一流的仪器，用以监测环境，为研究、保护提供数据，提高了敦煌文化的保护效率。其次，莫高窟的数字中心和游客服务中心通过数字化的手段采集并储存了敦煌壁画的信息。如果某天敦煌莫高窟文化中的物质化内容消失，那么这些线上数据便可实现在线敦煌的展陈。在过去，光靠临摹壁画来保存敦煌文化的办法太传统了，人员配置也不够，而数字化手段就很好地解决了这个问题。最后，敦煌的游客服务中心使用球幕电影的方式来展示解读敦煌石窟的内容，以往被封闭在石窟内的传世经典顺畅地展示在世人面前。游客在进窟之前，可以在球幕电影的辅助下以情景化模式详细地了解石窟的基本内容，如此就减少了游客在洞窟里停留的时间，也相应地减少了游览莫高窟的游客数量，本来有几十位游客前来参观，而现在可能只有8位进入洞窟，少量的洞窟就能满足观众的心理预期，从客观上缓解了敦煌的文物保护压力，也在很大程度上提高了对物质实体壁画的保护力度。另外，各种数字化技术已经被应用到敦煌的许多地区，如阳关、玉门关和悬泉，还有"又见敦煌""敦煌盛典"这样的情景剧，以非数字化的方式打破既往观映模式。这些不同的展示形式满足了不同类型观众的观赏需求，减缓了文化遗产的损坏速度，也相应地保护了文物实体。数字化技术在文物展示和保护方面已经大有成效，发展前途不可限量。

6. 阳关以敦煌文化作为起始点，敦煌地区内有众多以敦煌文化为主题的博物馆，贵馆与这些博物馆有没有联盟或合作？

有的，阳关博物馆不光与敦煌的文博机构合作，而且广交善缘，与全国各地的博物馆都有联系。只要是有缘分与阳关相识的博物馆，我们都尽力开展联合活动，一直向全国各地的博物馆学习，以此来提高自身建设博物馆的水平。另外，未来我们也希望和其他博物馆联手举办一些巡展和更多的体验活动。现在我们不只追求博物馆"走出去"，流动展览也是我们的明确目的。我们竭力打开合作的大门，与国内外的优秀博物馆建立关系、共同发展。

在阳关博物馆开馆发展的这18年中，我们召开了五次大型的学术会议，编辑出版了《两关长城论文选粹》《敦煌诗选》《敦煌文选》《阳关文物图录》以及《诗与远方如梦敦煌》等文献。另外，我们也与像甘肃敦煌学学会这样的文化单位共同举办一些活动。目前，我们也在继续探索与敦煌市的博物馆协同开展文物基础性研究的工作，还计划进行包装、传播和展览的工作。最近，我们利用空余时间，争取在全国巡展，将所留存的文化遗产尽可能地推广到各处。

（四）博物馆的未来

7. 阳关博物馆在文创或文化遗产保护的深度开发和传播方面，有哪些保护或开发的未来规划吗？

有的，我们在初建博物馆的时候就制定了一个相对比较系统的规划。从2008年到2013年，与兰州大学资源环境学院、西北师范大学旅游学院以及政府方面合作规划了阳关的文物保护利用和旅游发展。现在，我们感觉到过去的规划已然赶不上需要的速度，因为发展景区和博物馆需要统筹解决许多问题，既要重视眼前，又要考虑长远；既要重视景区经营，满足游客的心理和情感需求，又要对资源进行合理的利用和保护，通过详略得当的规划来解决诸多矛盾，因而规划就显得非常重要。

2020年，我们已经做了一部分革新规划的工作，2021年，也正在抓紧深入推进。首先，我们想到的是"大阳关"概念，阳关包括古城遗址、古关遗址等，范围涵盖210平方千米，核心区域有5.5平方千米，阳关博物馆处于阳关整体文化遗存的中心。所以，这次我们要全面规划的是6个区域，将其切割为若干个单元，在这个架构上实现规模控制和结构编排。

其次，就是主题定位。一个是将博物馆的文化主题定位为丝绸之路文化带上的两关汉长城文化，因为阳关是丝绸之路上的节点和坐标符号。游客来到阳关就代表他们对丝绸之路的人物和事件非常感兴趣。另一个是我们处于丝绸之路南大门，所以，阳关博物馆的定位就是深刻地展示丝路文化的底蕴。

按照丝绸之路文化的大分类，我们把早期的两关汉长城文化划分为丝路军事文化、河西以及西域的农耕文化、丝绸之路里的商贸文化、民族文化、民俗文化以及关键的边塞文化，根据阳关的空间布局将这里做成5A级景区。

从博物馆角度而言，我们期待打造出一个文博产业园区，将众多博物馆的力量集合起来，形成博物馆群落。我们的目标是建成两关汉长城博物馆、丝绸之路博物馆和边塞文化体验馆。当文化主题条件成熟之时，如果有合适的展示手段，我们就准备修建几个馆来形成文博馆群落，最终目的是让其成为旅游行业的高端景区。

未来的丝路文化博览园的展示主题将以丝路文化为背景，以敦煌文化为基础，以两关汉长城文化为特色，从而充分利用阳关地区的文化资源。表现手法上，在保持传统经典的基础上大胆采用现代科技。

四、传承壁画美学，开创国潮 IP

（一）敦煌画院情景化发展现状

1. 请问如果从画院空间的氛围营造出发，怎样去添加一些情景化的人文体验？

敦煌画院打造了五个主要的产品，以此赋予游客深入了解城市文化的机会。目前，敦煌被定义为一个旅游城市。对于大多数游客而言，游览敦煌只是完成了带有休闲性质的游玩，其实还没有达到更深层次的体验环节。所以，很多对敦煌文化特别热衷的游客都会来到敦煌画院，因为画院会提供进入洞窟近距离欣赏精美壁画的机会。这些大型壁画都是客观临摹的，几乎是按1：1比例进行临摹，还原度非常高。展示壁画是画院最基础的功能，另外，我们还有辅助观众自主临摹和制作壁画的部分课程，这也是希望能够让大家感受到敦煌文化的魅力。

现代社会，城市白领和学生的生活节奏过快、压力也很大。基于此，我们后续计划打造一个名为"数字禅房"的体验产品，以科技方式为现代人提供心灵疗愈的场所。观众可以在敦煌壁画主题场景中以数字沉浸的方式完成10到15分钟的静心禅修，可以抄经、打坐，也可以倾听梵音乐曲，等等。另外，我们现在还在持续举办一些与敦煌文化相关的沙龙和讲座。由于敦煌文化是以佛教艺术为核心的，我们希望通过情景输出一些德育知识，以此增强观众在情景里的人文感受。总体而言，敦煌画院致力于增强艺术疗愈的功能。

图 3-1-30　壁画临摹学习讲座①

2. 2020 年，敦煌画院推出"国潮""她享""信念""祈福"这四大主题，那么请问贵院是如何提炼出这四个主题的？依托于这些主题开发出哪些 IP 案例？

---

① 图片由敦煌画院北京分院提供。

　　我们提炼出"国潮""她享""信念""祈福"这四个主题，主要遵循于千年以来的敦煌文化，回应当前社会状态下观众的社会情绪和生活状态，这是我们主要的出发点。

　　第一个主题是"国潮"。国潮主题是近几年的一个全国趋势，随着各界提倡文化自信，国潮也用潮流符号和产品视觉去呈现这种自信，我们也认为它应该承载更多中国审美，包括"中国式"生活等。提到国潮案例，就如"路遇敦煌"线上主题马拉松，将敦煌文化以更轻松的方式融入人们的生活，画面中的飞天场景取自敦煌壁画，女郎头戴花冠，手持璎珞，乘着彩云徐徐而动，网民在敦煌情景中步入河西走廊西段，这也是我们致敬敦煌的向上精神。这个活动在当时有将近7万的跑者，取得了良好的参与效果。

　　第二个主题是"她享"。敦煌也被称作盛唐时空门，我们其实都能在敦煌壁画和彩塑里面观赏到唐代人的生活。壁画里的人物形象、服饰妆容、仪态举止都是根据古代人的生活形象来塑造的。唐朝女性的自信端庄也是跨越时空的，现代人也能非常迅速地共情，所以就有了"她享"的主题。同时，飞天形象是一个具有代表性的敦煌文化符号，它所阐述的飘带精神是一种轻盈向上的自信，是对现代女性的鼓励和支撑。

　　第三个主题是"信念"。我们认为敦煌文化是一代代怀着崇高信仰的人在笃定坚守中成就的文化。所以，我们就提炼了"信念"的主题，与头部大学生备考服务平台合作了飞天计划，希望能够鼓励学生朋友们把握时间、认准目标，并祝福他们一飞冲天、高分被录取，此活动在高校内也很受欢迎。

　　第四个主题是"祈福"。这个比较容易理解，因为敦煌文化本身就是从信仰出发的文化艺术，在艺术体系里有不少祈福承载，如奇珍瑞兽和吉祥花草就为中国传统美术提供了众多素材。中国式服饰和工艺美术都能够从敦煌文化内部汲取灵感。

　　现如今，传播媒介和形式十分多样，我们也一直利用全媒介渠道去传达纹样、场景和背后的一些文化含义。最近，我们基于祈福主题提炼了敦煌壁画中五种牛的形象，制作了名为"敦煌五牛图"的视觉表达。团队挖掘了每头牛背后的差异化文化故事和精神含义，如自信、和善等内涵。然后转念一想，中国牛形象不就是中国人的映射吗？所以，我们现在也与高铁媒体等达成了合作，在春运期间以内容输送的形式，辐射几亿人群，传播敦煌祥瑞意涵和开拓创新、辛勤耕耘的牛人精神。

此外，针对年轻人的需求和喜好，我们也开发了一套视觉化表达的产品，以牛为主要形象，间插有九色鹿、千秋长命鸟、善财童子等几个形象来分别代表福、禄、寿、喜。在后疫情时代，我们特别希望将敦煌的吉祥瑞兽用于治愈民众，或者是能借此给予大家一点力量。

（二）情景化技术

3. 敦煌画院采取最接近敦煌壁画材质的"泥本客观临摹"方式进行临摹，真实还原壁画泥皮剥落、色彩退化的自然特点，最大限度上真实还原敦煌壁画的现场观感。这是目前贵院采用的主要手段，会一直坚持这种方式吗？是否考虑过数字化扫描和打印的修复手段？

"泥本客观临摹"方式是画院自1993年成立后始终坚守的，我们做这种客观的临摹是因为壁画本身是带不走的，只能在洞窟里看到原版。其实，也有一些纸本的临摹作品，还有相当数量的艺术家重新演绎这些艺术，这一切的尝试，只是试图让观众尽量感受到原汁原味的敦煌壁画，从而跟古人对话，甚至达到心意相通的境界。

我们也考虑过数字化的问题，因为大部分来到画院的人都想拥有一幅敦煌壁画来挂在家中，但是，这种想法非常不现实，临摹实际上还是偏艺术化的创作，是一种艺术化表达，不太适合向大众批量生产，所以，数字化手段在这方面有一定优势。自2020年，我们开始完成数字化高清扫描工作，也找了复原《富春山居图》的团队来生产一些高清打印的作品，并通过特殊的渠道去售卖，以此将复制版壁画作品分享给那些想拥有绝美壁画的人。可以说，我们并不排斥数字化手段，画院在进行敦煌文化传播的每时每刻都保持初衷，那就是让敦煌走进千家万户，使传承1600年的敦煌之美能滋养大众的生活。数字化当然是很好的助力方式。

图 3-1-31　榆林窟 25 号窟泥本复制——南壁局部图 [1]

4. 您提及的数字扫描主要是打印作图，那么贵院有没有考虑做那种现在年轻人很热衷的颜色绘本，或者叫数字油画的东西？

我们会把部分图片做数字化的处理，例如：把图上的颜色分成一些色块，根据标号提供给观赏者对应的颜料。其实这就相当于为民众准备好材料，大家只需对照着颜色涂抹即可拥有一幅 DIY（自己动手制作）的作品，我认为年轻人会比较喜欢这种方式。

（三）情景化展示与观众

5. 这几年，敦煌画院举办了一系列活动，开发了"不可思议的敦煌"等 IP，促进了更多年轻人与敦煌文化的身心融合。请问这些活动中有哪些院内学员的文化参与，敦煌画院实施了哪些创新策略去促进学员和文化遗产的深层互动？以后还会有哪些安排或部署？

我们最早开始做临摹体验项目的时候，是希望有更多人亲手去研习和制作古老壁画，在占地将近3000平方米的敦煌本部空间内充分感受敦煌文化，尤其是体验莫高窟壁画沁染出的魅力。另外，也希望大家能深刻记忆文化遗产发掘的历史和古代工匠的笔画创作。

目前为止，我们已经达成了首要目标，但经过这些年的探索，我们发现

---

① 图片来源于敦煌画院官方公众号。

很多对敦煌文化感兴趣的人未必能在一时半刻抵达敦煌，所以，我们未来计划在北京等一线城市发展。其实，刚开始我们只是一个比较小的研习社，之后开设了一些沙龙讲座以及壁画临摹研习方向的体验课程。今年，敦煌画院开设了北京分院，可以自豪地说，目前北京分院是北京唯一可近距离地感受敦煌文化纯粹艺术的空间。不少艺术家和机构也积极地帮助我们，将临摹的精品壁画在北京分院内展出。我们期待这个新建成的300平方米的公共空间能吸引更多的敦煌文化爱好者相互交流、指点和辩论，从而共同增添敦煌文化的魅力。

关于学员的参与，其实我们也很重视。我们整个团队平均年龄较小，以"90后"和"95后"为主，此外还有国内外高校学生来我们团队实习，为我们注入了年轻血液。很多年轻小伙伴对敦煌文化的审美能力不同于业界常态，他们的兴趣点很独特，钻研热情也很饱满。未来，我们想与学校官方共同举办一些针对年轻群体的活动，名字初步定为"敦煌，我对你有点兴趣"。如此，画院成为一个连接年轻人和莫高窟文化的平台，同学们可以在画院营造的情景空间内自主地发挥自我喜好，甚至可以进行互动交流，以此融入不同背景的文化，比如：扮演敦煌人物，或做一些跟敦煌相关的文创，包括跟敦煌相关的音乐、舞蹈、摄影、绘画等方面的活动。

图 3-1-32　夜光杯制作体验活动①

---

① 图片来源于敦煌画院官方公众号。

（四）博物馆的未来

6. 敦煌画院怎样去打造国潮 IP？怎样实施文化"走出去"的战略？

首先，我们认为敦煌本身就具有世界性资质，以敦煌遗书为代表的文化遗产在国际上久负盛名，很多国家、机构以及学者都是通过敦煌来了解中国的历史和文化，所以，敦煌具备打造顶级国潮 IP 的资质。并且，敦煌已成为国内知名度较高的大流量 IP。其次，我们找了一个切入点，以便更好地实施"走出去"战略，这个切入点就是利用商业的力量提升大众传播效果，并将其IP 化。因为，在当今的和平年代，商业力量是相当庞大的，品牌的力量、机构的力量已经被无数案例加以证明，商业 IP 能让敦煌走到千家万户，为敦煌拓展更广泛的圈层。

我们在践行敦煌走出去战略的过程中，又想让更多年轻人对敦煌文化和其他优质传统文化有深入的了解。因此，倾向于以这种创新传承的方式去开发敦煌画院 IP，"不可思议的敦煌"就是"Amazing 敦煌"的子 IP，它的派生延伸是让年轻群体能够看到围绕敦煌展开的趣味性内容。

第二节　文博数字化探索

本节试图从数字媒体技术的角度探究文博数字科技化的浸润成果。目前，文博行业在全球范围内掀起数字化转型的浪潮，美国博物馆联盟（AAM）于20 世纪末期就设立缪斯奖，用以表彰文博机构在新媒体技术应用上的突出贡献。2019 年，在中国北京落幕的全球博物馆馆长论坛签署通过了《国博共识》，该共识指出需要努力开展数字化领域的合作，中国的故宫、国博、省级博物馆等大、中、小型机构也都在近些年相继开展了数字化的探索。

数字科技为文博创新添加了强劲的动力，开发了文物的多重空间，迅速提升了各类文化遗产的保护水平，还可唤醒文物，将历史文化故事化、生命化。对于如今的博物馆而言，用户驱动型的数字科技大幅度提升了文博观众的线上线下体验，3D 扫描、打印和建模技术、实时分层渲染技术、全息投影技术、VR 技术、MR 技术、触屏技术、人工智能技术等前沿科技的常态化情景应用，切实考虑到观众在情景空间中的多重体验感受，为信息化观众群体提供了与文物进行灵活交互的多次机会，激发了观赏者的多重感官反馈，满足了观众的丰富情感需求。

此部分的访谈对象是鲸世科技和凤凰科技这两个科技型互动创意公司，这两家单位皆定位于"文化+科技"，分别与故宫、国博等国内大型博物馆合作开发了不少数字文物项目，依托高新科技将丰富的文化资源转换为更能激发观众兴趣的内容，并进一步推动传统文化消费。鲸世科技以高清激光全景扫描、高精度环物摄影、航拍等设备来全面采集并整合各类文物的数字信息，并开发出一套包含深度情景交互的数字文物展示系统，将大屏触控、图像识别、意念交互等技术应用于故宫文化遗产的呈现，使得一件文物的图案和纹样被重塑为多层主题画面，观众也可在多元场景中触摸、拆解和使用文物。凤凰科技则致力于利用智能交互媒体扩大文化遗产的传播范围，兼顾艺术审美价值和观众文化体验，为国宝《清明上河图》等艺术作品拓展了沉浸展、IP展、户外灯光秀等表达形式，营造出可供观众互动交流的奇幻情景，让观众从旁观视角转换为沉浸互动视角，更易得到与文物的跨时空"共振共鸣"体验。

一、数字媒体营造沉浸情景——凤凰科技

（一）博物馆情景化发展现状

1. 您怎样理解博物馆文物"活化"？对于画卷的活化仅是让画中人物栩栩如生活动起来吗？活化的目的是什么？可以用哪些方法进行活化？

对于为什么需要活化这一问题，一个原因是政策导向，另一个则是消费端的需求。近些年，消费端方面经常强调消费升级，民众在解决温饱后也产生了生活品质和文化生活的需求。而我国作为经济大国，文化发展亦非常重要，新一代年轻人肩负着文化复兴、文化传承和对外文化输出的重任。文物是历史生活方式遗留的具体载体，每一个文物在过去的年代都有对应的生活场景和生活需求，但传统的传播方式是和现代脱离的。我们做文物活化的目的就是让文物背后的场景、文化与现代人的文化消费需求产生连接。文物只

有与生活环境和生活状态相关联，它的生活方式价值才能得到传递，也就是文化自信和文化传承的综合价值。文物本身和现代消费者距离太远，如果只传承文物，它们的文化价值就并未得到体现，是不完整、不全面的。在信息爆炸时代，传承文化要从需求端考虑，文物活化就是让文物走下神坛，下沉到文化消费者中去，连接的最终目的就是消费、传承和复兴。

文物活化有三个层次：第一层次是内容活化。例如，把故宫博物院收藏的《清明上河图》和《千里江山图》的内容进行动态化处理，二维的画可以分为六个层次，如前景的人物，后景的云雨雪，空间中的山和水，等等，这种立体感的呈现为观众提供更好的浸入感。第二层次是场景活化。画是多场景的聚合，我们公司通过数字化表达方式细化场景，并进行二次创新，实现《清明上河图》场景化、交互式的转变，给人以"人在画中"的感觉，给予文化消费者新的体验视角，从第三视角转为第一视角。第三层次是商业活化。现如今，无论是大型博物馆还是小型文化体验馆，都为观众带来知识交流，内容消费方式发生巨变，包括观赏文物、体验文化活动、购买文创等多种途径。通过对文物的调研，我们发现宋代的捶丸运动和现在的高尔夫有异曲同工之妙，《清明上河图》中古代商街里的商业行为也可以转换为非遗体验项目，这都是接触古代文化的方法。

图 3-2-1 《清明上河图 3.0》巨幅动态数字长卷①

① 图片来源于凤凰数字科技官网. http://www.phoenixdt.cn.

2. 什么是 3.0 沉浸交互模式？在《清明上河图 3.0》中是如何实现的？

《清明上河图》原长卷整体宽 24.8 厘米，长 528.7 厘米，精心绘制数量庞大的各色人物、车桥船只、建筑桥梁，翔实记录了北宋汴京城的繁荣生活，具有相当高的历史文化价值。3.0 的概念是相对于 1.0 和 2.0 而言的创新，也是我们梳理行业标准的一个概念。1.0 就是文物原画，平面原作的传统展示方式可以给欣赏者最还原的观感，在现代并没有过时，在考古、文化研究中仍然有价值。2.0 就是在 1.0 的基础上增加动态效果，来让静态的画面动起来，初步实现与观众的交互。3.0 就是"入画"，过去人在画外，现在人在画中。我们在文物活化过程中创造的联系分为三个层次，即人和物的连接，人和物背后场景的连接，人和人的连接。3.0 通过增加人与人之间的联系来二次分享、创造文化，这体现文物整体的价值，而不只是文物本身。现在业内有一个概念叫网红打卡展，其实网红展的关键点在于人愿意去主动分享一些可自由发挥的内容，也就实现了人对人的传播，更符合现代的文化和信息生活方式。总的来说，我们主要突破了两点，第一点即人与物的联系，第二点是通过营造的场景以及消费内容来连接人并进一步扩散文化。

观众看原画是以上帝视角俯视，而《清明上河图 3.0》沉浸交互模式的第一阶段中，参观者看到一个 5 米高、36 米长的巨幅动态数字长卷。画足够大，改变了人和画的视角，树木、桥梁和 800 多个人物被放大，观众可以更加身临其境地观察画卷的细节。第二阶段是制作了孙羊正店沉浸式剧场，将市井实景、真实人像和虚拟人物结合起来，虚实结合的手法还原了孙羊正店内景，通过足以媲美真人演员的全息影像，在酒楼内舞台上展演一出出动人故事，与实景实演一起，带观众穿越回千年前的繁华汴京城，令观众切身体会宋朝人文生活的情感氛围。在情景体验项目中，观赏者随着画卷进入孙羊店沉浸式全息环绕剧场，在宋代的大酒楼旁稍坐，赏全息南音和点茶表演，品宋代凄美爱情故事，在漫天花雨中看千年前的风华人间。第三阶段是制作了球幕，观众坐在仿古代的船上，以第一人称视角看、触、听、赏、玩 800 年前汴河两岸风光的美妙风景，可称之为"一秒变换千年"。同时，这些场景有艺术化的效果，给人以如梦似幻之感。此外，我们用全息投影技术、多点实时交互地屏、实景合成等多项技术与设备，精心设计了宋代雨巷、寻找画中人等互动项目。观众可走过"宋代雨巷"交互地屏，踏出滴滴点点水波，"水面"随脚步泛起圈圈涟漪，还可在"寻找画中人"活动中测测船夫、说书人、卖花郎等人的前世身份。

一朝步入画卷，一日梦回千年。观众可漫步在长达40米的"盛世长卷"高清动态投影墙面前，静静欣赏展现原作中建筑、船只、人物与一草一木细节的动态版《清明上河图》。张择端用心绘制的北宋繁华都市图景通过动画师们的数字化转译得到了生动再现。在400个工作日中，团队制作了6000多个图层，近20万幅手绘图，将73匹牲畜、29条船、814个人物等内容容纳其中，建构了一部"动起来"的巨幅长卷。当观众步入画卷，路过郊外人家，遇马跃动路中，看风拂过枝头，漫步于汴河岸边，看船员在岸边小憩，观大小船只往来穿行，逛过虹桥集市琳琅满目的摊位，在人潮涌动的孙羊正店买一枝花。

图 3-2-2　《清明上河图 3.0》巨幅动态数字长卷 [①]

---

① 图片来源于凤凰数字科技官网．http：//www.phoenixdt.cn.

（二）情景化里的技术

3. 在《清明上河图3.0》这个作品当中，互动体验场景是如何营造的？何为分层渲染技术、球幕布景系统？

技术问题就讲得通俗一些。《清明上河图》是中国十大传世名画之一，64件禁止出境的文物之一，文化价值和商业价值都很高，但属于民众既熟悉又陌生的名作。虽然它的艺术性不是名画中最高的，但是社会价值高、生活化程度高，切实还原宋朝老百姓的生活状态，具有相当高的活化潜力和价值。《清明上河图3.0》动态数字长卷的第一个场景是《清明上河图》的虹桥一隅。我们发现虹桥处于黄金分割线，在大船超越虹桥之时，桥上发生了惊马事件，桅杆即将被碰断并砸到市民，而虹桥周围商户急切地向船夫叫喊，周围还有官员刺杀案，这些戏剧冲突浓缩到这个位置，很有发挥空间，所以我们在互动产品中用较短的时间对其进行一个集中化的体现。第二个场景是孙羊正店，这种酒楼餐厅聚集三教九流，最能体现当时文化的聚合。

在场景确定后，我们接下来要考虑场景的互动性怎么表达。团队做成一个步入式的球幕，因为桥比较长，自由体验不太现实，空间不允许，并且故宫以游客为主，我们选择强制动线的球幕，这样比较符合现场的需求。而孙羊正店是一个单一的空间，所以，设计仿真布景加全息体验项目，也就是说最终采用怎样的技术方案是根据运营和商业价值来确定的。

就球幕布景技术而言，人站在球体内很容易步入沉浸式体验，涉及内容的制作和融合，制作时期的画面是橘子瓣样态，之后我们使用融合技术将其融为一个球体，观众坐在船上颠簸起伏看到的画面要做到微秒级误差，以此减少晕车反应，这很考验专业能力和各子系统之间的配合。当观赏者自如走入"汴河码头"270°球幕影院，睁眼即身处千年前的汴梁城，乘上摇曳的船椅并行于汴河之上，看鸟翔鱼跃，划过两岸熙熙攘攘的人群，险险擦过旁边的大小船只。当场景从日间两岸熙熙攘攘的集市过渡到夜间的点点万家灯火，千万只辉映星光的孔明灯随明月升于夜空。随着卷轴缓缓将夜色收起，观众仍久久沉浸于宋朝世界，才知"画桥虹卧汴河渠，两岸风烟天下无"所言不虚。

图 3-2-3　《清明上河图》虹桥球幕影院[①]

4. 在数字活化名画的不同场景空间之时，有没有哪些创意思维、历史追溯与数字技术一块对画面进行全方位、立体化的活化？

我们集结了 11 个专家小组，首先在核心场景的摘取过程中花费了很多时间，然后寻找了一些非文物研究领域的专家，例如：在戏剧影视顾问和国家大剧院舞台表演顾问的帮助下，确定了孙羊正店场景的舞台小剧场模式，并且考虑到之后的商业化变现，将其作为未来其他博物馆和景区中进行内容扩展的样本尝试。团队精心打造"盛世长卷"动态影片，用数字技术高度还原《清明上河图》作者张择端的笔触和绘画风格，还邀请 10 多位国画师和 70 多位原画师一笔一笔地描绘细节，为观众展现画中世界。

现藏于故宫的《千里江山图》笔法精巧、气势磅礴，是现存青绿山水画中最具代表性的作品。我们团队与故宫博物院、澳门艺术博物馆通力合作，打造出《千里江山图 3.0》数字艺术 IP。通过实时分层渲染技术，让江山美景随光影静静流动，幻化出日出、细雨、黄昏、夜晚等美好场景，尽显高山飞瀑、游船旅人、烟波浩渺之美景，述说静谧温和的太平盛世。就分层渲染技术而言，人物、建筑和风景等层次构成立体化的场景。现在业界通常采取两种技术解决方案：一种是通过绘画分层，再用视频整合出类似动画的效果；另一种是引擎，即先写代码，再运用程序播放器还原。这两种形态各有利弊，CG（计算机动画）效果更好，被广泛应用在各种大片中，但准备时间过长，

---

① 凤凰艺术.《清明上河图》虹桥球幕影院［EB/OL］.凤凰艺术，2018-07-23.

精度很高，对系统硬件的要求也很高；引擎方案制作速度快，效果不如 CG。我们团队独创了综合方案，包含了 CG 的效果和实时引擎技术的流畅度，《千里江山图 3.0》从视觉上看是美术的最终效果，但这是用引擎做出来的，从投入产出比的商业价值上看，既节省了成本，又尽可能达到比较好的表现效果。同时，实时分层渲染技术体现在非重复的每一秒呈现，我们运用了大型游戏引擎的设备，观众动作、密集度、姿态的不同都会驱动画卷的实时变化，从艺术表达上讲，每一个空间都是不可重复的。

此外，特展与《心相山水》《绘染千山》等交互式体验项目共同呈现一场科技与文化深度融合的非凡视听盛宴。交互项目《幻行千里》利用高新感应技术，在观众靠近画面时可触发水墨、花瓣、萤火虫等互动效果；H5 交互项目《风筝舞》让观众体验在流动的名画长卷中放飞风筝，感受在名画中游玩的乐趣。在《千里江山图 3.0》的一些特展中，画卷内的天气和外界天气实时同步，在不同时间点观赏名画的民众看到的气候亦是有所差异的。

a

b

图 3-2-4 孙羊正店沉浸式剧场[1]

图 3-2-5 《千里江山图 3.0》体验项目[2]

5. 智能媒体技术在现在和未来如何服务于文化旅游行业？怎样实现更好的创意创新？是否有一些好的设计不能很好地落地？

智能媒体等技术解决方案都是文旅消费产业的数字化改造和升级，可以分为三个级别：第一个级别是平台化解决方案，即包括5G、云端等在内的新基建，这是文旅项目的基础设施，没有基础设施，人和信息无法连接和互通；第二个级别是数字化服务，如智慧景区和智慧安防等，是平台基建的延伸和上升，提高了效率；第三个级别是内容的数字化升级，包括沉浸式餐厅、数字博物馆和数字图书馆等。级别越高，与人类的距离越近。

在产业数字化升级进程中，判断智能媒体技术和数字设计是否更好地

---

① 图片来源于凤凰数字科技官网．http：//www.phoenixdt.cn.

② 图片来源于凤凰数字科技官网．http：//www.phoenixdt.cn.

落地，主要从两方面出发：首先要有实现平台—服务—内容级别的逐步提升，而不是胡乱无序地发展，这种逐级提升是需要技术准备到位的，有些地方都没有通网，根本无法铺陈数字内容；其次要看城市系统规划是否彼此兼容。目前，中国的数字化产业发展速度非常快，但不同城市的进度具有显著的区别。某些区域在基础设施不完备的情况下，不能盲目引进上层设计，否则就会产生彼此不兼容、互相拖后腿的效果。每一层级的负责人员都需明确自己的职责，技术并非越新越好，而是与内容更匹配为佳。

6. 我国的文博机构近几年广泛应用数字化技术，那欧洲、北美等地的大型著名博物馆是否也有这种趋势？

数字化确实是全球博物馆的发展趋势。在2017年，美国博物馆与网络协会（Museums and the Web）公布了世界博物馆十大趋势，包括可触达性、更注重用户体验、沉浸式讲故事方法、将应用程序与文博结合、数字化战略以及虚拟现实等。2019年，故宫博物院前院长单霁翔曾呼吁传统文化需活在当下，点明"匠者仁心""守正创新""贺岁迎祥"三个重要概念，他多次提出要通过数字化手段增加古文化和古文物的曝光。无论是从行业还是从消费端来看，数字化都是全球共识。

目前更需要讨论的是，博物馆是否是现代社会文化消费的刚需。如今博物馆界都在"去博物馆化"，未来博物馆这一具体形态可能会消失，变成文化商业体，融入各种业态。比如，宋代餐饮博物馆的形态或许是餐厅，戏剧博物馆的形态可能是剧场，也就是让文物进入消费者的刚需场景之中。当"引进来"难以吸引更多潜在消费者时，博物馆或许就需要"走出去"，这是我们对未来文博场景的探索和畅想。

7. 智媒媒体技术应用于传统文化传播，有没有相应的伦理规范？在实际操作环节是如何平衡二者之间关系的？

伦理问题是一个比较宏大的议题，很难下定论。在过去的人工智能等新技术论坛上，都会有探讨新技术是否会带给人类灭顶灾难的环节，但从我个人的立场上来说，还是持比较乐观的态度。纵观人类发展史，都是不断发现新问题，再发明新技术，当然人类会对新技术产生恐慌情绪，但技术优势还是会被发掘应用的，这就是人类与技术彼此共生和博弈的过程。

在青岛的《清明上河图3.0》数字艺术主题馆中，我们通过人脸识别技术判断观众在古画中是什么样的职业，引导参观者分享感悟并进一步产生共情。这又涉及一个至关重要的问题，即如何在分析用户数据的同时保护人类隐私，在线下是封闭网络，还比较安全，来日在广域网上的文化云服务是否会使用户数据被公之于众，这是最能引发群众恐惧的一件事。当前在正规模式下，大数据信息抓取的都是和真实物理人没有关系的虚拟身份ID，其余非法获取用户信息的企业行为则需要依靠法律来进行监督。技术的优势和风险本就是同时存在的，需要利用制度和规范来发挥优势，减少危害。

（三）情景化展示与观众

8. 《清明上河图3.0》在不同城市的现场展陈过程中，是否达到预期的观映效果？有没有施行什么措施，以此来辅助和确保其文化传播达到预想的效果？

这个项目在不同城市的展陈效果是不一样的。《清明上河图3.0》在故宫展示是一次实验性的亮相，目的就是通过数字科技和传统艺术的交融来达到对于文化的创新性展示。在故宫展出的五个月内，观映效果较好，用科技赋能文化的方式吸引超过140万观众前来欣赏，日均游览数量达到近万人次，同时保证了一定的质量，但考虑到客流量，我们并未在故宫进行深层次的交互设计，而是尽可能让更多的人与名画进行接触，即观看式交互。之后在香港的展览中，因市民较少，时间更充裕，做到了包含更多文化细节的深度交互，将人物、虹桥等细节等比例缩放为剪纸形状的建筑模型，使之更具有文艺色彩。接下来，就是在青岛和太原《清明上河图3.0》数字艺术主题馆中打造以数字体验展为核心的综合业态，结合当地文化，将古画商铺和现实商街相联结，将宋代游艺等非遗技艺通过文创的方式加以延展，在增强《清明上河图3.0》数字文化体验感的同时，实现了两个城市的商业消费变现。我们在太原古县城设立"梦中上河"《清明上河图3.0》数字主题馆，其中有商业繁荣、鱼灯熠熠之景，游客可探寻清明上河、时空回越、盛世长卷、雾里看花、花灯闹市、梦中上河、汴河上行、宋潮有礼、宋潮老店这九个单元的主题展区，在高清巨幅投影长卷、4D 球幕影院、全息剧场、光影装置与艺术雕塑等多元形式与技术手段的辅助下，映现出国宝级名画中的千年故事与宋代风华，复刻一段千年前的繁华景象。

值得一提的是，其中太原和青岛的模式又有细微不同，我们在太原古县城配套了夜游和研学课程、歌舞盛宴、汉服巡游、非遗游艺在此轮番上演，更偏向于旅游目的地的设置；而青岛项目则定位为城市名片，我们在青岛添加了故宫书院和咖啡店等会客空间，使其成为文化消费的集聚地。总之，在不同城市的快闪和展览里，内容导入和运营模式也是有区别的。

图 3-2-6　青岛《清明上河图 3.0》数字艺术主题馆宋朝闹市场景再现[①]

9. 如何针对不同群体进行分众化传播的设计？譬如儿童群体？

《清明上河图 3.0》是我们用数字手段宣扬传统文化的尝试，除了沉浸式展览，我们团队还延伸设计了宋潮游乐园，主要针对 15~30 岁的文化消费中坚力量的人群，以宋潮美学为核心，通过对宋代艺术文化与历史的深度挖掘，融合落地城市特色文化元素与非遗文化精髓，打造丰富多彩的"宋潮"主题系列体验场景，用趣味横生的游戏打卡环节让观众身临其境地感受到宋潮生活的艺术美学。

针对目标受众是 8~14 岁青少年的凤凰未来乐园，则定位为以高科技手段帮助青少年与大自然建立跨时空联系的文化空间。现如今，国家城市化发展

---

① 图片来源于凤凰数字科技官网．http：//www.phoenixdt.cn.

速率较快，很多青少年四体不勤、五谷不分，对雪山、海底等景观缺乏直观的理解，因此，我们将自然生态和史前文明这类难以直接体验的场景还原出来，以三大主 IP 形象——瑞克（运动）、吉象（艺术）、尼可（教育）在凤凰谷发生的故事展开，包含丰富多样化的自然与艺术场景设计、亲子体验空间以及动人的完整故事线。互动项目主要有艺术创想类、闯关益智类、探索冒险类、主题脱口秀类等，融入科技与艺术的教育课堂，让孩子们在体验与玩耍的同时接受儿童心理测评，实现新模式全面运营，将自然场景、数字科技表达形态以及梦幻美学聚合在一起。

我们对于文化传播的分众化设计有多个维度，有以年龄区分不同的内容消费风格；还有细分的文化风潮，如宋朝文化、大运河文化、黄河文化，从迥异的文化分支来做垂直化的运营；或是以白天和夜晚的时间段来区分；又或是从文旅角度出发，以散客、旅行团以及本地居民等来做区分。

（四）博物馆的未来

10. 古文物的活化多数是与文博产业结合，除了与文博产业结合之外，凤凰数字科技对文旅未来发展方向有何看法？

我们的合作伙伴大多来自文旅行业，从战略、框架到具体项目都没有跳出文旅圈子，势能和应用基本都赋能于文旅产业。当下文旅行业愈发注重从观光式旅游到深度文化体验的转变，而单纯的建筑建设和硬件开发与文旅产业并不兼容。文旅行业是非常大的范畴，既涉及旅游景区，又涉及文创品牌。但我们认为文化传播和数字化体验始终是文旅产业的核心。

11. 作为一家企业公司，经济效益首先是要考量的标准，但从网络上现有的资料数据来看，似乎社会效益要远远大于经济效益，这是一种错觉还是真实境况？

社会价值和经济价值是不可分割的，在社会上有价值的事物在经济上肯定有开发空间。以我们与故宫共同打造的《清明上河图3.0》为例，前期4000多万元的投入得到了1.5亿元的回报，投入产出比是1：4，《千里江山图3.0》的商业潜力也不容小觑。

从宏观上讲，即使受到新冠疫情影响，文旅产业的发展也是不可逆的，其原因就是文化消费升级以及消除房地产泡沫的政策需求。当然，文旅项目的投资回报较慢，但以长远眼光来看，不只是在门票等方面获得短期收益，还在于以运营媒体的方式来打造文化资源生态，做成 IP 长期回报线，关于这一点，我们还在和各地的文化机构持续研商，未来会有很大的发挥空间。

二、智能交互驱动文物活化——鲸世科技

（一）博物馆情景化发展现状

1. 您可以介绍一下贵公司在文博数字化领域的项目具体实践吗？

在文博文创领域，我们有做"数字故宫"项目中的"砥砺奋进的五年"大型成就展，扫描了 64 件文物，并进行 720° 全方位展示。而最有价值的项目，即 2019 年亮相于国博并开设于亚洲文明对话大会里的"大美亚细亚展"，被评为去年数字展馆的十大精品展之一。比较特别的一点是，我们当时扫描的这些文物不仅仅是故宫的文物，实际上我们也扫描了"一带一路"沿线的文物，这套系统叫"文物带你看亚洲"，所以，有些文物是到境外扫描的。比如说：我们到日本平山郁夫博物馆扫描了诸如叙利亚、伊朗还有其他一些沿线国家的文物。自汉朝始，古代中国就通过"一带一路"沿线建构与西方国家的交流渠道，与波斯文化等异域文化交融荟萃，这些是一脉相承的，是可以用文物去证明的。曾经我看过一个片子，我国某博物馆馆长和埃及的一个博物馆馆长在辩论，埃及人不信中国有五千年的文化，认为我们空口无凭。然后我国馆长将文物拿出来，让对方看看这是哪个年代的，以此说服了对方。所以，文博数字化也是在佐证历史，我觉得这是比较有意义的事情。

其实，不管是"数字故宫"，还是"大美亚细亚展"，都只是通过线下展示的方式来达到传播的目的，但是这种线下传播是有限的。举个例子，当时我们在大型成就展采集到的点击次数是 260 万人次，这是 4 个月内的采集数据，不过无法跟线上的传播速度相比，因为线上的传播速率太快了。我们今年和央视做了"数字秘境"栏目，明年还会启动新项目，即把海外遗失的文物用数字化的方式带回家。也就是说，无论以何种途径，我们都希望文化传播能量可以更大一些，所以我们走了线上线下相融合的道路。从文物理念的

角度来说，我们寄希望于用更多革新式的科技手段去赋能于文物本身，让它更快捷高效地被传播出去。

图 3-2-7 "大美亚细亚展"多媒体互动展示系统[1]

2. 近年来，"数字故宫"项目以及"让文化活起来"等文化议题都得到了很多层面的关注。我们了解到贵公司的一些项目是利用触屏技术对文物进行立体化场景展示和细节性的分解，也与故宫、国博等国家级单位实现了多维度合作。请问您这些文博项目的思维理念和实际效果是怎样的？

"数字故宫"实际是我们于2017年做的一个标志性项目，并基于这个项目中的文物数字化部分，进行了一些解决方案式的衍生。我们把"文物数字化"定义为采集文物数据资产，也就是说，通过三维扫描技术把文物进行1：1的还原，那就留下了这件文物的数据自查。关于数字文物如何去进行衍生，从而转换更多的 IP，这就是我们真正研究的一个很重要的方向。当时，我们考虑到"数字故宫"是在一个线下可交互的沉浸式场景中进行实际操控的项目，采用的是触摸屏。这几年，理论上我们做的是线上和线下相融合的工作，线上部分现在有云展馆的服务，用手机也可以看到这些可交互的文物；线下是我们比较擅长的，基于文物可以去完成720°的展示，跟用户直接地进行

---

[1] 图片由鲸世科技提供。

交互。

传播数字资产只是基于文物数字化的第一个环节，如果没有文物扫描，就无法进行交互。而在之后的衍生过程中，实际会有非常多的文物可交互式系统。我们希望让用户通过交互的行为直观地感受并了解我们中国这几千年的文化和历史，所以，传播是更为重要的部分。我们更看重数字文物在线下是如何交互传播的，因为交互会捕捉到人的停留时长，这样会增强人的记忆力。交互也有多样化的方式，不仅仅是通过触摸实现，也可以通过体感，也就是我们正在自主研发的脑机接口，即 BCI 技术，还有提升与文物的交互时长，等等。总而言之，我们希望用新的技术或者是新的科技手段去赋能于中国五千年的文化历史，用全新的传播方式，让年轻的群体或者所有的用户通过数字文博途径，能够更深入地理解老祖宗留下来的这些传统。

3. 刚刚您提到了沉浸式场景，尤其是多人在场景中的互动感，那么我们想了解一下，在数字科技活化文物的过程中，活化的核心指向和目标是什么？

最核心的是传播，不管是用交互性质的方式还是纪录片形式，技术真正抵达的彼岸都属于一个传播的系统。过去的传播是以图片或者视频形式为主，随着我们技术不断地迭代，现在有很多交互系统。我们也可以把手机里的 APP 定义为交互系统，真正的价值是在于让新人类用他们最熟悉的方式和最喜欢的方式去了解我们中国老祖宗留下来的东西。因此，用数字化的传播方式来传承文化并影响新的青年，这才是核心的意义。

4. 除了通过数字屏幕、MR 眼镜与文物进行 720° 的三维全景互动以外，你们是否还有项目与情景化相关？诸如将文化事件融入场景，以此挖掘文物背后的历史故事？

有的。我们不仅仅是 720° 展示文物，也会有延展式探究。比如说，观众通过深度的探索之后，就可以知道这个文物是怎么流传至今的，以及它的历史溯源是什么。接下来，我们马上就会启动一项研发，即"知识图谱"，这也是人工智能的另外一个方向。大众可以通过这个系统看到这件文物的起源，如何被挖掘，文物背后朝代的衍生更替，该挖掘地还有哪些文物被发现，等等。关于这些内容都会有一个依托于人工智能技术的知识图谱，所以，它是需要大量的数据积累和收集的。

（二）情景化里的技术

5. 文博场景内的多人交互方式是如何让文物"活"起来的呢？

从技术层面来说，多媒体技术最早源于电影，现在可以在多场景中落地，一般分为室内场景和室外场景，博物馆就属于典型的室内场景。万物皆可交互，人类每天使用的智能手机虚拟键盘代替了物理键盘，用户的点击行为就是一种最基础的个体交互，但仅是一种个人体验。而对于线下大场景而言，我们更注重的是群体交互，VR眼镜作为硬件载体是满足不了线下大场景的，所以，我们才有大领域范围内的沉浸式体验。实际上，沉浸式体验就是一种感受。文博数字化更注重的是多人在线下场景中的互动环节，数字屏前的互动体验和屏后的精准数据分析是一体的，后台可以拿到用户的行为数据，文博机构就能知道大众对哪些文物更感兴趣，基于主题文物的文创衍生品就有数据可以依赖。未来再用这个系统去巡展时，我们也可以通过点击量或者是停留时长去分析和判断，具体细化到人气高涨的文物，进而替换掉观众不欣赏的细节。

图 3-2-8　数字文物互动展示系统[1]

---

[1]　图片由鲸世科技提供。

6. 你们多年来致力于将深度交互技术应用于文物活化与传播方面，并且正在进行系统性的实践，可否请您讲解一下规划和设计？

深度交互实际上是多维度的人机交互，点击数字屏幕只是最浅层的交互方式，我们团队正在努力研发脑机接口算法，希望未来可以实现意识交互和意念交互，这并不是触不可及的事，可能未来当我们观赏文物并对其产生兴趣的时候，系统就自动感知到了。我们倾向于认为交互本身是一个拟人体工程学的学科，举个例子，人们看电影的时候，不需要什么动作，它自己就可以播放了，而且传播速度也会非常快。但是，对于线下的大场景交互来说，如果不告知观众哪些屏幕和触控键是可以点击的，他们是不会去触摸的。所以，我们尽力打通人与场景交互的通道，使用非常多的提示来引导观众主动地去玩、去互动，以此触发人们的无意识行为，进而触动场景里面的游戏环节或者是一些其他内容。

在线下的文物场景中，团队运用超高清二维扫描、高精三维扫描测绘、激光全景扫描、高精度环物摄影以及无人机航拍技术，将文物的表面纹理、尺寸形状和结构空间关系等具体细节以精准的数字化信息形式采集并保存下来。随后，再结合激光雷达、距离传感和穿戴式智能设备等硬件设备，为博物馆提供更多的交互内容。观众可以凭着自身意愿来细致地观察、解构以及组合文物，深度融入体感文物互动、混合现实文物互动等体验项目，以近乎考古学家的身份探索古文明深藏的奥义。比如，在"砥砺奋进成就展"上，战国文物"青铜宴乐渔猎攻战纹图壶"的壶身表面有多个层次的主题图案，当观众实地触摸文物旁边的虚拟按键之时，这些桑渔礼乐或水陆攻战的战国场景就会瞬时"活"起来，连景中人物都被赋予了生命，将观赏者带入动态的壶纹图景中，从而调动起观众触觉、视觉、听觉等知觉感官。所以，人机交互理论是与人体工程学、五感设计、计算机学以及文物保护学等学科密不可分的，它是跨学科性质的。

a

b

c

d

图 3-2-9　数字文物交互实景 [①]

5. 在文物的再现传承中，是否存在技术层面无法呈现的内容？如果有，以后的解决思路或者方向是什么呢？

现如今，中国有三维扫描技术可以把文物进行1：1还原，后来我们发现瑞典有一个技术是可以通过医学 CT 技术把文物内部的结构扫描出来的，因此就联络了国内几所高校一起去调研该项技术。但调查之后，我们发现此技术对于光学、医疗技术、新商业场景之间的转换要求还是有点高的，而我们的设备太重，根本无法实现内部的探索，设备的转换能力也比较差。真正光学领域的顶级技术还是在以色列、德国、英国或者是欧洲的其他国家，他们的研发实力还是非常强悍的。我更希望国内的基础学科能够有所进展，以此弥

---

① 图片均由鲸世科技提供。

补我们线下场景的薄弱。目前，我们用的三维扫描设备中较为顶级的一批还是来自国外。所以，我们未来的方向还是要在高新技术本土化方面去下功夫，资本市场也应该把关注点放在这个角度。

（三）情景化展示与观众

6. 在文博交互方面如何挖掘用户的痛点？

投资机构一直是比较难把握和拿捏文博文创的，因为在这个领域内很多受到大众喜爱的内容都是横空出世的。对于我们从业人员而言，需要解决的问题就是激活并延长文博文创内容的热度。文博文创并不全是情怀，情怀一定要和商业去进行关联。未来需要注重文博文创的商业价值，因为只有商业才能让文博版块持续不断地延伸下去，而不只是一时的热闹。现阶段，一场沉浸式体验秀的商业价值是较低的，并且，一般只有两种变现的方式：一种是门票收入，一种是广告植入，这类收入的限制性非常强。我们更看重沉浸展的文创衍生品销量，未来我们可能会结合类似于三星堆的一些 IP，最终达到的目标是销售，也有可能会和国潮、国漫联合起来去进行衍生。我们从业者也希望开发出中国自己的文化品牌，让海外也去追逐和效仿。所以，真正希望到达的彼岸还是品牌文化自信，我们渴求通过中国文化交互这种传播方式增强观众对中国传统文化的认同感，这是我们正在挖掘的最为核心的观众痛点。

7. 在文博数字化开发的进程中，各方都经常强调双向互动，这种双向性如何体现？

我刚才提到一个环节叫"屏前的互动体验"和"屏后的精准数据分析"，这种做法把所有载体定义为"感知端"，人在体验交互的同时，人工智能设备也在收集人的数据，并感知人的行为，通过计算的方式，设计很多数据模型，进一步衍生出分类群体以及个人对文物的感兴趣程度，所以，这是一个双向性的互动。后台数据会研发脑机接口，因为它最核心的维度就是专注度和共鸣度，通过它机器乃至整个行业都会真正知道观众为何对某些文物感兴趣。我们未来想达到的意识流量入口，虽然无法实现获取每个人的一切想法，但我们最起码可知晓大众对什么东西感兴趣，进而根据大众的意愿去制作、推送和传播文化，这对于文博文创而言是非常有价值的。

　　我们未来有可能也会提供不同维度的全新交互方式，不管是人类在这个博物馆空间中的任意位置，还是点击屏幕的地方，又或是人们在整体环境氛围中产生的一种感情，都希望能够用数据去佐证。科学是不断进步的，人类总能通过革命性技术慢慢去解开还没有解开的谜题。

（四）博物馆的未来

　　8. 在数字科技活化文物的外在形势下，文化遗产中的文化核心内容是否做到了有效的输出？目前内容输出上有哪些不足？你们是否有制定一些今后的改进措施，或是新的发展方向？

　　首先，把文物以数字化资产的形式留存下来就已经具备了一定的意义，比如说，过去中国的实体文物在对外交流的过程中会有一些损坏，而数字化就不会有这样的危险。现在文物的巡展过程中，三分之二的成本基本上都是保费，数字化技术可以大幅度减少保费成本。并且，数字文物在国际交流中是十分必要的，文物行业内部的理论大致有两个流派：第一个是国际文物保护主义，第二个是国内文物保护主义。遗留在海外的中国文物也可以通过数字化方式带回来，我觉得这是一件非常有价值的事情，也是对历史的传承。

　　其次，我们经常和海外一些设计机构和院校交流技术，发现我们国家现在对软科技实力的提升，如大数据技术和5G技术，很多都不弱于任何欧美国家。前一段时间，我们和剑桥大学以及大英博物馆沟通交流，对方惊讶于中国的一些数字化技术，确实是比一些发达国家还先进。可以说我们是先行先试，在国家对科技的支持下努力开拓新道路。

　　另外还有一点很重要，对于文物本身而言，从理论上它只有传播的价值，但是我们更看重的是商业部分，也就是成为二次文创衍生品。文创 IP 是文化内核性内容的关键衍生。我们在今年制作了一个名为《数字秘境》的纪录片，每一集栏目的点击量都比较高，最高一集是53万人次同时观看，所以，我们会发现年轻一代对文物非常感兴趣。中国人自己的品牌意识都在逐渐回潮，我们希望让文物也搭上这个潮流，传播数字化资产只是我们规划使用的传播手段之一，最重要的还是把文物背后的东西挖掘出来，再用新的方式去进行传播。

9. 想请您分享一些文博数字化未来市场的前瞻性观点。

首先，科技的变化是没有止境的，评判一个先进的科技发明也是要看它的实际应用价值，更看重的是它能否帮助实体经济，能否带来"1+1>2"的价值。科技和传统行业的结合是一条没有止境、不断演变的道路。譬如5G技术没有基站是发展不起来的，这是"先硬后软"的一个概念。我们在国内可以先行先试，这可以看作许多新技术的试验田，还有政策优势和全球最大的人口红利。

其次，对于文博文创行业，未来方向的关键是两拨人思维的结合，让多线程的艺术家和线性思维的科技人才产生深度交流。当然，融合这两拨人的思维是最难的。所以，如何跨学科还是跟基础教育密不可分的，未来我们国家需要更注重融合性人才的培养。

最后，文博文创这个领域在未来最好能将科技和文化进行有机结合，而不是无机的或表层的结合。例如，沉浸式体验大热，各个博物馆就盲目地添加科技元素，这也是不恰当的，我觉得文博文创应该往硬科技和硬实力上靠近。

10. 在后疫情时代，线下展览受到一系列的限制，未来关于线上展陈有哪些新的思考或是创意吗？

我们在2020年上半年进行了一些转型，是因为疫情确实给所有企业带来了非常大的冲击，尤其是小微型民营企业，做线下的影视行业更是受到毁灭性的冲击。所以，我们在去年3月的时候已经衍生出鲸云系列线上云展馆服务，将原来只在线下分布的这种展览会移到线上的云展馆服务平台。现在，我们也开发出了手机和文物的交互，可以直接用智能手机来通过全景观赏文物，还可以跟它们实现交互。另外，我们未来还会与博物馆合作，将艺术家们的新画展以远程数字化的方式进行更新，也会不断地用新兴技术去替换现有虚拟展馆的概念。

第四章

案例调研

第一节　从情景叙事视角看荷兰博物馆的文化传播

荷兰的正式国名叫尼德兰王国，英语为"The Kingdom of the Netherlands"，简称"The Netherlands"，指莱茵河、默兹河、斯海尔德河下游及北海沿岸一带地势低洼的地区，包括荷兰、比利时、卢森堡和法国东北部的一部分地区。荷兰国土总面积达41528平方千米，截至2021年，总人口数量已达到1740万。现代真正意义上的荷兰，实际上指的是尼德兰的两个省，即南荷兰省和北荷兰省，这两个省是尼德兰最发达的地区，人口多，工业经济发展速度快，阿姆斯特丹、鹿特丹、海牙均在这片区域。16—17世纪，荷兰正式成立共和国，成为当时世界上最强大的海上霸主，世界各地均有其殖民地。荷兰在进行海上贸易和殖民统治的过程中，掠夺了世界各地大量财富，其中很多后来都成了博物馆的文物。

目前，荷兰博物馆数量超过1200座，其中有21个国立博物馆，博物馆密度居世界第一位，拥有不同类型和不同特色的博物馆，如国家博物馆、主题博物馆、民间博物馆等。当地政府为了打造艺术文化大国的形象，进一步促进城市文化旅游业的发展，用国家财政补贴大力扶持艺术创作和艺术收藏，使该国博物馆在数量和质量上都达到了国际一流水平。在国际权威的艺术百科全书中搜索，能查找到50余家荷兰艺术博物馆，其中很多都闻名遐迩，如阿姆斯特丹国立博物馆（Rijksmuseum）、莫里茨皇家美术馆（Mauritshuis Royal Pictures Gallery）、凡·高美术馆（Van Gogh Museum）、伦勃朗故居（Rembrandt House Museum）、荷兰人体博物馆（Museum Corpus）等，此外，还有各种专题性质的博物馆，如船只博物馆、铁路博物馆、钟表博物馆、啤酒博物馆、手袋博物馆、奶酪博物馆等。同时，荷兰博物馆的文物馆藏品种类丰富，几乎涵盖西方各个历史发展阶段的奇珍异宝，从古希腊、古罗马的雕塑，到文艺复兴时期艺术巨匠的绘画，再到荷兰共和国鼎盛时期"文艺三杰"的作品，还有当代艺术和后现代艺术的集聚，可以说是人类艺术文化发展的荟萃宝库，每年吸引众多世界各地的游客前来观摩鉴赏，仅阿姆斯特丹市就有60余家博物馆，每年访问量达上千万人次，各博物馆中的藏品具有极高的文化品鉴和艺术传播价值。

基于此，本章节主要以荷兰博物馆为主要观察和研究对象，从情景叙事的角度分析荷兰博物馆，学理思考充分结合调研实践，在思考文物叙事理念和策略的现代进程和未来趋势之时，也为我国文物活化、故事讲述以及对外传播提供能量。

一、博物馆情景叙事理念的发展基础

如果说博物馆在诞生之时仅是权贵进行财物炫耀的"珍物柜"，那么在跌宕起伏的百年发展历程中，博物馆早已褪去笼罩其上的"神秘"纱罗和"精英"标识，越来越走向大众，日益成为国家民众日常文化生活中不可或缺的一部分。现如今，网络智能技术正在迅猛迭代地向前发展，世界各地的文化也随着全球化进程的推进在持续碰撞中有了融合的"锚点"，博物馆在实体空间中的构建也在与不断变革的时代产生对话，逐渐形成了与"时空压缩""信息爆炸"相抗衡的一种潜在力量，而叙事在其中所起到的作用是尤为重要的。

叙事与客观原本地还原现实不同，但也在或多或少地模仿现实。更为确切地说，叙事通过模仿现实来吸取养分，从而丰富和完善其语言系统，可以从三个方面加以证实：其一，叙事往往只会在浩瀚现实中挑选一部分进行叙述；其二，在对某段现实进行叙述组织的过程中，会去掉冗余而只留下精华的部分；其三，叙事者往往还会进行艺术加工，让叙事更有吸引力。[①] 可以说，叙事常常需要对现实进行有机择选，在过滤的基础上再进行优化，其中考虑的不仅仅是客观世界的存在，还包括叙事所展示的情景以及所面对的观

---

① 李德庚.流动的博物馆［M］.北京：文化艺术出版社，2020：7.

众。在具体的博物馆叙事中，往往会将某个展示物置放于某种情境关系之中，从而引导观众从某个维度或层次去对它进行理解。① 然而，叙事又并非纯粹主观的活动，它大体源于客观世界且又不能与其相互剥离，往往在主观和客观之间寻找某种平衡，以此满足情景复刻和观映理解的双向需求。

（一）新博物馆学的理念背景

从16世纪兴起的文艺复兴人文主义、启蒙运动，到17—18世纪的工业革命以及19世纪的社会民主革命，均对现代博物馆模式产生过重要的影响。特别是第二次世界大战以后，世界博物馆的研究重心由原来注重"藏品"逐步转变为注重"藏品利用者"——受众或观众。② 19世纪中叶，欧洲博物馆发展到结构化和组织化的"现代化"阶段，随着20世纪60年代后现代主义思潮的盛行以及21世纪网络信息技术的发展，博物馆的"超现代化"特征也日益明晰。不少学界和业界人士对博物馆发展如何更好地与时代契合进行了深入的讨论。伴随着1989年彼得·弗格（Peter Vergo）的文选《新博物馆学》的发展，新博物馆理论作为一个新兴概念正式进入学术领域。综合新博物馆的理论内涵，可以从四个方面加以概述：第一，博物馆从精英转向大众。现代博物馆诞生于信息爆炸和知识民主化的时代，文艺复兴、新文化运动、启蒙主义、工业革命与社会民主革命的历史进程、现代主义和后现代主义文化思潮的演进以及现代科学技术等方面的革新都相继形成博物馆向现代社会和大众靠近的影响因素。欧洲自17世纪末开始，博物馆可以算是从真正意义上进入了公众生活，区别于早期私人圈层的炫耀观赏和消费，已经逐渐同时具有学术研究属性、公共文化服务属性、媒介内容制造属性和公众互动参与属性。展览内容不再局限于关注国家、历史、真理、人类等宏观的命题，而转变为更愿意去探索与人们日常生活以及当地社区所关联的具体性议题。第二，博物馆从展陈"物品"向文化叙事过渡。传统博物馆的陈列方式多以单一地保证文物的真实展陈为主，物与物之间

---

① 李德庚．流动的博物馆［M］．北京：文化艺术出版社，2020：12.
② 刘惠芬．博物馆文化的网络传播——荷兰博物馆考察与研究［J］．南京邮电大学学报（社会科学版），2011，13（1）：16-19，26.

在很多时候并无任何逻辑关联，而现代博物馆冲破了以往陈旧古板的展陈理念，通过文化叙事或交互叙事的方式，赋予了文物故事成分和逻辑关系，"编织"出一套能够影射原事并能被观众感知的真实，加强了"博学家""见证者""亲历者"等话语讲述方之间的有机联系。第三，博物馆本身从"旧物"承载到媒介制造的变革。博物馆不再仅被视为装盛古老藏品的地方，它的建筑本身、地方空间、文化场景以及一切能触动参观者五感的介质都是有意义、有价值的，可以说，博物馆本身就是媒介。第四，参观者身份认知和建构的变化。现代博物馆观众不再是单向的信息知识接收者，他们需要参与理解和互动体验，甚至越来越愿意成为知识的共建者和创造者。随着科技革新和文化理念的发展，很多博物馆在数字化、叙事性、参与性等方面都有着多种多样的尝试，其重要观念也是期望通过不同的新方法来为观众赋能，保障和凸显博物馆本身的公共服务属性。

（二）情景与叙事的关系认知

情景，广义上指对获取知识信息产生影响的各种情况，包括观众的内外部情况；狭义上指根据特定主题构造出来的环境，让观众能有身临其境的体验，从而更好地参与到主题内容之中。叙事，就其本质而言，是一种介于客观存在与主观理解之间的话语建构方式。叙事选择与优化的对象不仅仅是客观世界的存在，甚至还包括观众或听众的认识与情绪。[①] 现代博物馆在具体叙事过程中，往往会把某个展品置放于某种情境关系之下，这方面与传统博物馆仅完成对藏品的摆放展示而忽视场景中物与物的逻辑关系是不同的，叙事在很大程度上意味着对于物品的重组，其根本目的是更好地给予人们思想上的启迪和观念上的碰撞，进而投入更深层次的意义思考当中，而并非仅仅止步于单向度地接收信息。

博物馆是一个空间场域，本身就具有文化叙事属性。并且，这种叙事理念是与新博物馆理念息息相关的，在激发博物馆自身生机活力的同时，赋予了观众从不同维度审视议题的叙事思考能力，唤醒了观众进行情感投入且积

---

① 李德庚.流动的博物馆［M］.北京：文化艺术出版社，2020：7.

极参与互动的潜能。每个叙事都至少有两条线：一是观众进行阅读和参观的线；二是创作者预先设定的线。在传统叙事逻辑中，观众在很大程度上是较为被动的，但现代展览中对于观众感知体验的重视，并非忽略创作自身逻辑和理性线条的建构，只不过是呼吁在艺术创作、展陈过程中投入更多的人文关怀、情感交流和知识探索，也有机借鉴"情景""场景"理念，在展品之间建立起一种散点式、潜在性的连接关系，以此进一步在"物—物""物—人""人—人"的沟通交流中调动文化叙事的潜力，增添文化遗产的传播效能和社会影响力。可以说，空间场景善于感性表达，时间场景善于理性逻辑，两者并不矛盾冲突，反而相伴相生、相辅相成，都是不可或缺的文化要素。

二、情景叙事的方式解析

肯尼斯·伯克（Kenneth Burke）曾说过："故事是人生必需的设备。"[1] 故事的讲述离不开信息传播整个过程所具备的五要素——传播者（博物馆方或展陈权威人士）、内容（藏品）、渠道（展示方式）、受众（观众）和效果（对观众的影响）。就博物馆场域而言，文化叙事是需要情景建构的，因为叙事与事实有着天然的差异性，叙事是对事实主观性的建构，也是对社会文化环境、媒介技术生态以及受众观映心理的呼应和反馈。现代博物馆，叙事是为策展目标意义和观众知识获取而服务的，情景叙事为"物"创造不同的故事形式，与观众之间建立不同的交互关系和交流方式。博物馆通过呈现具有特色的文化产品与资源，重新讲述历史故事，逐渐消除普通公众由于历史、地域、行业、文化等因素造成的与所展示的历史之间的心理隔阂，更好地烘托起文化传播的总体氛围。以下结合情景叙事理念，具体分析荷兰著名博物馆的叙事方式，以期更好地理解当地文博领域的文化传承和传播。

（一）情感叙事

"博物馆情感"[2] 出自美国哥伦比亚大学教授安德里亚斯·胡森（Andreas

---

① 肯尼斯·伯克（1897—1993年），美国文学理论家、诗人、散文家和小说家，20世纪重要的修辞学家。

② 珍妮特·马斯汀.新博物馆理论与实践导论［M］.钱春霞，译.南京：江苏美术出版社，2008：5.

Huyssen）笔下。博物馆情感不是仅面向单独的个体，而是对整体社会公众的情感负责的。首先，"公共"的寓意在历史的不同发展时期是有所差异的，比如：西方博物馆诞生之初只是为社会精英和权贵阶层服务的，并没有囊括全社会总体；我国清朝乾隆皇帝也建立了自己的书法博物馆——三希堂，但中华人民共和国成立后的博物馆是源于人民且一切为全体人民群众服务的。其次，"公共"与"个体"并不属于相互冲突的理念范畴，如果个体的情感能大范围地被社会公众所青睐和接受，那么个体情感也可以向公共情感转化。这种叙事方式常见诸西方文化传播和公共外交措辞之中，叙事手法以"以小见大"为主；我国常倾向于以大见小，从宏观叙事维度（如庞大的时间线条维度）着手，但步入社会主义新时代以后，伴随着媒体融合技术的发展和全球化进程的持续，文化展现和传播的方式也相应地融入了"情感""场景""叙事""沉浸"等新理念。

荷兰众多博物馆中有很多以"主题""专题"形式设计展陈的博物馆，展陈内容中的情感叙事是非常重要的传播手法，在向观众传递故事信息的同时，将他们所能产生的情绪和心理状态考虑在内，以此最大限度地提高文化传播效能。比如：荷兰阿姆斯特丹著名的安妮之家（Anne Frank House），讲述了犹太女孩安妮·弗兰克（Anne Frank）在德国纳粹统治期间藏身过的位于王子运河267号的这所房子中的恐慌体验，这位女孩在极为艰苦、悲惨的环境中写下了著名的《安妮日记》，这种极为写实与独特的体验，结合无比精细的日常记录，向观众生动地呈现了一个犹太小女孩在纳粹迫害下在一栋房子里夹缝求生的过程和她的心理历程，其生动的展览背后隐藏着的是对种族迫害的反思。安妮死于贝尔根·贝尔森集中营中，她的日记字里行间盈溢着惊人的胆量和气魄，成为二战期间纳粹迫害犹太人的最佳见证。这本日记被家族唯一生还的安妮父亲于1947年出版成书，在50年间已转译成54种文字，流传数量高达3000万本，而王子运河267号这所房子也作为故居，在尽可能留存原状的情况下供大众参观。故居中的陈设布置与书中的描述相互呼应，阴暗狭小的房间，书架后的暗门，简朴的日用品，铺满厚厚的纸的窗户，这种隐匿的生活环境让人瞬间感受到一种与世隔绝的窒息和绝望。在场景保护和还原的同时，博物馆内展出了安妮珍贵的日记手稿，"我希望我死后，仍能继续活着"，文字表达出了这位13岁少女的痛苦、寂寞和恐惧，也映射出了她对美好生活的向往和期盼。每天在"安妮之家"门口排队参观、吊唁的游客络绎不绝，馆内捐赠箱中也时时存放着来自世界各地游客所投掷的货币，这是游客们在个体化观映需求被满足后留下的一份哀思。可见，融入故事元素的氛围场景，能较大程度地引起人与人之间的情感共鸣和思想碰撞。

（二）双向叙事

如果说"安妮之家"是一种见证者亲历的视角，倾向于对事情中可见的层面（如形象、场景、事件过程等）进行复制，让观众产生身临其境的观映感受，那么双向叙事中存在的"单向叙述"方式就像一个"博学家"孜孜不倦地在众多听众前讲演，正如美国文学理论家罗伯特·斯科尔斯（Robert Scholes）在《叙事的本质》一书中提及的："他是一位调查者和分析者，一位冷静公正的评判员，也就是一位权威人士。他不仅可按自己的原则对事实加以呈现，而且可以围绕它们展开评价、比较、训诫和归纳，告诉读者该何所思，暗示他们如何所为。"[1] 这种"博学家"的全知叙事模式，是较为传统的博物馆叙事方式，无论是文物旁边的讲解文字，还是进门后前台发放的电子导览器，都彰显着博物馆本身独一无二的叙事权威。

不同于上述传统叙事模式，双向叙事关系既跟叙事的方式有关，也与观众自身的状况有关，即让一种单向的"叙述—倾听"关系演变成一种双向的"发言—评论"或"演讲—对话"关系。[2] 这种信息传播的双向流动，其实像是一种讨论和协商的动态交互过程，其中不仅有信息的给予，还有受众的接收、理解、参与和反馈。英国文化研究学者斯图亚特·霍尔（Stuart Hall）提出的关于受众对于媒介文化产品解释的"编码/解码"理论中存在三种范式——主导范式、协商范式、对抗范式，该理论强调，差异化的个体对于相同媒介内容的接收和解读是不同的。双向叙事也是如此，它将叙事视为一种

---

① 斯科尔斯，费伦，凯洛格. 叙事的本质 [M]. 于雷，译. 南京：南京大学出版社，2015：278.
② 李德庚. 流动的博物馆 [M]. 北京：文化艺术出版社，2020：143.

动态过程，而参与其中的观众具有相应的信息阐释权利，并且可以与信息赋予方形成有机的实时情景互动。这种双向叙事模式可见于"伦勃朗故居博物馆"的展陈之中。

伦勃朗故居位于阿姆斯特丹乔登布里街4号的一栋绿色三层楼房中，它见证了荷兰绘画巨匠的辉煌与衰落。伦勃朗（Rembrandt Harmenszoon van Rijn）是在荷兰黄金时代（约公元17世纪）与约翰内斯·维米尔（Johannes Vermeer）、弗兰斯·哈尔斯（Frans Hals）齐名的画家，三人被誉为"荷兰绘画三杰"，其名望如同文艺复兴"美术三杰"。从1639年到1658年，伦勃朗在乔登布里街4号的这栋房子里居住了20年，度过了他人生之中的繁盛时期。后来，他因自己著名的肖像巨作《夜巡》在当时引起了官司纠纷和社会争议，跌入了苦难深渊，倾尽家产，变卖房屋，在贫困中撒手人寰。1911年，经荷兰威廉明娜（Wilhelmina）女王的授意，将此故居改造成博物馆向世人开放。1990年，经修葺扩建之后，展览面积增至500平方米。底层是前台、售票厅和纪念品商店，二层是画家的起居室，三层是工作室，顶层的阁楼常常举办各种展览。伦勃朗生前创作了600多幅油画、300多幅蚀刻版刻画和2000多幅素描，他擅长运用光线和阴影表现人物面貌和场景特征，将油画的技艺运用到版画制作中，还直接以铜版为媒介进行艺术创作。博物馆中为此设置了蚀刻艺术展示区，让参观者近距离学习了解当时蚀刻版画的制作技巧和印制过程。每逢开放日，博物馆工作人员都会在预定的时间里安排两个演示环节，一个讲解版画的制作过程，一个介绍油画的调色知识。版画有很多种，包括木版、铜版、石版等，所用来刻画的工具也不相同，而铜版因为其材质的关系，制作工序尤为精细。

伦勃朗当年创作的版画《海螺》风靡一时，而画中的海螺也因此被当地人称为"伦勃朗海螺"。在每次讲解过程中，博物馆馆员都会邀请周围的观众亲手实践，在铜版上涂上墨汁，把周边的墨轻轻拭去，然后小心地放到印刷工具上，轻转工具后，白纸上就霎时呈现一幅完好的新制画作，观众可由此切身感受到伦勃朗当时创作的情境和心情。此外，博物馆还会在一个房间单独介绍油画调色的知识，伦勃朗深受意大利同时期画家米开朗琪罗·梅里西·达卡拉瓦乔（Michelangelo Merisi da Caravaggio）的影响，擅长于绘涂光线阴影，他与倾向巴洛克风格的画家彼得·保罗·鲁本斯（Peter Paul Rubens）一样强于油画技法，尽可能制作各种对比效果，包括透明与不透明、明与暗、清晰与模糊边缘、冷与暖等，技法的有效应用离不开调色技艺。馆员每天在展区孜孜不倦地向观众介绍各种颜料的质地和色彩搭配常识，身旁循环播放的调色纪录片起着辅助作用，观众也常会被邀请参与活动，从五颜六色的小罐子中舀出各种颜色的颜料，搭配出理想中的颜色。

如果说以上对于伦勃朗故居中展览互动体验环节的叙述是具有引导倾向性的，那么在其他博物馆中出现的展览叙事可以被视为民众自发参与的行为。位于阿姆斯特丹的凡·高美术馆（Van Gogh Museum）中珍藏着文森特·凡·高（Vincent Willem van Gogh）黄金时期最为宝贵的200幅画作，其中包括著名的《向日葵》《麦田》《星空》《吃土豆的人》以及在一层展厅内悬挂着的数幅描述他本人的《自画像》。2020年6月1日，疫情过后的荷兰凡·高博物馆重新开放，重点推出"在画中：描绘艺术家"展览。该展览以凡·高自画像为主线，展出从1850年到1920年的77件作品，包括《戴灰色毡帽的自画像》（1887年）和《包扎着耳朵的自画像》（1889年），从多个方面探索并聚焦凡·高自画像的作用、意义和影响。与此相呼应的是，在凡·高博物馆进门处的广场上，常年会有一些当地的"行为艺术家"，头发和胡子都染成小麦黄，头顶毡帽，身着蓝色工装，站在画板旁边，手持颜料调色板，用自己的风格来诠释这位伟大的画家。此外，展览叙事中还会有效地嵌入相关主题性质的艺术电影，如1956年的《渴望生活》（Lust for Life）和2018年的《永恒之门》（Ateternal's Gate），图文并茂、声画同步地展映凡·高的生平，以期在向画家致敬的同时深层次地与观众进行多维度的对话交流，完成思想和情感的交汇融合。

双向叙事的话语建构中有机地融入了传统权威"博学者"叙事的成分，但更着重于凸显"见证者"的参与互动和实践体验，因此观众更易于投身"求知"旅程，积极地从被动的信息接收者向主动的知识创建者转换。

图 4-1-1 　行为艺术家[1]

（三）感官蒙太奇

　　加拿大学者马歇尔·麦克卢汉（Marshall McLuhan）曾声称"媒介是人的延伸"。人的感官按私密级别排序，依次是味觉、触觉、嗅觉、听觉和视觉，越排在后面的感官所具有的公开性越强。博物馆是公共空间，大多展陈设计是围绕视觉展开的游戏[2]，展品距离、灯光投射、文字符号、技术应用等都会按视觉舒适度和展陈主题来设置。随着数字传播的不断迭代，VR/AR/MR、全息投影、环形屏幕等智能媒体技术也大量运用于博物馆展陈当中，给观众营造一种沉浸其中、身临其境的情境体验。就像电影《头号玩家》中对于"哈迪斯日志"博物馆的描述：观众可以在任意时空片段中来回穿梭，展现在眼前的视像是对于历史的原初动态还原，这种影像仿若"跑马灯"一般，观映者还可以依据个人喜好和需求对其进行回播和快进。美国学者妮娜·莱文特（Nina Levent）和阿尔瓦罗·帕斯夸尔·利昂（Alvaro Pascual-Leone）所编著的书籍《多感知博物馆》，就是围绕触摸、声音、空间、气味、味道与未来博

---

① 图片来源：课题组自摄。
② 李德庚. 流动的博物馆［M］. 北京：文化艺术出版社，2020：149.

物馆的主题展开的。虽然现如今的博物馆还无法到达影片中的未来水平，但是其功能的多元化发展已经考虑到人类五感的聚合效能，相比早期馆展而言，已经有了大幅度的提升。以后随着 3D 智能打印技术的成熟，博物馆有很大可能会冲破边界，将成千上万的藏品大批量精细实体化，进一步增强博物馆与大众生活之间的联系。

荷兰许多博物馆的入口处均会设置"电子解说器"租赁台，观众拿着该设备走到不同的展区，通过输入展陈文物的对应数字，就能便捷地听到不同语言风格的解说词，博物馆则因此可以在同一空间场域中实现针对不同个体的定制化服务。有些著名的主题特色博物馆还会结合人们的感知体验，对馆中的综合感官环境进行主题化设计。位于荷兰代尔夫特的维米尔中心（Vermeer Centrum Delft）可以说是一栋带有强大视觉感观冲击力的博物馆。与伦勃朗齐名的荷兰黄金时代绘画大师维米尔就出生于代尔夫特，他生于斯长于斯，一生都没有离开那里。17 世纪，与国际大都市阿姆斯特丹相比，代尔夫特的人口基数虽小，但不论在经济发展还是在艺术价值上都不逊色。当时，游历世界的东印度公司从中国带回青花瓷，代尔夫特当地就进行了相应的仿制加工，很快便孕育出了闻名遐迩的蓝瓷（Delft Blue）。维米尔多以中产阶级宁静和谐的日常生活为创作源泉，一生画有 50 多幅作品，但中年由于家庭生活的贫困，传世的作品仅 35 幅，画作多为肖像画，《戴珍珠耳环的少女》（The Girl with Pearl）珍藏于莫里茨皇家美术馆，《倒牛奶的女仆》（The Milk Maid）则存放于阿姆斯特丹国立博物馆。维米尔的现存作品中仅有两幅风景画，分别是《代尔夫特一景》（The View of Delft）和《小街》（The Little Street）。由于维米尔现存的 30 多幅作品分散于世界各地，坐落于他生活城市的"维米尔中心"几乎均以布帛垂帘和光线投影来代替真实的画作，但此博物馆内部的场景设置和叙事结构一点也不单调，各种元素聚合而成的情景空间充分调动了观映者的感观体验，使人意犹未尽地沉浸其中。

维米尔的画作里均以荷兰中产阶级家庭生活为主线，"作画""读信""梳妆""谈情""做学问/研究""弄乐"等都是他习惯使用的场景元素。维米尔常被誉为"光影与结构大师"，明亮、穿透、反射、柔和、灿烂组成了他的光线组合，一束光在维米尔眼中可以分为"轻柔的光"（light on light）、"穿透的光"（falling light）、"耀眼的亮光"（high light），不同的光线有助于切割出不同的光线结构，一层层空间深度地融入平面之中，呈现接近于真实的立体维度。维米尔创造了"镜箱成像"方法，综合采用曲面镜、相机暗箱和照相机组合，进行绘画构图和光线明暗的捕捉，可以弥补人眼视网膜构图和光源捕捉时造成的角度和色泽差距。博物馆内摆放着"镜箱"仪器实物（图4-1-6），使观众可以亲身感受到仪器视角的图画的结构美感。维米尔的"光学技术"在很多出版物和纪录片中都有详细的记载，如英国艺术家大卫·霍克尼（David Hockney）出版的《隐秘的知识：重新发现西方绘画大师的失传技艺》、美国企业家兼发明家蒂姆·詹尼森（Tim Jennison）花多年测试维米尔的暗箱和透镜理论后拍成的纪录片《蒂姆的维米尔》（Tim's Vermeer）。①

图4-1-2　维米尔中心内部陈列

另外，"维米尔蓝"也成为画家的经典标识。17世纪荷兰画家可以获得的颜料数量相比现代而言还是比较少的，由于没有金属管来盛装颜料，每种颜料在耐用性、可保存性等方面都是不同的。伦勃朗在他事业鼎盛时期使用了百余种不同色泽的颜料，而维米尔生前并未接受任何机构和大公司的委托和雇用，他一直在自己静谧的生活环境中平静地作画，也许是受制于经济条

① 艺术中国.解读"代尔夫特的斯芬克斯"：关于黄金时代大师维米尔的五个关键词［EB/OL］.艺术中国，2019-10-18.

件和风格特征，后人在他的画作中只检测到了二十种颜料，他所采用的十种主要颜色为土黄、朱红、铅白、生褐、海绿、茜草、象牙墨、深蓝、铅黄、靛蓝。在由斯嘉丽·约翰逊主演的电影《戴珍珠耳环的少女》中，有一个小小的片段讲述的是维米尔引导启发他的女仆发现天空云彩颜色，当时，画家问少女："云彩是什么颜色？"少女一开始不假思索地回答"是白色"，但霎时转念追答"不对……"，随即轻咬自己下唇，陷入一番思考，尔后才认真自信地回答"还有黄色、蓝色……"，画家在一旁投以欣慰的微笑，感觉自己在忙碌琐碎的生活环境中找到了心灵碰撞的知己。这一段对白也在博物馆内摆满颜料的画桌展台上的电子屏幕上反复播放，影片所传递的历史情境和故事环境与周围的实物陈列相互呼应，在赋予观映者实景感受的同时，引导其产生更深维度的思考。

现代博物馆的展览叙事大体上还是承袭传统文物叙事的单向权威结构，但随着媒介科技的快速发展和全球化进程的加快，人们在"时空压缩"的话语环境中也在迫切地寻找"物"的存在和"地方"的归属，同时期望在物理空间中与"物"产生适当的对话交流。博物馆中所设置的人工展示和参与互动环节，提供了一种文化艺术双向叙事的可能，在"活化"文物的同时进一步地了解了观映者或参与者的心理体验需求和知识理解程度，也让观众有了文化情景融入的主体性和娱乐感，在很大程度上增添了文化传播效能。

（四）空间结构叙事

在传统博物馆中，展览的主要功能是展示而非叙事，空间结构是博物馆叙事的重要场域和手段。但是，现代博物馆在很多时候会将馆内外的实体空间和虚拟空间综合起来考虑，以此作为叙事的重要元素。对于某些主题性质博物馆来说，建筑空间结构和室内展陈规划是文化叙事的重要环节，可以赋予观众不一样的空间体验和审美共鸣。位于荷兰海牙东北约16千米的地方有一座人体博物馆，它是世界首座人体博物馆，其主体建筑是一栋七层的玻璃大楼，楼体一侧嵌着一位坐立的"巨人"，巨人由无数褐色的铁皮拼接而成，双手放于膝盖之上，两眼直直地看着前方，左半边肩膀隐嵌入主楼之内。远远望去，博物馆建筑本身就是一个巨大的人体结构，馆内通过全息图、影像素材以及一些新颖奇特的互动方式来解说人体奥秘。观众可以携带"语音导览器"从这个硕大的"人体"的"腿部"出发，一直行至"大脑"，探索人体组成的秘密。导览器具备光控解发功能，就如同"位置媒体"一般，能在行至"人体"不同部位之时触发传感器，随即观众便会听到相应的以不同语言传送的"电子解说"，导览语言非常生动，与博物馆不同"器官展厅"的知识结合得十分紧密。在"人体"内部，参观者可以"真实地"看到人体造血过程、消化过程、受精过程等真实情景，可以感触到绵延在四周墙壁上的"肌肉组织"和"血管"，捕捉到"血液"四处流动和红红绿绿的"细胞"不停运动的景象，还可以在两米高的"心肝脾肺肾"前看到一块奶酪被消化的全过程。在这里，博物馆内外整个空间像是不同差异化个体讲述者的集合，有科普性质但并不向观众生硬地灌输知识，而是充分调动参观者的五感，使其在全情体验中开展一场奇特的"人体器官"之旅。

此外，注重空间叙事结构的现代博物馆，其叙事性还体现在物质或非物质展品本身所具备的"能量场"以及它们之间的关联性上。早先博物馆就像一个"或白或黑"的盒子，只是实质意义上的装盛展品，并没有让整个空间属性具备更多的叙事性，而当下很多博物馆会根据叙事逻辑来进行空间组合，让展品与空间、展品与观众、空间与观众之间的关系变得更加多样化和戏剧化，极具有机灵活特征，也在极大程度上增强了观众的体验感和参与度。英国学者齐格蒙特·鲍曼（Zygmunt Bauman）在《作为实践的文化》一书中对现代意义上的空间做出了描述："空间——现代空间——是管理和控制的对象。空间是负责'主要协调'任务的权威游戏场，是制定规则让'内部'统一的同时与外部相分离的游戏场，是同化异质并将分化的部分统一起来的游戏场。简言之，是一种松散的集合体重塑为统一系统的游戏场。"①整座荷兰人体博物馆就如同文化叙事的"游戏场"一般，通过参观者对内部不同空间的访问，流线式地进行故事讲述和互动邀请，以此让"闯入者"完整地了解整

---

① 鲍曼.作为实践的文化［M］.郑莉，译.北京：北京大学出版社，2009：30.

座空间所内嵌着的意义内涵。不同的物理空间之间的巧妙的串联，使多样性和统一性得以共存，让结构空间与"外来者"进行着有机的沟通和对话。

（五）宏观与微观叙事

良好的叙事效果是可以凝结成文化记忆的。首先，印象深刻的观感体验所形成的记忆可以形成物质或非物质的叙事反馈。观众在参观完人体博物馆后的返途中，会经过一个"医疗信息中心"，可以将此前所参观的关于健康和医疗的"风景""温故而知新"，还可以参与各种互动性的测试游戏，然后得到一张独属于自身的体验报告单，既有纪念意义，又将这段特别的行程进行了文字化的概述和总结。其次，整个叙事空间中"宏大"场景和"微小"展示之间所造成的冲突对比，可以带给观众非常具有震撼力的直观感受和视觉体验，形成强大的"意识流"，在个体的记忆长河中冲刷出深深的印记。宏观和微观的叙事结构常与展览物相关联。位于荷兰莱顿的风车博物馆是一座高达40多米的巨型风车（如图4-1-8），足有5层楼高，光是每扇风车转叶就长达28米，远远望去仿若与天空相连的风车常被视为莱顿传统制造业的缩影，因此它也是整座城市的标志物和文化符号般的存在。当然，博物馆内部也常常陈列着巨大的展品以及能覆盖整面墙壁的绘画，并且在巨型展品面前往往会贴心地放置一些适用于最佳观赏距离的椅凳，以便让参观者获得较好的体验，同时保证了参与过程的仪式感。如悬挂存放伦勃朗的经典画作《夜巡》的展厅内留出了相对宽阔的观赏区域。相对于宏大的展陈，博物馆中也会开辟些许逼仄的空间，用于存放微型展示物品。在阿姆斯特丹国立博物馆中，有一个非常新颖、特别的专门存放"娃娃屋"的小展厅，在将近1平方米的竖柜中有六七个相互连接的格子间，每个"房间"内展示着涉及衣、食、住、行方方面面的不同生活场景，置身于不同情景中的人偶大概仅有一个手指那般大小，每个人偶身上都穿着各种精美的服装，包括在厨房中端着小锅忙碌的女仆、在炉火边安详看书的贵妇、盘坐在挂满罗纱绸缎的卧榻上刺绣的女主人等，各种华美的微缩场景交织在一起，让人目不暇接、流连忘返。这些反差对比强烈的叙事内容经常是交织嵌套在一起的，以此给人留下深刻的印象。

图 4-1-3 专门存放"娃娃屋"的展厅[①]

（六）数字化叙事

数字技术与博物馆之间的关系是相互辅助、互嵌联合的。博物馆文化借助技术平台在一定程度上充实了虚拟空间，而信息技术在博物馆中的应用也相应地增强了文化传播效能。阿姆斯特丹市立博物馆在1952年引入了语音导览系统，可以说是博物馆数字化领域的先驱者。20世纪末，互联网渐入人们日常生活，当时很多博物馆还在是否应嵌入网络空间这一议题上犹豫徘徊了许久。但是，随着数字互联技术的迅猛发展，社会生活已经与网络技术紧密联系且无缝融合，荷兰各大博物馆在2011年之后，基本认可馆藏数字化是正确的发展方向。[②]阿姆斯特丹国立博物馆经历困难重重的10年闭馆翻修后，2013年4月重新开馆，在短短5年间接待了超过1000万参观者，最受业界瞩目和称赞的，是2013年在新版官方网站上推出的"Rijksstudio"版块，该版块陆续向用户全面开放大量可供免费下载使用的高清藏品图片。不同于其他单位公布的JPEG格式的藏品图片，阿姆斯特丹国立博物馆全面开放包括无损

① 图4-1-10来源：课题组自摄.
② 林则徐纪念馆.博物馆与数字化媒体［EB/OL］.搜狐网，2020-01-30.

TIFF格式图片在内且拥有版权的所有藏品图片，馆藏艺术品图像经由著名的CC0协议1.0通用协议被发布至公共领域，在法律允许范围内，放弃所有在全世界范围内基于著作权法对作品享有的权利，也就是说，用户可以复制、修改、发行和表演这些作品，甚至出于商业性目的。这些都无须另行征示同意，也无须特意标明图片来源，此举引发了关于画廊、图书馆、档案馆、博物馆免费开放数字文化遗产资源（OpenGLAM）的诸多讨论，该版块每两年举办一次Rijksstudio国际设计大赛，每次都能收到很多来自不同国家和地区的参赛作品。此外，"Rijksstudio"版块也提取了藏品基本信息、材料和工艺、主题、权属、相关文献记录等部分的关键字段，以满足用户藏品检索、信息查询及图片浏览的需求，还提供免费制作手机屏保和壁纸桌面的渠道，给在线阅读增添了一抹诗意情趣。阿姆斯特丹国立博物馆除了面向用户的数字化展示之外，还通过开发藏品管理系统（adlib collection management system）和历史档案文献系统（adlib historical archive system）来对藏品的数字化信息进行实时监控和管理，管理系统中包含藏品目录、类属、人物、复制、展览、外展文物、借展文物、相关文献、地址、位置及包装等12个数据库，馆藏文物每天晚上与藏品管理系统进行同步，抓取更新数据，以此对网站进行实时的更新和维护。

21世纪，人类文化生活数字化已经成为发展常态。线上观众已逐渐不再满足于仅从馆藏数据库中提取图片，怎样配合实体空间，有效运用各种技术手段讲述馆藏故事，成为人们日益关注的议题，博物馆界兴起了种种关于数字创新应用的讨论，如移动化、游戏化等。随着智能手机的普及，"移动导览"和"线上博物馆"创意逐渐得到关注。2014年，阿姆斯特丹市立博物馆开发了"随心博物馆"应用软件（APP），该APP可以依据用户心情推荐适合的导览路线，带领用户开启了个人化、定制化的数字文博之旅。凡·高美术馆推出了几个挺有意思的APP，如"Touch Van Gogh"，在手机上打开APP就能看到凡·高画作的细节以及一些实景空间中不易被发现的画作真相，还有"Yours, Vincent"，APP里面收集了凡·高的各种信件，向大众分享他的生平。另外，智能传播时代，VR/AR/MR等智能技术接踵而至，与它们结合的叙述方式也发生了很大的改变，通过它们，可以将世界不同时空交汇在一起，或将人们带回遥远的过去，如同在历史事件发生现场复述故事一般，使情境化变得更加现实。在荷兰，有一款名叫"安妮的阿姆斯特丹"（Anne's Amsterdam）的 AR APP，当手举手机用摄像头对准不同的街道之时，图像可以很快呈现与现实世界匹配的第二次世界大战时期的阿姆斯特丹城市景象，观者能够看到安妮·弗兰克与她的朋友们在门廊前嬉戏或去学校读书的场景，手机里的影像与现实场景进行叠加，这种逼真的图像移动场景，可以使观众获得前所未有的参与感和视觉冲击。当然，虚拟现实眼镜在当地博物馆中也有不同程度的应用，"安妮之家"博物馆开发了 AR 眼镜 APP，观众可以通过佩戴眼镜，体验安妮当时躲避在所住房间夹层里的场景氛围。在博物馆游戏化设计层面，荷兰的一些博物馆也有相应不同的尝试。代尔夫特军事博物馆设计了沉浸纪录片的形式，观众可以手驾坦克，根据所观看的纪录片故事情形做出相应的抉择，其后的情节走向也会因选择的不同而不同。

近些年，随着声光电技术的快速发展，"融合""场景""沉浸""体验""消费"等辞藻逐渐成为人们注意力的核心。日本新媒体艺术团体 TeamLab 制作的展览"花舞森林与未来游乐园"得到了世界范围的关注，也有在世界不同国家巡回展示的"凡·高艺术沉浸展"，文化与科技的结合从多元维度彰显了空间变化的丰富性。但与此同时，接连登台的"沉浸展""光影秀"也引起了广泛的争议和讨论，对于文物保护传承与数字信息科技之间关系的认知仍然处于激烈的辩论当中。我们也许进入了技术发展并不匮乏的时代，但如何更好地将其投入应用，以此更加契合地域本土文化、国家文化对外传播导向以及社会民众的心理期待，是值得长期研究和探索的课题。

三、小结

博物馆空间的场域精神和文化叙事，总体上是以17世纪以来大众博物馆自欧洲向世界范围的扩展以及新博物馆学的兴起为历史文化背景的。随着社会发展进程的跌宕起伏、各种文化思潮的相伴相生以及信息互联技术的更新迭代，文博事业的赋权越来越倾向于寻求上层权威话语与社会大众参与之间的平衡，博物馆的文化服务属性和知识教育属性也日渐明晰，总体上从以社会精英创建为主的"炫耀性展陈"向以"人"为主的知识共建理念转变。美国学者艾琳·胡珀－格林希尔（Eilean Hopper-Greenhill）提出的"后博物馆"[①]理论，主要对现代博物馆的宏大叙事结构提出批评，主张以更为谦逊与现实的姿态来面对公众——尊重差异、兼容冲突，期望在与公众的讨论中一步步逼近新的事实真相。

情景叙事，从本质上讲是一种对于物质实体或非实体的知识与概念的故事讲述，其中涉及对物品展陈、技术应用、观众体验、传播效果等因素的考虑。情景叙事的目的是达到让展示物或空间文化与参观者"共情共鸣"的效果，在适当范围内把文化权力从"文化掌管者"（the curators of culture）移交给"文化创造者"（the creators of culture），从最大限度上增添整体传播效能和文化影响力。正如理查德·桑内特（Richard Sennett）所说的，"共情是一种相遇"，在博物馆里进行空间营造，让参观者能够与来自不同时间空间维度、拥有不同宗教文化背景、不同阶级、不同性别的人们相遇，可以让他们拥有更多合作必备的技能，同时，桑内德也认为这一技能是生活在自己部落群体或者信息圈的人们所必不可少的。

读图读屏时代，怎样有效借助数字媒体技术或人工智能工具，从总体上为文化传播服务，又不拘泥于技术泥沼而忽视了文化的本质和意义，是需要深度思考且有社会文化价值的议题，也许蕴含于众多荷兰博物馆空间中的情景叙事可以在理念和方法上提供一些借鉴。美国未来博物馆中心在2008年撰写了《博物馆和社会2034》（Museums and Society 2034）报告，作者预见未来博物馆实践的核心是改变叙事概念和相伴随的创造性的文艺复兴。[②] 未来博物馆，或许会更好地结合数字技术，从人类多向感知的维度去探索和实现文化传播效能进一步提高的可能性，这种效能同时涵盖了传播空间的扩展和传播体验的增强。但与此同时，怎样在文物保护传承与科学技术应用之间

---

① 李德庚.流动的博物馆［M］.北京：文化艺术出版社，2020：46.
② 珍妮·基德.新媒体环境中的博物馆——跨媒体、参与及伦理［M］.胡芳，译.上海：上海科技教育出版社，2019：10.

搭建平衡的桥梁，也是需要持续探索和讨论的命题。如克里斯蒂娜·贝克特勒（Cristina Bechtler）与朵拉·伊门霍夫（Dora Imhof）在《博物馆的未来》（*Museum of the Future*）一书中，对博物馆的固化特性与时代发展的"流动性"倾向之间的碰撞和交融进行的探讨。情景叙事除了能更好地进行文物展陈之外，还能将博物馆看作"社会试验场"，以此形成较好地与时代同步的文化传播策略，也许荷兰博物馆近十多年的发展能给我们带来一些理念分享和行为参考。

第二节　从文化体验视角看美国博物馆的空间建构

现代意义上的博物馆理念，形成于18世纪末至19世纪中叶的欧洲，发展于20世纪以来的美国。据统计，美国目前有博物馆175万座，约占世界博物馆总数的1/3，每年吸引8.5亿人次参观。[1]"博物馆"概念最早在美国出现的时候，被理所当然地理解为自然或百科全书式的博物馆，美国的艺术博物馆在18和19世纪多由一些富裕又对艺术感兴趣的群体支持和创办。[2]进入19世纪，美国经济飞快发展，在南北战争结束后不到50年的时间里，完成了从农业社会向工业社会的转型，纽约、华盛顿、费城和波士顿等地也诞生了一批闻名遐迩的大型博物馆。1870年是美国艺术博物馆发展历史中里程碑式的一年，大都会艺术博物馆、波士顿美术博物馆（The Museum of Fine Arts Boston）相继成立。虽然创办之初的动机和契机有所差异，但它们都会从自身的运营管理理念出发进行开创性的实践探索，以此尝试建立与欧洲博物馆模式不同、能体现美国当时的民主精神和公众教育理念，以及反映技术产业发展状况的美国本土博物馆机制。

现代社会的社会空间中充斥着形形色色的媒介形态和媒体平台，各式各样的多媒体内容从多种维度占据和消耗着人们的感观知觉系统。博物馆作为

---

[1]　赵梅.博物馆：生动讲述美国故事［N］.社会科学报，2016-08-25（006）.

[2]　张瀚予.20世纪初美国艺术博物馆的理念与实践——以大都会艺术博物馆为例（1900—1910）［J］.世界美术，2020（4）：93-98.

文化实体空间，怎样契合时代的前进和技术发展的潮流，可持续性地在拓展空间内涵结构的同时保持其应有的文化特色，追随全球博物馆"以观众为服务中心"的发展趋势是博物馆发展过程中需思考的问题。笔者以在文博业界发展得较好的美国博物馆为例，从文化体验的视角对美国博物馆文化空间建构的特征和属性加以论述，以此剖析、总结博物馆发展现状，探寻其未来的发展道路。

一、美国博物馆空间建构的发展阶段

（一）城市博物馆文化区域规划

从宏观层面来看，城市整体规划设计与城市文化空间氛围和格局的打造是息息相关的，而了解美国博物馆内外空间建构及其文化精神也需要一种全球视域下的历史观。因此，我们可以大致回溯一下西方城市规划理念的发展历程。

19世纪，人口超过10万的城市少之又少，20世纪以后，大规模的城市化现象才开始相继呈现，可以说，城市已经变成整体国民人口的主要生活空间和寄居形式。欧洲城市的发展历经了古希腊城邦文明的启蒙以及古罗马帝国的繁盛辉煌，城市建设理念在度过中世纪肃穆的宗教洗礼之后走向自由与解放的文艺复兴，在冷暗对峙的社会氛围中迎来了古典主义的回归和对理想城市的多元想象。尔后伴随着工业革命在欧洲城市的兴起，凸显结构功能、明快线条的现代主义城市建设思潮相应而至，林荫大道、拱廊街、摩天大楼等都市景观与工业化进程中弥漫满天的焦炭尘雾相伴随行。19世纪，奥斯曼（Haussmann）对于巴黎的改造可谓享誉世界的将中世纪城市现代化的重要举措，在加宽的道路两边种上乔木，使其成为闻名遐迩的"林荫大道"（boulevard）；建造城市大型公园，使之成为"城市之肺"；还在铺修地铁的基础上将部分下水道改建成了"下水道博物馆"。勒·柯布西耶（Le Corbusier）在1924年发出格言"为速度而建造的城市即为成功而建造的城市"，支持城市建筑、街道进行理性化转向。在此期间，在城市快速转型过程中先后涌现了不同的关于城市规划的学说畅想，如弗·劳·奥姆斯特德（F. L. Olmsted）

的城市美化运动，英国学者埃比尼泽·霍华德（Ebenezer Howard）在《明日的田园城市》（*Garden Cities of Tomorrow*）中提出的"三个磁体"乌托邦式的城市理想，弗兰克·劳埃德·赖特（Frank Lloyd Wright）针对美国20世纪五六十年代的城市现状提出的旨在改造城市密集混乱状态的"广亩城市"理论等。与此同时，英国兴起了城镇景观运动，对现代主义、田园城市发起挑战，戈登·卡伦（Gordon Cullen）在1961年出版的《城镇景观运动》（*Townscape Movement*）一书中指出"人们身处的城市环境就是城市建筑的要点所在"，其追求视觉美感体验、城市美化与限制新建政府"特征控制"的目标在一定程度上与"新城市主义"理念类似，也在其后柯林·罗（Colin Rowe）的《拼贴城市》（*Collage City*）、凯文·林奇（Kevin Lynch）的《城市意象》（*The Image of the City*）以及简·雅各布斯（Jane Jacobs）的《美国大城市的死与生》（*The Death and Life of Great American Cities*）等书中有所体现。

如果说霍华德、奥姆斯特德、赖特以及提倡现代主义城市建设的勒·柯布西耶等人的城市规划学说有种预想的合理性和实务性，那么雅各布斯所提出的"街道芭蕾"理论（Street Ballet）、扬·盖尔（Jan Gehl）所提倡的"人性化的城市"以及后现代主义城市理论思潮则均不约而同地将目光转向更多对于"人本主义"的关注，他们对城市过于理性和科学的规划设计进行了适度批判，更加尊重城市中差异化的社会和人文需求。这种试图综合强调城市建设的合理性和创造性的学理认知对于城市空间结构提出了更高的要求，深入其中的意蕴可以表示为，现代主义致力于将理性解决方案强加于混乱的城市空间，而后现代主义则倾向于颂扬本土性特征和异质性风格。

美国城市规划的兴起与发展，主要来自19世纪末20世纪初进步主义时代的几个改革运动——城市景观运动、住房改革运动和美丽城市运动。[1]从19世纪中期开始，景观设计师、建筑师在美国城市发起了城市景观运动，试图通过建立公园和林荫大道体系，将自然景观植入城市空间。1853年纽约州立法机构授权进行一项被称为"中央公园"的工作，奥姆斯特德被任命为该工程

---

① 何奇松.美国城市规划的兴起［J］.历史教学问题，2003（3）：7-10.

的主管，他的工作重点是把整个城市与自然环境相联系。在住房改革运动中，他试图借助英国人霍华德的"花园城市"思想来解决城市人口拥挤等问题。他设想城市中心有一个花园，四周被建筑物环绕，再往外是带有花园的住宅，边缘区是工厂和市场，再往外是农业用地，道路两旁种植着各种各样的树木。与此同时，美丽城市运动也应运而生，很大程度上归功于1893年芝加哥举办的世界博览会（以下简称"世博会"），世博会的核心区域被建成一个童话般的国度：中央是巨大的长条形水池，水池两侧的道路上布置着大片绿地和巨大的雕塑作品，周围几乎全是新古典主义的建筑，这些建筑几乎全是白色的。"白城"（White City）向世人充分展示了当建筑、规划、景观、雕塑、装饰等各方面的设计师在全面高度合作下能将城市美化成什么程度。19世纪后期，美国仍以法国文化为风向标，崇尚新古典主义建筑风格。这一时期北美的大都市中出现了大量"学院派"风格的公共建筑，这些纪念碑式的建筑和与其相匹配的大尺度城市空间，彰显着美国的崛起和那个工业时代的繁荣。

　　从微观层面，笔者具体介绍一下美国首都华盛顿18—19世纪的城市美化规划，其中的两个主要的规划案奠定了华盛顿城市景观发展的基础，即朗方规划和麦克米伦规划。①1791年，华盛顿市政府从法国请来了建筑师和土木工程师皮埃尔·查尔斯·郎方（Pierre Charles L'Enfant）。华盛顿原是一片灌木丛生之地，地势相对平坦，郎方的规划首先确定了国会和总统府在城市中的核心区域位置，在二者之间安排了公共花园和宽阔的大道，以国会大厦为轴心，开辟13条大道向四面八方辐射，大道交汇处形成15个城市广场。此后，1893年芝加哥世博会的举办，让越来越多的人呼吁对于首都城市环境的改善。1901年，美国政府成立了一个参议院公园委员会（Senate Park Commission），由参议员詹姆斯·麦克米伦（James McMillan）倡导成立并担任主席。在次年确立的"麦克米伦规划"（McMillan Plan）中，他建议修建大量的公园，以公园来环绕城市，以简单开阔的草地和林荫路营造一种线性景观（wide, open vista），并将一些新古典主义风格的博物馆和文化中心安排在林荫大道的东西

---

① 张红卫.美国首都华盛顿城市规划的景观格局［J］.中国园林，2016（11）：62-65.

向轴之上。此后的100多年里，陆续又有了一些城市公园系统规划、纪念性景观和博物馆总体规划等，它们都是在郎方规划和麦克米伦规划的基础上不断修改和完善建立的。另外，在国会参议员的推动下，推出美国城市从美学角度出发的城市规划法案，其目标主要有：通过改造美国首都的面貌，达到与欧洲在文化上的平等；更好地纪念国家的缔造者们；通过美国的城市建设，提升市民的生活品质。

可以看到，郎方规划的重要作用是确定了华盛顿的中轴线，从国会山向东西两侧延伸，这根长轴线对整座城市的规划有着约束控制的意义。尔后，麦克米伦规划的主要贡献是在朗方规划的基础上创建了壮观的"国家林荫大道"，两侧种植了4排美国榆树，中间是草坪，形成了一种宏大的线性景观。另外，麦克米伦在规划中还设置了围绕核心区域的纪念性景观集群和文化设施集群。以华盛顿纪念碑（Washington Monument）为中心，它的一侧围绕着白宫（White House）、林肯纪念堂（Lincoln Memorial）、马丁·路德·金纪念碑（Martin Luther King Jr Memorial）、罗斯福纪念馆（FDR Memorial）、杰斐逊纪念堂（Jefferson Memorial）、美国国家二战纪念碑（World War II Memorial）等纪念性景观集群；与华盛顿纪念碑、林肯纪念堂同在一条中轴线上并与之遥遥相望的是美国国会大厦（U.S. Capitol），这三座建筑物中间是一条漫长的林荫大道，大道两边耸立着不同类型的博物馆，包括非裔美国历史博物馆（Museum of African American History）、美国历史博物馆（Museum of American History）、美国自然历史博物馆（Museum of Natural History）、美国国家美术馆（National Gallery of Art）、赫什霍恩博物馆（The Hirshhorn Museum）、美国国家航空航天博物馆（The National Air and Space Museum）、美国国立印第安人博物馆（Museum of the American Indian）以及美国国家植物园（U.S. Botanic Garden），它们大体上归属于集收藏、展览、研究、交流和教育功能于一体的史密森尼博物学院，是美国乃至全世界最大的博物馆群，负责行政办公和信息收发的史密森尼城堡（Smithsonian Castle）也位于广场一侧。

在城市规划中，协调博物馆与其他文化设施的关系其实就是做到让城市博物馆、城市文化设施与城市和城市居民之间保持一种可持续的和谐关系。[①]让具有标志意义的大型文化设施形成集群，将博物馆、图书馆以及城市行政中心分布在核心且邻近的区域，如主要纪念碑和博物馆均分布在"国家林荫大道"的两侧等。同时，让地铁线路与林荫大道彼此对应，在每个大型设施附近均设有地铁站点。为了避免"文化不均"的现象，纪念碑、博物馆、行政中心虽有各自的集群，但三者之间也会相互融合，如伦威克美术馆（Renwick Gallery）远离其他文博馆且设置在白宫附近，而饶有趣味的国际间谍博物馆（SPY Museum）坐落在远离林荫大道的几环之外，美国国家档案馆（National Archive）设置在博物馆文化圈层之中，以此保证城市居住环境的公平、合理、方便、快捷、舒适。理解博物馆文化并获得更好的体验效能，需要同时介入宏观和微观的视角维度，以兼容并蓄的态度来感触多元文化之间碰撞和融合所产生的活力源泉。

（二）主要的"公众教育"职能

美国博物馆先驱们在创办博物馆之时，就设想了博物馆对国家、公众所承载的教育职责和功能。19世纪末期，作为一个移民国家，美国将博物馆视为教育的催化器。[②]博物馆有着帮助不同文化、不同语言、不同地域的人们了解学习美国基本文化的义务和责任。美国博物馆从早期至今的发展过程中有着很强的公共教育属性。19世纪末20世纪初，人们通过新闻媒体要求大都会艺术博物馆和史密森尼学会等大型博物馆在周日向大众开放。博物馆实行周日开放政策以来，观众的数量大幅度上升，馆内讲座、讲解、宣传等活动也相应增多。美国博物馆的教育职能由此更多地凸显出来，从与欧洲博物馆发展早期类似的"以藏品为中心"转向"以观众为中心"，其主要任务是满足观众的信息获取、知识增长、社交文娱等方面的需求。当时，约翰·杜威（John Dewey）的实用主义教育思想逐渐成为美国教育思想主流。杜威主张从实践中学习，促使教学空间向博物馆拓展。爱德华·P. 亚历山大（Edward P.

---

① 张琨. 城市博物馆建设规划与城市文化设施布局的相互作用［C］//. 中国博物馆协会城市博物馆专业委员会，郑州博物馆. 城市博物馆规划与建设——中国博物馆协会城市博物馆专业委员会第九届学术年会论文集郑州：郑州博物馆，2017：6.
② 香农，伍彬. 美国博物馆教育的历史与现状［J］. 博物院，2018（4）：43-49.

Alexander）所著的《美国博物馆——创新者和先驱》一书中，介绍了13位博物馆领导者，这些专家都普遍认为藏品或标本收集固然是重要的，但与藏品或标本的保存和布局相比，对公众的教育以及对社区的服务更为重要。[①]在"终身教育"思想的激励下，美国博物馆提出了"全方位教育"理念，并在1984年美国博物馆协会发表的《新世纪的博物馆》报告中将"非正规教育"和"终身教育"作为博物馆的重要特征。[②]

在博物馆发挥公共教育的职能方面，美国广泛地施行策展和研究机制，率先起用了"策展人"（Curator）制度。"Curator"包含策展人、研究员、管理者、主管等多重含义，一些学者还认为策展人具有"研究员"的重要职能；从教育角度来看，策展人是展览过程中的教育者，其一系列展览开发活动就是对教育方式的前期设计和后期评估。[③]总体上，策展人的职位目标是通过登记造册、整理收藏、学术研究，以及借助展览、出版物、讲座、公共项目、公众调查等方式传播藏品的相关知识。[④]安娜·比林斯·盖洛普（Anna Billings Gallup）是布鲁克林儿童博物馆的策展人，也可以说是世界上第一位策展人。1905年，大都会艺术博物馆宣布给每个部门设定策展人，让其发挥部门的领导职能。这些策展人"精通或掌握他所在的专业领域的知识和经验，不仅有能力指引和安排部门的工作任务，也有能力不断推进部门的发展，并发掘其教育潜能"[⑤]。策展人不应仅埋头投入对收藏的研究，并把专家和学者当作最为主要的观众，还应与教育委员、设计员和行政管理人员组建成一个团队，齐心协力地扩大整座博物馆的教育影响力，如广泛地与学校、社区、图书馆、俱乐部、影院等群体或部门保持密切联系，定期兴办一些教育性质的公共活动，号召大众参与其中，得到切实的信息并使知识水平提高。1906年，

① 亚历山大.美国博物馆：创新者和先驱［M］.陈双双，译.南京：译林出版社，2016：15.
② 赵梅.博物馆：生动讲述美国故事［N］.社会科学报，2016-08-25（006）.
③ 郭佳雯.美国科技博物馆展览开发中公众参与的研究及启示［J］.自然科学博物馆研究，2018，3（1）：93-100.
④ 艾兰.美国博物馆常设策展人的角色定位及对策展人制度的启示［J］.民博论丛，2019（1）：152-160.
⑤ PECK A, SPIRA F. Making the Met：1870—2020［M］.New York：The Metropolitan Museum of Art, 2020：50.

美国博物馆协会成立，宗旨是知识共享、提高博物馆水平，关注博物馆业所共同关注的议题。

美国博物馆的建立以及大多数馆藏是由收藏爱好者协会或大收藏家"赠予"的。惠特尼博物馆最早是由建筑家、收藏家格特鲁德·范德比尔特·惠特尼女士（Gertrude Vanderbilt Whitney）于1918年成立的，她的整个家族都在铁路、烟草、原油、传媒等行业有着极高的威望，惠特尼美术馆的新楼由意大利建筑师伦佐·皮亚诺（Renzo Piano）设计，2015年投入使用，是纽约最大的"无柱"建筑。还有像弗里克收藏馆（The Frick Collection）这样的私人艺术博物馆，弗里克收藏馆位于曼哈顿第五大道70街原亨利·克莱·弗里克住宅里。很多社会精英人士或富裕阶层，会将其家产打造成博物馆，向大众开放参观，并且，大多数私人博物馆附着公益性质，用低廉的门票带给观众愉悦的视觉和精神享受。就馆藏艺术品而言，艺术品或文物也大多依赖基金捐赠。例如，大都会艺术博物馆的董事会成员纳尔逊·洛克菲勒（Nelson Aldrich Rockefeller）就将他的原始藏品全部捐赠了出来。值得一提的是，大都会艺术博物馆在创馆早期为大众所提供的艺术品并不是原作，但此情形在1920年以后有大幅度的改观，当时，雅各布·S.罗杰斯（Jacob S. Rogers）为大都会留下了500万美元巨资，这份厚礼让博物馆有充足的财力去购买类似勃鲁盖尔《收割者》那样的艺术珍品。美国大多数博物馆已经将"捐赠"作为主要的收入方式，并对学校师生参观团体给予免费优惠，以此凸显其为广大公众服务的公益服务职能。美国大都会艺术博物馆自1970年起实施自愿付费参观政策，一进门的售票区域，摆放着一张一米来长的书桌，桌上散放着各种不同样式的圆形胸针，胸针圆牌上写着"成人""老人""学生"等不同的标识字样，建议成年人、老年人和学生参观者分别支付25美元、17美元和12美元参观费用，当然，游客可以自愿选择支付与否。[①]

此外，志愿者团队的组建也是促进美国博物馆长期可持续发展的主要运转机制。回溯历史，1908年左右，大都会博物馆随着参观人数的日益上涨，

---

① 新华网.纽约大都会博物馆将实行新门票规定［EB/OL］.新华网，2018-01-06.

越来越多的博物馆开始设置专业导览服务的人员（museum guide or instructor），他们大多具备志愿服务工作属性。时至今日，大都会在进门前台区域设置了"电子讲解器"租借台，7美元（无须押金）即可租得一部内置不同语言讲解功能的苹果手机，讲解内容可以覆盖各大重点展厅。大都会艺术博物馆内设有针对残疾人、老年人和小孩的优惠服务，还提供价廉物美的自助餐以及休闲享受的"空中花园"。

（三）"以观众为中心"的文化体验

回顾历史，古董奇珍室（wunderkammer）比公众收藏品展览要早200多年。直到19世纪中叶国家博物馆的出现，普通公众才得以有机会入馆参观。[①]20世纪70年代，"新博物馆学"理论兴起，博物馆开始被视为一个"交流的空间"，一个基于社会维度之上与人类意义对话的空间，而不仅是文物藏品的保管者。在体验经济模式的冲击下，美国一批新锐博物馆甚至提出了"观众至上"的口号，将博物馆的馆长、研究员、专业人员从高高在上的权威者、教育者、传播者转变为围绕观众的服务工作者。[②]

首先，博物馆在展陈上会从以往的"以藏品为主"向"以观众为主"过渡。传统的展陈方式并没有对文物之间的关联投入相应的关注度，在很多情况下，藏品与藏品之间的关联并不十分明晰，而现代博物馆更注重基于文物之间的关联所呈现的叙事结构和叙事内容，告别以往僵硬的文字介绍形式，更加倾向于配合多种媒体介质以"故事讲述"的方式进行相应的文物展陈，以此更好地提高面向大众的文化传播效能。

其次，公众的参与反馈也贯穿至展览策划、展览制作以及展览使用阶段，以此对于展览进行前置性、过程中和总结性的评估。在展览开发过程中，需根据展览类型、参与者年龄、知识水平、兴趣爱好、立场价值观等因素来对公众的参与程度进行选择和调整。一般而言，公众参与方式据参与程度不同

---

① 李珂珂.人工智能时代美国博物馆展览与公共教育公众参与模式研究［J］.艺术教育，2020（3）：227–230.

② 李林.体验经济时代的博物馆变革与反思——以美国康纳派瑞历史博物馆创新经营模式为案例［J］.东南文化，2015（4）：107–112.

可分为三种类型：策展人主导、平等合作和公众主导。[1] 参观体验也是衡量博物馆展览成功与否的重要标准，其中包含审美体验、情感体验、生理体验等。

在智能融媒体乃至其后的"N Generation"时代，未来博物馆的发展趋势在很大程度上会与其他社会公共服务设施深度耦合和连接，城市文化空间会在更大的层面上拓展，深度地嵌入人们的日常生活实践，一些未来科幻电影中展现的空间景象将成为现实。

二、美国博物馆空间的文化体验

体验经济（the experience economy）被称为继农业经济、工业经济和服务经济阶段之后的第四个人类的经济生活发展阶段。哈佛商学院的经济学家约瑟夫·派恩（B.Joseph Pine II）和詹姆斯·吉尔摩（James H. Gilmore）在1999年合著的《体验经济》一书中率先提出了"体验经济"概念[2]，指出随着社会的不断发展和人们需求的不断提高，消费者已不再满足于产品和服务的使用价值，而更注重消费过程带给他们的愉悦享受和知识赋能。本部分在上述对美国博物馆诞生和发展理念的宏观背景进行了概述的基础上，从微观层面具体论述博物馆的情景设计和构建观念维度的方法技艺，以此从总体上把握美国博物馆在"以观众为中心"的基础上进行文化空间建构的思维理念和应用实践。

（一）回溯历史，历史场景还原

无论现代传播技术如何多元复杂，博物馆的永恒魅力仍旧是其无可替代的"真实性"。在观众眼中，无论是展柜中的标本、藏品、文物、艺术品，还是馆内复原的历史或自然环境，都是最接近真实的。[3] 美国博物馆运用空间进行真景复原的技艺在世界上首屈一指。真景复原，意指在开阔的空间范围内

---

[1] 郭佳雯.美国科技博物馆展览开发中公众参与的研究及启示[J].自然科学博物馆研究，2018，3（1）：93-100.

[2] B.约瑟夫·派恩，詹姆斯·H.吉尔摩.体验经济[M].夏业良，鲁炜，等译.北京：机械工业出版社，2002：6.

[3] EDSON G, DEAN D. The Handbook for Museums[M]. London: Routledge, 1994: 155.

真实地复原出文物原来所在的自然与人文环境[①]，目的是更好地体现文化的意蕴和内涵。真景复原与原状陈列还是有所差别的，前者围绕文物由人工制成小区域的场景，而后者重在切实还原文物本身在历史上的真实环境。与大英博物馆、卢浮宫、俄罗斯圣彼得堡美术馆齐名，位于纽约市中心的大都会艺术博物馆，始建于1870年，占地面积约13万平方米，主体建筑为三层高的哥特式建筑，外观气魄雄伟、庄严壮观。大都会艺术博物馆内展示这城大体分为19个馆，囊括埃及艺术、古希腊和古罗马艺术、亚洲艺术、美国艺术等，馆藏奇珍异宝，满是来自世界各地的大师作品，横跨人类五千年文明。如果论及馆内最有名的全景复原艺术，当数位于二楼亚洲部中国艺术展厅的"明轩"。

图4-2-1　大都会中国馆"明轩"[②]

明轩是以苏州网师园内的"殿春簃"为蓝本移植建造的，占地面积460平方米，建筑面积230平方米，庭院根据博物馆内的条件和要求专门设计。相传1978年冬天，应建筑大师贝聿铭之邀，同济大学陈从周先生亲赴美国，为大都会艺术博物馆设计了被誉为"明轩"的中国"园林"，这一"园林"也成为中国园林走向海外的开山之作。庭院的设计，巧妙地运用了空间流转和过

---

① 刘连香.试论美国博物馆展览中的场景复原［J］.博物馆研究，2012（4）：10-15.

② 新华社.美国纽约大都会博物馆里的苏式园林（组图）［EB/OL］.新华网，2017-04-24.http://www.xinhuanet.com//world/2017-04/24/c_129567025.htm.

渡的手法，曲折的回廊、朱漆的廊柱、伏脊的飞檐、柔暖的纱灯、清澈的鱼池，让观众感受到了明快淡雅的艺术气息。"明轩"所用的小灰瓦、滴水等材料都是在中国窑厂烧造后与太湖石一起运至纽约的，连伫立在庭院两旁的几丛修竹和两棵芭蕉，也都来自苏杭。整座中国苏州"园林"，从宏观环境结构到微观材料铺设，均与其故土别无二致，将置身于其中的观众霎时间带到遥远且有着古朴艺术特色的"异乡"。

其次，博物馆的建筑风格有时也是对于历史的回望和追溯。1876年，查尔斯·威尔逊·皮尔（Charles Willson Peale）创建了费城艺术博物馆（Philadelphia Museum of Art），它是美国最早建立的一批重要的博物馆之一，以展示自然历史为主。整个博物馆采用古希腊神殿式的建筑风格，气势雄伟、庄严肃穆，被称为"美国的帕特农神庙"。要到达博物馆入口需要徒步登上72级台阶，登上顶端之时可以俯瞰整个富兰克林大道及其尽头的市政厅。费城艺术博物馆自然科学方面的藏品极为丰富，多达30多万件，馆内有一些具有代表性的收藏，如采用剥制术制造的动物标本、一具约在一万年前灭绝的乳齿象的骨架、毕加索的《三个音乐家》、莫奈的《日式桥与睡莲》、杜尚的《大玻璃》、凡·高的《向日葵》、塞尚的《大浴女》、鲁本斯的《被缚的普罗米修斯》，还有皮尔绘制的美国独立战争时期的战斗英雄，吸引了众多学者和普通观众。整个博物馆主建筑仿效了希腊复兴时期的艺术风格，宫殿由一排排罗马柱支撑着，殿宇的顶梁上雕刻装点着色彩丰富的古希腊众神像，还有一只被喻为"保护神"的狮鹫形象，它拥有狮子的身体以及老鹰的头和翅膀，在波斯神话里被称为"Homa"，象征着智慧和力量。

图4-2-2 费城艺术博物馆 [①]

除了馆内场景的主题性打造以及建筑风格的历史追溯，还有对于历史事件遗址的保存和发展。为纪念在2001年"9·11"事件和1993年2月26日卡车炸弹事件中遇袭的3000名罹难者，纽约在原世界贸易中心双子塔地下空间建成了美国9·11国家纪念博物馆（National September 11 Memorial & Museum），该馆于2014年正式对外开放。该馆占地面积约1万平方米，是世贸双子塔纪念广场（National 9/11 Memorial）的重要组成部分。策展团队开展了收集诸多口述历史访谈材料的活动，该项活动开放式地面向全球进行征集，为更大程度地还原"9·11"事件环境创造了条件，将信息转化为可以感知的背景（环境），如"10时03分93号航班劫持和坠毁""世贸中心内部""铭记"等展项。另外，美国9·11国家纪念博物馆主体建在地下空间，地上在双子塔被破坏的区域修建了两个方形瀑布，在地基中央位置屹立着一座高达11米的遗址留存立柱，灾难发生后立柱上被粘贴上了各种留言、纪念品和失踪者信息。博物馆同时借助多媒体设施，在前方触摸屏上呈现一些感人故事，与柱上留言信息相互对应和关联，观众手触点击后便能阅读，打造共情共景的感人悼念情景。

---

① 图片来源于美籍华人王艾嘉原创摄影。

（二）回归自然，原初生态展现

美国自然历史博物馆对自然生态景观和故事发生场景进行了极大可能的复原。进门硕大的泰坦霸王龙、悬在空中的巨型蓝鲸、屹立在大厅中央的猛犸象，几乎所有动物的标本都是按实物1∶1比例立体还原保存的，一下把观众投入远古自然环境之中，并且使参观者在脑海中将图影与电影《博物馆奇妙夜》中讲述的馆内人物、动物、标本等展品复活的故事联系起来，形成多维度的激荡和碰撞。

美国自然历史博物馆一共拥有45个展厅，契合着人类自然发展的时间轴顺序对标本进行展陈，空间叠放错落有致，庄严和唯美互嵌。一只极受欢迎的约有150吨体量、长达94英寸（1英寸≈2.54厘米）的蓝鲸从米尔斯海洋生物家族大厅的天花板悬挂下来，整座空旷巍峨的殿宇与透着蓝光的穹顶相互衬映，宛若一望无际、浩瀚无垠的大海，海面时时泛起的波涛在鱼尾的摆动下波光粼粼，殿内光线时而温暖、时而暗淡，呈现的光景与天际气候的变化彼此呼应，使身处于巨鲸腹部下方、仰头观望的人们显得如此渺小，营造出一种戏剧化的对比冲突效果。同样，鸟臀目恐龙厅（Hall of Ornithischian Dinosaurs）、蜥臀目恐龙厅（Hall of Saurischian Dinosaurs）、米尔斯坦高级哺乳动物大厅（Milstein Hall of Advanced Mammals）中所展现的巨型恐龙骨架也令人感到震撼；冰河时代中存活的猛犸象、乳齿象、地懒、剑齿虎等大型哺乳动物模型在展厅中成群"昂首向前"的姿态生动地还原了它们在10000多年前艰难跋涉穿越北美大陆的情景。

a

b

图 4-2-3　美国自然历史博物馆内展品[①]

---

① 图片来源于美籍华人王艾嘉原创摄影。

除了静态的标本展示和相应的自然场景复原，美国自然历史博物馆中还设有动态的活体观赏区域，这里的"蝴蝶展"远近闻名。观众顺着指引穿过两扇分别垂挂着铁链和幕帘的门槛，映入眼帘的是一片欣欣向荣、鸟语花香的丛林花园景象，有些墙面上挂着昆虫类标本，让人目不暇接的莫过于在这个偌大"花房"中漫天飞舞的蝴蝶，它们穿着五彩斑斓的"彩衣"在人群中翩翩起舞，时而在上空盘旋，时而靠近身旁嬉戏，一时间竟然打破了人们对于"博物馆"僵硬的固有认知，仿佛眨眼间来到热带雨林般的"动物园"。这种"活态"群舞飞扬般的场景展示比静物标本更具吸引力和说服效果，在缓解参观者在馆内长时间步行后的乏累的同时，用新颖真实的动态景观让人们在不知不觉中汲取了新的知识，不仅近距离地鉴赏到形态各异的蝴蝶种类，还了解到了它们喜欢的植被环境。

（三）寓教于乐，互动参与叙事

观众参与体验的维度是多重的。学者约瑟夫·派恩和詹姆斯·吉尔摩用四个坐标象限勾勒出不同的体验范围，体验的第一种维度（横向坐标轴）用来表示观众的参与水平，左端表示被动参与，右端表示主动参与；体验的第二种维度（纵向坐标轴）对应的是参与者和背景环境的关联，上端表示吸引式，下端表示浸入式；这两种维度的结合产生体验的四种范围，即娱乐性、教育性、逃避性和审美性。[①] 在很多时候，这些体验维度是交错重合的。博物馆作为"非正规教育"和"终身教育"的重要场所以及休闲娱乐的地方，常常给予参观者寓教于乐的观感享受，并唤起他们的相互交流和共同参与的潜能。1969年，弗兰克·弗里德曼·奥本海默博士（Frank Oppenheimer）在旧金山创建了一座科学和技术博物馆，将其命名为"探索馆"（The Exploratorium）。馆内有600多件实验品，每件都与一个科学知识相对应，总体上涉及力学、光学、声学等各个应用领域，其中有上百个互动式、"动手操作式"（hands-on）的展品，都需要观众的参与，能帮助观众理解各种各样的科学原理。此外，探索馆通过网站、移动程序等形式，为全世界的孩子提

---

① B.约瑟夫·派恩，詹姆斯·H.吉尔摩.体验经济 ［M］.夏业良，鲁炜，等译.北京：机械工业出版社，2002：38.

供优质的数字资源。

"体验式农场"是康纳派瑞历史博物馆（Conner Prairie）首先推出的创新体验项目，项目引入怀特哈钦森儿童娱乐教育研究中心（White Hutchinson Leisure and Learning Group）的专业团队，大胆尝试在庄园的附属农场引入活体动物，让观众与动物能够亲密接触。在农场之中，观众可以自由漫步，与动物们嬉戏玩耍，或是在专业人员的辅助下喂养动物、清洁它们的皮毛。在一系列亲密接触自然的体验中，儿童能够以一种更具趣味性、更生动的方式获得在电视、书本上难以学到的科学知识，从而进一步激发他们的热情，鼓励他们持续探索奇妙的科学世界。此外，康纳派瑞博物馆还在大规模调研的基础上，引入了更多丰富的体验活动，一改博物馆的严肃面貌，极大地激发了观众对知识的兴趣。在"回到派瑞镇"以及"1863南北战争之旅"的体验活动中，博物馆遵循"真实性"的原则，还原了19世纪的派瑞镇以及南北战争时期的生活样貌，并通过角色扮演的方式，让观众"穿越"到过去，以第一人称的视角真实体验当时人们的生活方式和礼仪习俗，以此感知历史发展的脉络。为纪念著名的科学探险家约翰·怀斯（John Wise），博物馆还设计了"热气球之旅"活动，让观众不仅能够在实景中深入了解热气球的制造原理，还能进行飞行体验，其项目的受欢迎程度也远超博物馆预期。可见，教育作为博物馆重要的目的之一，也需要适当以娱乐为手段，通过趣味性的方式来激发观众对知识的向往，从而达到真正的"寓教于乐"。

位于纽约州罗切斯特市的美国斯特朗国家玩具博物馆（Strong National Museum of Play）是世界上最大的玩具历史博物馆，收藏了从古至今各种与学习相关的玩具。另外，博物馆收藏了人类娱乐活动的重要组成部分——电子游戏，无论是古老的俄罗斯方块，还是最新的日本电子游戏，观众都可以在博物馆中找到。美国斯特朗国家玩具博物馆致力于探索玩具和游戏的发展历史，始终提倡通过互动和亲身体验来了解美国的历史，因此，馆内几乎所有藏品都具有互动性。观众可以在桌游展厅任意选择一款桌游与工作人员共同玩耍，了解其玩法及其背后的历史背景，也可以在街机展厅亲自体验横跨一两个世纪的150多款不同风格的弹球机，在玩耍中了解这些玩具乃至其背后文化的变迁史。

可以看到，博物馆一系列"娱乐化"的手段在突出观众互动的基础上，以更为生动活泼的形式为观众带来了更优质的阐释、理解和参与，这也使它成了博物馆互动传播中尤为重要的一种方式或手段。

（四）虚实结合，拓展展陈空间

数字技术的快速发展，更进一步从多维度夯实了以观众体验为核心的展示空间规划设计和服务理念。声、光、电等智能技术的应用，一方面得以在静态的馆藏空间中更好地探触满足观众天然戏剧化、刺激性的感官知觉享受等需求，另一方面意在不断拓展展映物理空间并有效引导观众进入知识求索的快捷隧道，以此更好地发挥博物馆的内涵价值。数字媒体以其特有的交互性、多感性、沉浸性，不仅对普通观众有着很强的吸引力，更有助于观众更好地理解和吸收知识。[①]美国国家自然历史博物馆拥有一套被称为"皮骨"（Skin and Bones）的应用程序，可以通过3DAR技术与追踪技术，使博物馆中的13架脊椎动物骨骼重获生命。此外，物理空间和虚拟空间在一些创意理念和情景叙事的要求作用下进行交互、堆叠和镶嵌，促进文博空间的多维度生成，也让空间体验变得日益丰富和重要。如观众在智能手机上安装"皮骨"APP之后，可以从博物馆展映墙示意图中选择自己感兴趣的动物，然后通过相应的视听体验选项进行收听收视，以此达到在多样化场景中学习的目的。在感官刺激并带来多维立体化体验之时，可以在很大程度上激发参观者的学习热情和深入探索的潜能，以此达到在"情境中体验，体验中学习"的目的。

坐落于华盛顿的美国新闻博物馆（Newseum of America）在创建伊始便十分注重对观众的体验，该博物馆通过引入数字媒体技术，搭建出一个可供观众进行多维操作的互动空间，并从中呈现新闻及其背后的内涵。在VR体验厅中，观众可戴上头盔，作为"亲历者"进入新闻现场，以一种身心俱在的方式来"体验"新闻，形成一种对新闻事件的临场感知，从而上升为真正的

[①] 温京博.数字媒体介入下的博物馆情境设计——以美国新闻博物馆为例[J].艺术设计研究，2019（2）：86-90.

个人经验。在呈现"1989年柏林墙拆除"这一重大历史事件时，博物馆也把数字化的展品融入实体藏品，将巨大的涂鸦墙体与数字媒体进行巧妙的结合，使整个事件更加全面、立体地呈现在观众眼前，这种方式打破了博物馆传统的收藏与展陈方式，也为观众带来了更为多元的感知与体验视角。可见，越来越多的数字内容都被纳入博物馆的情景设计之中，这种数字技术的介入将博物馆的展陈空间从实体空间延伸至虚拟世界，为博物馆展陈开拓了更加新颖的领域，也有助于观众对知识的理解与接纳。

此外，随着智能媒体技术的更新迭代，人类社会已经进入"万物皆媒"、互联互通的时代，在传统语义的物理空间中建立的静态博物馆也有了活态和流动的媒介属性。展陈体验囊括了受众的"听觉、视觉、触觉、味觉、嗅觉"五种感觉，"五感"的有机搭配与融入科技的介质空间进行融合，以此促进受众与展品之间的深度交互。于2014年重新开馆的库珀-休伊特·史密森尼设计博物馆（Cooper-Hewitt Smithsonian Design Museum）创意性地推出了一款兼具交互与存储功能的移动"数字笔"，这款数字笔具有移动触控功能，可以将其与沉浸体验、设计式互动、空间投影等项目融合于一体，在人与展品之间创造一种新型触感互动体验。通过数字笔，受众不再只看到孤立的展品实物本身，而是借助这一媒介了解展品背后的故事，以此让观众更好地了解历史、感知文化。在馆内还有"触摸屏互动桌"等设施，参观者执笔在桌面上绘出图形之时，桌面即可瞬时显示出相似或有所关联的作品。数字笔就像"魔杖"一样，可以在馆内随意挥舞，使观众仿佛在整个博物馆空间中遨游。此外，数字笔中还收纳了多种多样的壁纸，能随观众所动添加古典、简约、现代等花纹元素并保存下来，形成艺术感满满的合作式情景空间，体验过后还可以在博物馆设置的"个人网站"中下载保存。多元化的参与形态赋予了观众持续参观的热情，也给馆内展示物增添了生命能量。

三、小 结

整体而言，城市规划塑造了一个城市的文化空间氛围与格局，并协调了城市博物馆、城市文化设施与城市和城市居民之间的关系。美国博物馆的内外空间建构正是在国家的城市规划设计下，将"公众教育"的理念视为重要特征，并围绕观众的文化体验，营造出的独树一帜的博物馆文化。

博物馆展览具有空间性、非正式性和多感官性等特征[①]，其中打造的文化体验也需要在广阔的全球视野与厚重的历史观的基础上，结合博物馆的诸多特征，利用多维规划设计，调动观众的多元感知，从而促进其认知产生。无论是场景塑造、情景还原，还是文化叙事、交互参与，均是"活化"文物以及增强传播效能的有效方式，其目的都是践行博物馆公共教育的职能，赋予观众更多、更好的文化内容产品，达到为社会公众服务的目的。这不仅是美国博物馆所承载的意义和目标，也是全世界博物馆未来可持续发展的动力和坚持。

第三节　从城市文化视角看巴塞罗那博物馆情景化

城市是人类文明的象征，是"一种特殊的构造……专门用来流传人类的文明成果"[②]。在刘易斯·芒福德（Lewis Mumford）的视域中，城市本质上是一个更具精神性质的复杂而巨大的文化磁体和容器。从空间维度看，城市强大的吸引力和聚合力使其不仅是权力的中心，更是文化的归极；从时间维度看，城市具有文化贮存、孕育、传承的功能。在城市发展、扩张的过程中，"不同疆域、不同部族、不同类型的生存方式当中最为精华的部分，都会在城市环境中得以浓缩"[③]。在城市发展的过程中，不同文化在城市公共交往中碰撞、交融、聚合，创造出独有的城市文化。城市特色来源于城市文化，城市文化是城市的内涵与灵魂。与此同时，高速的城市化进程在很大程度上带来了城市形象同质化的问题，"千城一面""地方消逝"正在成为受到人们关注的话题。

---

① 周婧景.具身认知理论：深化博物馆展览阐释的新探索——以美国9·11国家纪念博物馆为例［J］.东南文化，2017（2）：109-114.

② 芒福德.城市发展史：起源、演变和前景［M］.宋俊岭，倪文彦，译.北京：中国建筑工业出版社，2005：104.

③ 芒福德.城市文化［M］.宋俊岭，李翔宁，周鸣浩，译.北京：中国建筑工业出版社，2009：2.

当前出现的城市同质化问题，其背后所反映的正是城市文脉的断裂以及城市在高速发展中对地域特色的忽视，这一问题也使一些城市变成了空洞的容器。

博物馆作为对历史进行整理、保存和展出的场所，伴随城市的发展而诞生。博物馆作为重要的公共活动交往空间，也是塑造城市文化形象的主要力量之一。博物馆和城市本身互为映射，共同展示和影响着城市文化的发展。在新博物馆学的影响下，博物馆的重心出现由"物"到"人"的转向，越来越多博物馆根据人的需求来选择博物馆内容，人与博物馆展览展示构成了一种共同建构知识体系与社会价值观的双向平等关系。博物馆不再只是作为储物柜一般的存在，而是城市文化的传播者，以被展示的"物"为媒介与外界展开对话。可以说，博物馆已经成为"可沟通的城市"的文化内核。

"情景化"主题，从本质上而言，其实是博物馆尝试与公众平等对话的一种路径。博物馆与公众对话的一般过程，可以理解为对内容编码和解码的双向动态过程。编码，即展览设计者将思想内容符号化的展陈设计过程；解码，即观众对展示物的理解、体验和思考过程。情景化通过创造一种"身临其境"的博物馆展示环境，让观众更好地参与到博物馆展览体验当中，深入地理解展览符号背后所蕴含的文化内涵，在馆藏空间中形成一种与城市文化的沟通与连接。这种"沟通连接"在建筑学家克里斯蒂安·诺伯舒兹（Christian Norberg-Schulz）的理论中，被称为"场所精神"（Genius Loci）。场所，是由于人的介入而产生的。博物馆用情景化方式烘托生动的展示氛围，其主要目的可以理解为营造展陈空间的场所精神，而观众通过体验和感受来理解场所精神中所蕴含的城市文化。

面对现代化、数字化对城市地域特色的冲击，如何有效运用博物馆情景化展示手段营造场所精神以及更好地传承和保护地域文化特性，从那些历史悠久却仍独具魅力的城市博物馆案例中也许会找到答案。

一、巴塞罗那的城市文化发展

巴塞罗那是欧洲著名城市，历史悠久、底蕴深厚，关于巴塞罗那城市建立的起源可追溯到公元前400年。公元14—15世纪，巴塞罗那的城市发展进入繁荣期，形成了当今城市的雏形。1992年巴塞罗那奥运会让这座城市一举成名，为世界瞩目，政府趁势加快了巴塞罗那的城市建设，使其城市化进程至少加快了30年，一跃成为国际化大都市，更在此基础上提出了"文化就是城市，城市就是文化"（culture is city, city is culture）的口号，并以"知识城市"为目标，进行了城市文化产业规划。在规划过程中，巴塞罗那的建设者始终秉持着两个文化战略：一是使巴塞罗那成为独特的都市文化空间，让城市公共文化空间成为一个可协调的系统；二是让文化成为社会融合的重要元素，以城市公共空间为平台，促进公民的面对面交流，为不同文化的传播创造机会。巴塞罗那文化政策的提出，不仅吸引大批艺术家和创作者来到了这座城市，更让建设者们在更新城市的过程中注重艺术的本土化，结合当地居民的喜好和情感，在保留城市特色的基础上，对城市中的公共设施进行更新，既提升了公共空间的功能性，又保留了城市的原有气质。城市中的历史建筑大多成了各具特色的博物馆、艺术馆等公共景点，如老城区的毕加索博物馆、加泰罗尼亚音乐宫、巴塞罗那主教堂，拓展区的圣家堂、圣保罗医院、米拉之家、巴特罗之家、圭尔宫、安托尼·塔皮埃斯基金会博物馆，蒙锥克区的加泰罗尼亚国家艺术博物馆、蒙锥克城堡等。以这些公共景点为支点，巴塞罗那开展了丰富多彩的艺术文化体验活动，既促进了社会效益，又避免遗产保护的孤立僵化，同时也给当地带来了自由、开放的艺术氛围，使整个城市成为一个充满活力的有机体，形成了一种使区域个性与整体共性交融汇聚的场所精神。

二、地域性符号塑造的博物馆场所精神

地域性，是指与一个地区联系或相关的本性或特征[①]，是某个文化群体对地域的归属感和认同感。地域性文化是一种文化传统，是特定区域在自然环境、人文环境、社会环境三个层面相互关联和融合的表现，映射出这个区域的独有特征与特殊形态。城市文化便是基于地域性文化发展起来的，博物馆

① 杨鑫.地域性景观设计理论研究［D］.北京：北京林业大学，2009：11.

作为城市文化的"容器"，是"具有场所属性的城市公共空间，能够使人们超越物质和感官来体验城市环境的属性，感受场所的精神，认识地方的特征"①。作为城市公共领域的重要节点，博物馆起到了连接公众与城市的纽带作用，以其场所精神赋予人存在于空间环境中的方向感、认同感和归属感。在巴塞罗那的博物馆中，毕加索博物馆便以地域性文化特色作为场所精神，在展品、观众、空间与城市之间建立对话关系，从而进一步增进了观众对艺术家的理解以及对城市文化的认同。

毕加索博物馆（Picasso Museum）藏品丰富，拥有4251件馆藏，可以说是收藏巴勃罗·毕加索（Pablo Picasso）作品最为完整的博物馆。馆内藏品主要覆盖毕加索艺术生涯的早期、培训期和蓝色时期，还有1957年他对迭戈·罗德里格斯·德·席尔瓦·委拉斯凯兹（Diego Rodríguez de Silva y Velázquez，1599—1660）的《宫娥》（Las Meninas，The Maids of Honor）进行再次创作的一系列作品，揭示了毕加索创作起源和风格演变的完整过程。纵观毕加索的人物生平，他出生于西班牙马拉加，成名于巴黎，但毕加索博物馆坐落于巴塞罗那，这与艺术家和城市之间的深厚关联是分不开的。毕加索于14岁移居巴塞罗那，在老城区度过了他技艺训练、价值观形成的关键9年。西班牙作家何塞普·卡兰德尔（Josep Carandel）这样形容那时的毕加索："他看到了一切，他掌握了一切，他将一切用作他创作的原材料。"②这句话中的"一切"，其实指的正是巴塞罗那的城市文化。

巴塞罗那南面大海，北临高山，属于典型的地中海气候，冬季温暖，夏季炎热，全年少雨、日照充足，舒适的气候影响了城市布局与建筑特色。路德维希·密斯·凡德罗（Mies Van der Rohe）为巴塞罗那世博会设计的德国馆很好地表达了这座城市的建筑特点。在巴塞罗那老城区——哥特区（Gothic Quarter）中，如蛛网般密布的小巷子、随处可见的涂鸦、柳暗花明处的小型广场、古建筑遗迹与现代雕塑的融合，使行人漫步其间时，既可以看到空间整体又可以探索细节，亲手触摸古老的建筑纹理，仿佛能够感受到城市的真

① 程世丹. 当代城市场所营造理论与方法研究［D］. 重庆：重庆大学，2007：15.
② MUSEU PICASSO. 50 Years in Barcelona.［EB/OL］.Museu Picasso，2013.

实呼吸，切身地感受到周围世界的脉动。

城区建筑通常在三至六层之间，大而明亮的窗户、探出建筑主体之外的阳台作为连通内外空间的纽带。略显巴洛克风格的雕花、生机勃勃的植物盆栽、精美的手工艺品、加泰罗尼亚旗帜和黄丝带、阳台成为展示当地建筑特色和居民生活趣味的橱窗。毕加索博物馆位于哥特区蒙特卡大街（Monte Carte Street，Gothic）中的一处民宅。在毕加索生活的年代，这里是巴塞罗那先锋艺术家们的聚集地，文化名流们常常聚集于此，谈论着象征主义、自然主义、批判现实主义等艺术新思潮，这对毕加索产生了不可磨灭的影响，也奠定了他的艺术基础。

穿行于哥特区狭窄幽深的街道，仿佛走进了毕加索的艺术生活。三五成群的艺术爱好者常常友善提示外地游客博物馆就在不远的前方，然而博物馆门前除却石墙上一块类似门牌的标志，却再无任何明显提示，整个文博单位仿佛隐匿于市民生活辖区之中，与当地人们相互关照，并守望着彼此。

穿过拱形的廊洞，便进入了一间古朴幽静的民居宫殿的中央庭院，顺着台阶进入博物馆正厅之时，让人感觉仿佛不是去参观，而是去造访毕加索的家，可以与他进行亲切的交流。

图4-3-1　步入毕加索博物馆与艺术家"对话"①

① 图片源于课题组自摄。

毕加索博物馆的主体建筑可以说是加泰罗尼亚哥特式民用建筑的经典，由五座在历史上可追溯至13—14世纪的中世纪古宫殿组成。建筑内部风格简洁、装饰庄重，内部天花板的木质横梁结构在当地传统民居中依然延续使用。每座建筑均以庭院为中心，周围带有露天楼梯、尖顶拱廊和哥特式雕塑。建筑外墙主要采用沉重的石料建成，它在长年累月的风霜下渐变为浅灰白色的石墙，满庭栽种浓郁清香的绿色植物，处处洋溢着地中海人文风情。

踱步馆中，可以看到毕加索早年对不同艺术风格的尝试和探索，彰显着他饱满的创作热情和敢于创新的心态。他曾公开宣告"我永远是为我的时代而画"[①]。这种精神显现于他对西班牙艺术之父委拉斯凯兹的代表作《宫娥》的效仿上。另外，他对于历史的态度受到尼采的影响，认为过往的历史仅仅是对于现在生活的服务，他用再创作的方式与委拉斯凯兹这位西班牙民族精神偶像展开对话，以自己的风格重新诠释了真实与幻象的主题。博物馆空间设计也处处体现出这种古今对话的艺术气质。博物馆在保留原有的哥特式石墙、尖顶拱廊以及精致古朴的内部装饰的同时，对于废弃的部分也进行了贴近现代生活风格的改造。纯白、简约的现代化展陈空间，黑色钢材、大面积的玻璃窗等现代主义建筑中的常用语汇与古老的历史建筑完美融合，形成当代人文艺术与中世纪哥特式建筑之间的沟通与交流。

芒福德说："对话是城市生活的最高表现形式之一。"[②]博物馆成为观众与城市之间沟通的媒介。毕加索博物馆的精湛之处在于充分考虑到作品中所呈现的加泰罗尼亚地域特征和民族气质。参观者仿佛在体验艺术家曾经的生活，以一种宛若友邻的心理距离鉴赏艺术作品，感受到展示物、馆藏空间与城市之间的连接和呼应。整座博物馆仿佛是文化中枢，在人、物、城市之间搭建起对话的桥梁。

---

① 汝信．论西方美学与艺术［M］．桂林：广西师范大学出版社，1997：370.
② 王华．对话是城市的生命——刘易斯·芒福德城市传播观解读［J］．西南交通大学学报（社会科学版），2013，14（2）：104-109.

三、基于集体记忆的博物馆文化体验

法国社会心理学家莫里斯·哈布瓦赫（Maurice Halbwachs）认为，记忆是一种与他人、社会、环境密切相关的社会现象，是立足于现在对过去的重构，据此他提出了"集体记忆"（collective memory）的概念。法国历史学家皮埃尔·诺拉（Pierre Nora）在此基础之上提出，集体记忆应当从"场所"出发，"场所"是人与环境相互作用的产物，是空间、事件、意义的统一。博物馆的主要功能之一就是保存城市的文化记忆。参观者在博物馆参观过程中传承这些文化记忆，并将其"作为一种'体验'式的经历，长期存在于人的心理或意识之中，对以后的生活产生着影响"①。作为一个国际化都市，巴塞罗那博物馆需要服务于差异化的公众需求，而如何弥合公众之间的认知差异并创造一种集体共鸣的文化体验，成为博物馆体验设计中面临的一个重要议题，也许高迪（Antonio Gaudí）独特的空间理念值得借鉴。

高迪所设计的圣家族大教堂（Sagrada Familia）是巴塞罗那的标志性景点，也是这座城市的灵魂。圣家族大教堂（Sagrada Familia）是加泰罗尼亚现代主义运动（Catalan Modernist Movement）的代表人物高迪最后的作品，加泰罗尼亚现代主义是新艺术运动（Art Nouveau）在西班牙的发展分支。在圣家堂建设期间，巴塞罗那暴乱频发，第一次世界大战打响，整个欧洲正无可避免地陷入战争的漩涡，人们的生活支离破碎。因此，高迪希望创造一座由上帝引领的在人间永不坠落的新圣城，在圣家族大教堂这座新的"城市空间"中，人们将感受到和平、正义、幸福等一切人性中最为美好的东西。

（一）建筑主题

高迪被称为"自然之子"，自然元素是其建筑作品中永恒的主题。在圣家堂中，他以自然歌颂上帝。这种观点与生态学创始人恩斯特·海克尔（Ernst Haeckel）相仿，海克尔是达尔文进化论的坚定支持者，以一元论反对勒内·笛卡尔（Rere Descartes）的身心二元论，认为人的生物属性决定了人的身心都源于自然、寓于自然，人与自然并非对立关系。海克尔的一元论认

---

① 赵放.体验经济思想及其实践方式研究［D］.长春：吉林大学，2011：14.

为"实在""实体"等物质在宇宙中是唯一的，躯体与精神不可分割，上帝与自然同一。圣家族大教堂的建筑主题超越了教派、种族、民族，成了人与自然的关系表达，本质上具有一种超越性。

（二）数字象征

新艺术运动是以新材料、新思想等表现形式来追求建筑艺术的全新美学，它以几何形式实现了对古典建筑体系的扬弃。在高迪的设计中，建筑结构的尺寸数字具有了强烈的象征意义。教堂的高度略低于蒙锥克山，以此表达对自然生态的敬畏。在圣家堂的内部结构比例中，12和7成为比例的基础数字，12象征着一年12个月，也象征着人民，因基督教中有12位圣徒；上帝在7天之内创造了世界，数字7代表的是人类世俗理想的圆满；数字8指代神性与来世。另外，以7.5为比例基础，让人们感悟自己身处于人世与天堂的中间地带，高迪希望圣家族大教堂成为凡俗与神界之间的通路。

（三）光的表演

舞台灯光之父阿披亚（Adolphe Appia）认识到，光有着"无可比拟的感情力量"，"光之于空间，犹如声音之于时间，最善于表现其生命力"，光环境在很大程度上影响着空间氛围和情感表达。中世纪的哥特式教堂宣扬的是彼岸精神和灵性理想，整个教堂仿佛笼罩在一片昏暗之中，间歇洒落几许星光点亮走道回廊，使行走其间的人们只能抬头仰望高处"天国"的圣光。教徒在这种沉郁、阴暗的氛围中感到自身的渺小谦卑，在不断地忏悔中与肉体分离，让精神飞升至令人目眩神迷的"天国"。

在圣家族大教堂中，光成为最好的"布道者"。教堂顶部有大量的通光孔，墙壁四周镶嵌着巨型彩窗，鲜艳明快的光线布满穹顶，古树般粗壮的支柱撑起整座殿堂。圣洁明亮的光线让整个空间在形态、质感、色泽等方面充满了生命力，堂内的空气好像拥有了潺潺泉水般的流动感，耳边似乎时时在回响着神圣庄严的钟鸣乐章。

a   b

图 4-3-2 宛如天堂通路的圣家堂内部 [1]

　　充满生命活力的明亮光线给建筑空间带来了一种自由和舒展。甚至连被钉在十字架上的耶稣，也不再是传统印象中受难的模样，而是脚蹬踩在十字架上，昂头望着教堂顶端塔尖，仿佛随时准备超脱而出，自由地"飞升"。

图 4-3-3 传统基督像与圣家堂中基督像的对比

---

① 图片源于课题组自摄。

图 4-3-4　右下角的耶稣像仿若即将"飞升"[①]

卡尔·古斯塔夫·荣格（Carl Gustav Jung）认为，自然崇拜是一种存在于集体无意识当中的心理意象，蕴含着人类对于自然的原初体验，隐含着人对于精神彰显的内在需求。这种对于自然和神灵的信仰构成了"个体心理的真正基础"[②]，以"神的意象"体现"人类经验的整体和世界的本质"[③]，深刻影响着人、自然和世界之间的关系。以自然表达神性，使圣家堂的空间体验能够超越藩篱，直达人内心深处。在具体的空间表达上，光成为最为独特的设计要素。高迪以纯粹、抽象的光束来表现信仰与神性，有形无质的光线塑造着人与"神"之间可以感知却无法触及的距离。光对物质的渗透，使得物质也有了抽象层面的意义，似乎在整个空间内部营造出一种精神磁场，促使观众对空间的知觉感受转化为更有象征性的情感境界，让教堂成为一个可以用于寄托精神和表达情感的场所。观众在这座光的自然宫殿中，感受到的是人和人之间的包容性与关联性，在情感交流层面上构筑起一种新的集体记忆。

---

① 图片源于课题组自摄。

② 卡尔·古斯塔夫·荣格. 心理结构与心理动力学 [M]. 关群德，译. 北京：国际文化出版公司，2018：106.

③ 荣格. 荣格自传：回忆·梦·思考 [M]. 刘国彬，杨德友，译. 上海：上海三联书店，2009：265.

四、多元体验打造场景还原

新博物馆学提供了一种以人为本的新观念，强调要把传统博物馆的以"物"（藏品）为导向转变为以"人"为导向[①]，在展陈方式上，应当以观众的传播效果、体验感受为第一设计原则，以动态、多媒体、新技术手段丰富展陈方式，以此促进观众参与。巴塞罗那的扩展区汇集了各种丰富多彩、独具民族特色的现代建筑，其中一些建筑精品已作为博物馆或景点向外敞开。这些历史建筑不断利用新的技术手段来丰富观众体验，在保护与革新之中寻找平衡。

a　　　　　　　　　　　　b

图 4-3-5　扩展区的代表建筑[②]

（一）实物陈列式情景再现

情景再现是展览陈列中的常用手法。相较一般的物件摆放，情景再现通过经过考证、真实可信的场景还原，让观众能够"身临其境"地体会到馆藏文物所在的历史环境，甚至产生浓厚的代入感和在场感。家具设计是新艺术运动中的重要创作实践之一，在高迪设计的米拉之家、巴特罗之家、圭尔宫中，均有家具陈列展示。在米拉之家中，家具仅在玻璃展柜中陈列，这与巴特罗之家中的实景还原形成了鲜明的对比。

米拉之家中的家具仅作为一个陈列物呈现，在实物构建的展示区，信息以组合的形式联系在一起，让观众能直观地了解家具功用并感受其内在的艺

---

① 甄朔南.什么是新博物馆学［J］.中国博物馆，2001（1）：25-28，32.
② 图片源于课题组自摄。

术价值。而在巴特罗之家中，家具被摆放在原有的位置，参观者可以回溯历史情景，清晰地体验到当时人们的生活场景。从情境认知的角度来看，认知是在一个开放的、活生生的、实际的情境中进行的[①]，高迪在设计家具时不仅注重审美与功能的结合，更注意与空间环境的搭配，只有将家具置放于原始环境，才能感受到他严谨而细致的巧思。

（二）声音场景还原

声音是一种感觉器官的经验，在实体空间中的自由反射和流动赋予空间以生命力，使其成为"活着的空间"。高迪在建筑设计中非常注重空间的声音效果。圭尔宫的中央大厅是圭尔家族用来举办音乐会、观看歌剧表演、进行家族祷告的主要生活场所，高迪在顶部设计了一个抛物线型的圆顶，圆顶下方设有一台大型管风琴，回旋于二者之间的乐音可以进行很好的鸣响和碰撞。当参观者漫步于此时，音乐会从天顶高处的管风琴缓缓向四周扩散回旋，由此在大厅形成"余音绕梁，三日不绝"的混响效果，霎时间，仿佛幕布打开，昨日情景重现。

a　　　　　　　　　　　b

图 4-3-6　圭尔宫的圆顶以及管风琴[②]

（三）AR 与实景的融合

米歇尔·亨宁（Michelle Henning）曾提道："远早于计算机综合各种媒体成为多媒体或者产生'虚拟'环境之前，展览设计曾是使观众在物理上沉浸

---

① 盛晓明，李恒威．情境认知［J］．科学学理论，2007，25（5）：806-811.
② 图片源于课题组自摄．

于建造物并让他们参与周围事物活跃的物理控制手段。"[1] 展示复原是早已出现的理念，但是，新媒体的虚拟性和交互性打破了以往情景再现中运用实物、人造物创造的凝固瞬间，使展示空间成为观众体验和交流的动态场所。在巴特罗之家的游览体验中，它的电子导览器中的内容设计值得称道。观众在入口处会获得一个 AR 导览设备，当将导览器对准现实展陈物品之时，其电子屏幕上就会出现与之匹配的动画。比如：在藏馆二楼入口处有一个不规则的圆形木窗，当游客举起导览器对其进行扫描之时，屏幕上的木窗便会幻化为一只遨游的海龟，以此形象地向观众表达高迪的灵感来源——海洋元素。巴特罗之家中的大部分家具和陈设已经无法复原，但 AR 导览器可以基于强大的云端数据库与物理陈设连接，并在机器屏幕上播放与文物相映衬的动画，向观众详细地讲述观映物品的前世今生，以此达到动态场景复原的效果。除了还原单个展示物本身，AR 导览还可以对馆内空间进行实时还原。当观众身处某个房间中，电子屏幕上便会呈现相应的历史场景原貌，并根据观众的视角进行变化，进一步对观众的实景体验进行有效而生动的补充。另外，馆内还设有等比例缩小的建筑模型，观众可以利用 AR 导览器复原整栋楼的结构，还可以观看人们以往在此居住生活的情景。

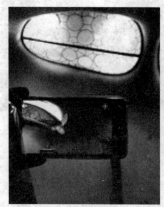

图 4-3-7　巴特罗之家的 AR 体验[2]

---

[1]　MACDONALD S. A Companion to Museum Studies [M]. Hoboken：John Wiley & Sons，2011：130.

[2]　图片源于课题组自摄。

首先，相较于直接让观众自行用手机扫码观看，AR 导览器犹如场景空间中的系统集成盒子一般，更能提供完善的个性化、定制化服务，在减少馆内员工工作量的同时，尽可能地为观众提供不受干扰的自由漫游体验。由于每个人都戴着耳机用心听讲解，在一定程度上减少了不必要的喧哗噪声，在给个体带来舒适"五感"体验的同时营造了良好的人文环境。其次，巴特罗之家对数字内容与实景之间的关系把握准确，一些经典区域设有 AR 实景交互，引导观众自行去进行思考和探索。例如：展映有海洋生物的转换动画仅在入口处出现，但观众在看到其他同类装饰元素时便很容易与之建立关联；导览器在进行数字演示后，语音会提示观众上前观摩实物微小的细节，品鉴时光沉淀下的温润质感，细嗅古朴材质所散发出的微微木香。

（四）3D Mapping 投影

3D Mapping 技术又称立体投影技术，Mapping 投影与平面投影最大的区别是载体，Mapping 投影以立体实物为载体，使投影效果天然具有立体空间感受，以便与现实空间相结合，以此形成更为震撼的视觉体验效果。因此，在视觉感受的审美取向上，Mapping 投影更注重表达立体空间感，使观众拥有身临其境的知觉体验。巴特罗之家在以往的一些重大节日中，会在建筑立面上开展 Mapping 投影秀，展映的内容制作精良，将高迪的自然灵感、巴特罗之家的创作来源"圣乔治屠龙"与原有的建筑结构巧妙结合。在投影秀举行过程中，不仅时不时有演员从阳台上现身与观众进行面对面交流，观众还可以用手机发送信息来"唤醒"隐藏在建筑上的"巨龙"（巴特罗之家的屋顶形似巨龙的脊背）。而米拉之家的投影秀设置在天台，以其著名的形似外星来客般的烟囱为投影载体。美中不足的是，投影内容仅是一些与博物馆本身无关的平面动态影像和图案，数字内容与实际场景相互脱离，体验感在某种程度上大打折扣。

约翰·哈特利（John Hartley）在《数字时代的文化》一书中提及："我们已经不再满足于顺从代表；我们想要的是直接的声音、直接的行动、富有创意的表达，并且我们愈发想要获取知识。"①在新媒介传播环境中，观众更加追求个性化、可得到及时反馈的优质内容以及自主性、参与性的体验方式。在巴塞罗那博物馆的情景化设计中，我们可以发现，他们始终把握两个出发点：一是物，即历史文化的载体；二是人，即现代文化的载体，博物馆的任务是在两者之间创造共通的意义空间，促进信息的传播和交流。相较于线上云端虚拟体验，现场性、非虚拟的、观众与展品和展陈空间之间直接的交流与互动才是博物馆无法被取代的特点。因此，需要把握数字展示技术与博物馆实景之间的适宜"尺度"，以博物馆自身的特色和文化底蕴为先决条件，利用数字技术全方位地调动观众的"五感"，以此有效地促进观众与博物馆内容的交流互动。同时，在数字内容上注意关联性，使数字内容服务于博物馆的展览主题和传播目的，从而避免破坏博物馆体验的整体性和系统性。

五、小 结

城市是文化的产物，亦是根植文明的土壤。彼得·霍尔（Peter Hall）认为，文化已经成为一种政策，可以创造出新的文化形象。②现代化城市建设中近似统一的"国际标准"引发的同质化问题，使文化策略成为当今城市生存的关键所在。③在城市文化的传承发展进程中，博物馆所起到的作用及其产生的影响是至关重要的。本节从巴塞罗那城市博物馆案例中，总结了当地博物馆进行情景化设计的三种主要方式，即通过地域文化符号、集体记忆的营造、历史场景的还原，让博物馆空间更有感召力和吸引力，引发人们对博物馆场所环境的认同感，进而产生情感共鸣，使城市公共空间中的交往活动具有更为丰富的意义。同时，上述博物馆，均并非另造新馆，而是在原有历史建筑的基础上进行保护和改造的，这对于我国制定以文化产业推动城市更新，在城市的"新"与"旧"之间做出选取平衡的方案，具有一定程度的借鉴价值。

---

① 哈特利.数字时代的文化 [M].李士林，黄晓波，译.杭州：浙江大学出版社，2014：68.

② HALL P. Creative Cities and Economic Development [J].Urban Studies，2000（4）：2—10.

③ ZUKINS.The Cultures of Cities [M].Cambridge：Blackwell Publishers，1995：271.

第五章

研究总结与展望

第一节　调研总结与讨论

一、融媒情景提升文博传播效能

在建设社会主义文化强国和促进媒体融合向纵深发展的时代背景之下，我国文化事业逐渐走上"文化＋科技"深度融合的道路。在"十四五"规划的新布局中①，加快博物馆等公共文化场馆的数字化建设与文物科技创新被纳入了未来发展的重要计划之一。近些年，文博单位顺应时代发展趋势，响应国家政策号召，故宫博物院、南京博物院等单位都相继开展了数字化探索，以高新技术激活典藏资源，在文物保护与活化方面获得了可喜的成就。情景化是文博数字化进程中的重要命题，从国内外博物馆情景化尝试中可以看到，在技术革新和文化创意双向驱动下的文物情景构建，使博物馆在文物保护、文化传播等方面都发挥出更大的效用，不仅为珍贵遗产的留存提供了更为有效的手段，还进一步开拓全新的传播场域，不断契合观众心理需求，讲好物质和非物质遗产故事，使传播效能随之得到相应的提升。

数字技术的应用能够有效延长文物的生命，是文物留存和保护的重要助推器。传统博物馆较受技术限制，在文物保存、场馆开放等方面都有一定的局限性，如法国拉斯科洞穴因其内留有的旧石器时代壁画而闻名于世，但自1955年对外开放后，过多的参观人数导致壁画被严重损坏，法国政府因此于1963年关闭了这一古迹，并对其进行封闭式的保护工作。可见，像拉斯科洞

① 中华人民共和国国民经济和社会发展第十四个五年规划和2035年远景目标纲要［EB/OL］．中国政府网，2021–03–13.

穴这类珍贵且难以保存的文化遗产更加需要借助不断发展的技术手段来进行创新性保护。

在我国，学界与业界也一直在思考如何更好地保护具有深厚文化底蕴且极为脆弱的珍贵遗迹或文物，数字化技术的飞速发展则为文物保护指明了新的方向。世界各地的文博工作者同技术人员一起，开启了"数字文化遗产"的伟大工程，也就是将文化遗产转化为数字形式，实现真实的三维数字存档，以供保护、修复、研究以及文化交流。[①]我国敦煌莫高窟由于自然灾害以及人为因素的破坏，存在着不同程度的受损，壁画退化的速度也十分惊人。针对莫高窟的保护任务既紧急又尤为困难。针对此困境，相关人员借助数字技术，不仅将收集来的研究资料汇集成电子档案，还获取了莫高窟地区的三维数据与影像数据[②]，为日益消逝的历史遗迹建立了较为完整的数字信息库，也为后世留下了珍贵的文化遗产保护的记录。同时，莫高窟还利用 AR 等智能媒体技术，有效转移了遗迹的存在空间。可以看到，当今许多博物馆都致力于文物的数字化存档与建设，力求在保护与开发之间寻找良好的平衡，通过整理具有珍贵价值的数字信息，文博相关单位不仅能够提高文物的管理效率，还可为后续的情景化应用提供丰富的资料来源。

在博物馆文化传播方面，技术构筑的情景化传播开创了全新的传播场域，更好地提升了观众的观映体验。越来越多的观众憧憬于与藏品之间展开平等的沟通和交流，而非说教般地被告知应当如何进行参观和理解。[③]通过全息投影、VR、AR、触屏以及数字孪生等前沿技术的情景化应用，博物馆能更好地跨越时空距离，并将主动权交给观众，让观众在丰富的情景体验之中近距离地感受文物的衍生样态和历史环境。故宫博物院与凤凰科技联合打造的"清明上河图3.0"展演，让观众在8K 超高清数字互动技术、4D 影像以及多种手

---

① LI D, ZHU Y, DU Z, et al. Virtual Tang-style Timber-frame Building Complex［C］//International Conference on Artificial Reality and Telexistence. Springer: Internationd Conperence on Artificial Reality and Telexistence, 2006: 880-888.

② 李德仁. 虚拟现实技术在文化遗产保护中的应用［J］. 云南师范大学学报（哲学社会科学版），2008, 40（4）: 1-7.

③ 潘宝. 建构异域与重构个体：人类学视域中的博物馆与观众［J］. 东南文化，2020（6）：157-161.

段的助力下，可以伴着音乐进入动态的"实景"，亲身体验宋代汴梁城的繁华，领略市井闹市的生活烟火气息。在技术赋能的文化叙事中，原有的历史文化艺术从静态平面图转变为动态3D立体环境，在多媒体展厅中自如生长、伸手可及，这种多感官沉浸式体验将观众引入历史延绵的长河与文化滋养的幻境之中，极大地激发了观众的想象力，也进一步增添了中华传统文化的传播效能。

自20世纪80年代开始，很多欧美国家的博物馆就逐渐开始强调对于"人"的关怀，新博物馆学的重心也从单纯的文物展示向关注观众的心理需求和文化体验过渡。伴随技术的快速发展，越来越多的博物馆开始运用新兴的科技手段助力于这种展陈精神的转型，在以多元叙事为方向的情景营造中更好地传播文化内涵。博物馆中虚实结合的场景重现了历史的进程，提升了视觉上的传播效果，加之饶有趣味的交互装置，使得沉浸式、游戏式传播成为可能[①]，也让观众经过体验达成文化与心灵的共振。

二、人文精神拓宽文博生存空间

科技对于文化产业的支撑作用不言而喻，而从文化资源中发掘、传播和创新文化，不断开拓人文精神，则是文博事业得以永续存在的支柱。1999年，第三次修订的《巴拉宪章》（Burra Charter）提出了"文化意义"（cultural significance）的概念，将其定义为对过去、现在与未来的人们有美学、历史、科学、社会与精神的价值。[②] 作为一个保存人类文明的重要场所，博物馆连接着文化的过去、现在与未来，正需要在自身的文化实践中将这种文化意义融会贯通，在展现历史人文记忆的同时，担负起现代社会中的文化表达与传播职能，并努力通过活态化的传承促使文化符号及其意义在未来社会中接续传递。在各类博物馆的实践过程中，我们既可以看到它们对过去文化遗产的动态呈现，也可以看到它们对当下记忆的书写复刻。通过专业化的展陈创意，

---

① 曾一果，陈爽.博物馆文物的数字化展示和传播研究——以台北故宫博物院为例［J］.广州大学学报（社会科学版），2019，18（1）：29-37.
② 国际古迹遗址理事会西安国际保护中心.国际古迹遗址理事会澳大利亚国家委员会"巴拉宪章"（全文）［EB/OL］.国际古迹遗址理事会西安国际保护中心官网，2020-07-22.

博物馆以一种更易被观众接受的形态来展现文明历程，以此做到 "博物" "致知"，让知晓文物和寻获奥义齐头并进。

在对历史文物进行展示或阐释的过程中，博物馆借助多元化手段来更新历史文化的现代意义。这种阐释需要与时俱进，以便为 "现在" 的人们提供更为多样的渠道，以此对 "过去" 进行了解。"博物馆文化的精髓不是留恋过去和固有，而是探索、发现和创新未知与未来。它用物化的 '往事' 启发来者，哺育新生。"① 面对人类社会珍贵的文化留存，博物馆不仅要做到讲述过去，更要担负起一代代的传承职责，将文化记忆、人文精神与时代背景相结合，使观众与物品相互理解，从而形成真正的交流与对话。② 火爆一时的《唐宫夜宴》再现了仕女们从准备、整妆到夜宴演奏的过程。少女们仿若从画中走来，一颦一笑都展现了唐代独特的美学风范③，让博物馆中的三彩乐俑 "活" 了起来，以 "故事性" 的独具创意的讲述走进观众的视野。无论是《唐宫夜宴》，还是敦煌画院、故宫博物院等，都在对传统文化进行淬炼的基础上，利用情景化的实践延伸了新的文化场域，并通过新颖的交互形式，为观众带来沉浸式的文化体验，使原有的物质或非物质遗产焕发出新的生命力。作为以文化人、以文育人、以文培元的核心阵地，博物馆充分利用人类文明的丰硕成果，为现代公众提供了新的人文启迪，在不断对自身进行再定位的同时推动了社会的发展与进步。④

除了对历史文物进行收藏和活化展示之外，博物馆也致力于留存当下的记忆，注重具有历史价值、社会价值的变迁物证。2017 年，国际博物馆日的主题被定为 "博物馆与有争议的历史：博物馆讲述难以言说的历史"，意在敦促全世界的博物馆对重大历史事件进行物证保存，为人们讲述某一时代的真

① 黄雪寅. 论当代 "物证" 的 "藏品" 价值——抗疫事件中博物馆对城市的记忆 [J]. 中国博物馆，2020（2）：40-45.

② 李高遥. 经济全球化背景下博物馆的新定位 [J]. 中州大学学报，2006，23（4）：103-104.

③ 河南省文化和旅游厅. 央媒集中评论盛赞《唐宫夜宴》：从传统画卷中奏出的文化强音 [EB/OL]. 河南省人民政府官网，2021-02-20.

④ 农美玲. 关于 "博物馆（记忆＋创造力）＝社会变革" 的思考 [C] // 博物馆（记忆＋创造力）＝社会变革——广西壮族自治区博物馆第六届学术研讨会论文集. 南宁：广西壮族自治区博物馆，2013：7.

实故事，以此彰显"为明天而收藏今天"的社会责任。2018年，伦敦的弗洛伦斯·南丁格尔博物馆举办了"西班牙流感：史上最致命大流感期间的护理"（Spanish Flu: Nursing During History's Deadliest Pandemic）专题展览，在大流感爆发百年之际再次赞颂了护士们在疫情期间的奉献精神。当前，肆虐全球的新冠肺炎疫情严重影响了不计其数的民众，博物馆及相关机构也及时对这一突发性事件进行了物证的收集，包括疫情中发布的重要文件、体现医护人员的请战书、支援医疗队的旗帜、医护人员使用的防护服、医疗器材等。同时，一些影像资料与口述材料也作为珍贵的物证加以收集和保存，以便后续更加全面地对事件进行展现，为后世留下最为真实的记忆。众多博物馆都在客观记录着人类与灾难抗争的过程，让逝者得到告慰，也让观者对生命的意义有更深的理解。

　　20世纪70年代以来，博物馆不断转化着自身的社会定位，从对"物"的关照转向对"人"的重视，继而成为推动社会变革和发展的有益力量。对过去的回忆，是为了更好地感知今朝，而对今天的书写，则是为了更好地迎接未来，博物馆以珍贵的人文留存将过去、现在与未来串联在一起，并最终将宝贵的人文情怀传达给大众。穿行在历史洪流中，轻抚岁月微痕，在光阴流转之间书写着记忆，这是博物馆的使命，也是博物馆的魅力所在。

第二节　辩证的思考

一、文化理性：警惕媚俗主义

　　博物馆贴近受众需求的文化创意展示，并非意味着一味迎合大众的审美趣味，使高雅庄严的人文艺术呈现娱乐化的发展态势，甚至濒临流向媚俗的文化边缘。"媚俗"（kitsch，又译作"刻奇"）一词出现于19世纪下半叶的德国，意指廉价的、为出售而制造的艺术作品。美国艺术史家克莱门特·格林伯格（Clement Greenberg）在《前卫与媚俗》（*Avant-Garde and Kitsch*）中对媚俗文化与相对应的前卫艺术进行了研究，认为所谓"kitsch"实则指那些资本主义消费文化中的低级趣味，通过借用传统文化的某些规律性内容与主题并将其进行庸俗化，由此媚俗文化被大量生产出来，并深入人们的日常生活之中。其后，吉洛·多福斯（Gillo Dorfles）与约翰·麦克海尔（John McHale）共同撰写的《媚俗，坏品味的世界》（*Kitsch, the World of Bad Taste*）、奥德·纳德卢姆（Odd Nerdrum）的《论媚俗》（*On Kitsch*）等都对媚俗进行了相应的论述。① 可以看到，媚俗文化或者说媚俗艺术的兴起，与当时的社会背景息息相关。在此之前，能够掌握文化市场的总是一些会读写、拥有闲暇时间的阶层，而随着新市民阶层的迅速崛起与文化普及的到来，经济能力的限制以及新的审美趣味促使大众对社会提出了新的要求，需要社会提供适合其消费的文化。大量复制在流水线上层层叠叠翻动的产品取代了具有原真性的艺术品，而工业革命带来的技术革新又为这种需求提供了相应的技术支持，从而开启了标准化、规模化的生产过程。媚俗艺术也因此作为产物逐渐出现并发展壮大。

与通俗艺术不同，媚俗艺术不以参与性、民主性为要义，而是以商业上的成功为目的，为达成这一目标，媚俗艺术总是倾向于为人们提供刺激的感官享受，满足人们即时的感官需求，有时甚至以牺牲大众审美品位为代价。博物馆作为文化机构，理应提供高尚的文化信息。但是，就当下发展环境而言，博物馆虽无意产生媚俗艺术，但仍在两个方面日益体现出媚俗化倾向：一是由于缺乏自身独特的艺术表达，借助已有的设计来进行参考甚至照搬，形成了标准化、同一化的艺术处理模式，从而生产出毫无新意甚至落入俗套的展陈情景；二是由于极力想要避免平庸，刻意使用一些夸张的方式进行呈现，从而导致博物馆空间过于艳俗，走向与前者相反的另一种媚俗。②

出色而令人印象深刻的展览无疑是博物馆吸引人的重点。作为博物馆展示的核心，"物品"总是以某种标准来被选择，并作为一种叙事元素置于展陈空间。也就是说，从"物品"到"展品"的转化并不是随机或任意的，而是根据特定目的进行的③。博物馆根据展览的主题和内容，在浩如烟海的文化遗

---

① 孟彤. 媚俗景观的符号学探源［J］. 中国园林，2016，32（1）：68-71.
② 孟彤. 媚俗景观的符号学探源［J］. 中国园林，2016，32（1）：68-71.
③ VERGO P. The New Museology［M］. London: Reaktion Books Ltd, 1989: 136.

存中进行选择、改造与美化，从而赋予其相应准确的话语表达与教育作用，在特定的时空中形成更加抽象的文化象征。^① 在此过程中，博物馆应当注重对展陈方式的选择与设计，从而向观众展现出一个完整的"真实"，并从中获取相应的知识。但令人遗憾的是，由于现行的招投标制度，博物馆的展览设计很多时候会受到不同程度的限制，加之博物馆相关专业人才储备的相对欠缺，依靠社会力量完成的博物馆展览总会时不时暴露出同质化、平庸化、模式化等问题，难以在品质上有大幅度的提升。在此基础上，物品无法与展示形成良好的呼应，也许观众在很多情况下只能看到物品的堆砌，而缺乏对与之相宜的沉浸式情景的感知，从而使博物馆逐渐走向一种平庸的"媚俗"。为了避免这种倾向的大规模扩散，博物馆也在努力寻找创新的展陈方式。可以看到，从生产型社会到消费型社会的转变推动了人们消费主义意识的增长，大众更倾向于接受感官的刺激与愉悦。在消费主义美学日益崛起的视觉文化时代，流量经济和感官震撼日益成为社会主流生产范式，在给人们带来文化创新的同时日渐渗透出与之随行的隐忧，技术驱动的"时空压缩"使匠心凝聚成为奢侈的憧憬，无数闪光灯助推的注意力经济也面临着"算法茧房"的文化蚕食，使文博展陈的创意创新成为一种娱乐戏剧化的"奇观"。

在技术的发展与消费理念的更新之下，博物馆的文化传承、公共教育和社会服务属性不能溃散。现实中，不少博物馆可能一时难以捕捉内容与形式之间的平衡，在试图采取新的理念或技术手段进行展陈的过程中，或是让公众游离于展示物之外，或是让其沉溺于形式的炫目而忘却物的本真。面对这种倾向，博物馆应采取更为审慎的态度，在展品与观众之间搭建相互交流和沟通的桥梁。因此，博物馆也许可以更多地思考"物"的展示是否能有效地带动观众的自主思考、仪式化膜拜以及文化记忆的留存，并以此作为衡量标准之一。

---

① 宋厚鹏. 从原真的物品到现实的展示：关于现代博物馆传播秩序的景观幻象 [J]. 云南社会科学，2020（3）：158-165，189.

二、实践理性：避免"唯技术论"

作为集文化、历史、艺术于一身的公共机构，博物馆大致经历了三个阶段：第一阶段以收藏为主，注重物品本身的价值；第二阶段则以教育为导向，侧重知识的传授；第三阶段则是受到后现代主义影响的博物馆，趋向以体验为导向，被定义为"后博物馆"（post-museum），旨在将知识呈现为一种片段式、多义化的形态。换言之，这种"后博物馆"就是一种优先以观众的主动选择与互动乐趣来建构的社会空间。也因此，许多博物馆不再仅仅作为陈列物品的空间出现，而成了各种媒介技术共同构成的多维展示环境，最常见的如屏幕中播放的动态图片或影片、耳机中的语音讲解、可视化大屏的交互程序等，更为前沿的则包括全息投影的藏品、利用 VR 或 AR 技术实现的人机交互体验等。后博物馆的展示倾向于利用多种复杂的科技来打造"活态历史"（living history）景观，让观众在互动过程中得到相应的回馈。博物馆不断加快自身与技术的融合，试图利用一系列科技手段调动观众的多重感官视域，不断突破想象的边界。但同时可以看到，伴随着技术的更新迭代，博物馆的展陈空间在这种日益发展的技术的裹挟下呈现一种虚拟的"景观"幻象。

景观（spectacle）指"一种被展示出来的可观景色或景象，也意指一种主体性的、有意识的表演"[①]。随着西方社会发展至后工业社会时期，媒介技术带来了社会文化、运作机制等各方面深刻的变化，居伊·德波（Guy Debord）对这种媒介带来的后果做出了预见，认为媒介使得整个时代呈现一种表象化的特征，借由新闻、宣传、广告、娱乐表演等形式，景观成了主导性的生活模式。[②]景观呈现的表象社会取代了现实社会，同时，这种表象甚至比现实更加真实，以至于整个社会都变成了一个景象堆积的视觉时代。如果说居伊·德波所处的时代尚处于媒介发展初期，那么在移动媒体技术普及的当下，媒介对社会生活的影响则更为广泛与深入。后博物馆通过技术构建了纷繁的奇异景象，观众仿佛被带入了一个充斥着信息与消费符号的世界。这种技术

---

① 居伊·德波.景观社会 [M].张新木，译.南京：南京大学出版社，2000：10.

② 居伊·德波.景观社会 [M].张新木，译.南京：南京大学出版社，2000：33.

的景观化展示，从某种程度上讲是在损害知识与理解的基础上制造感性，内容与形式发生了倒置，观众单纯的互动体验并不能很好地吸收到有益的知识，这也相应地违背了博物馆本身的公共文化教育功能。

此外，随着智能时代的到来，技术广泛地覆盖至人类社会的方方面面，而数字鸿沟现象其实并没有消弭。虽然将技术融入博物馆展陈空间，能够在一定程度上延伸空间与展品的概念，也为观众带来了多感官的沉浸体验，使个体在与情景的交互过程中建构起相应的知识体系，但也可能在无形中将数字弱势群体排除在外，使得这一群体不仅无法获得技术进步所带来的信息红利，更进一步剥夺了其作为社会成员参与社会生活的权利。① 当部分观众能够在博物馆内借助新兴技术设备进行参观时，另一部分群体则会因为技术的不可触及而被剥夺了全方位体验的权利。在今天，包括有时被称为"数字难民"的老年人在内的数字弱势群体与技术产品的低匹配度似乎已成为一种共识，但这种被技术"隔离"的现象背后往往体现着社会资源的固化，我们必须对此现象保持警惕，不应将其视为一种"理所当然"的客观事实。博物馆应当打破技术神话，将其视为一种辅助工具而非主导因素，以自身的根本功能——"传播文化、教育大众"作为最为重要的信条。

以人工智能、算法、大数据等为代表的媒介技术革新不仅在很大程度上影响了博物馆的变革，更进一步触及人们日常生活的方方面面，甚至嵌入人的身体，形成了全新的人机关系，并成了人类社会的构成性要素。② 在博物馆中进行沉浸式体验，实则就是利用技术来进一步唤醒和延伸人的身体机能，并借由这种技术经验与人的感官知觉系统进行融合，从而达到对于物品和情景的多维感知。在此过程中，技术逐渐塑造出一种全新的思维认知方式，逐渐对人的自身主体性产生难以估量的影响。如果艺术品乃至万物都能够被量化处理，人类思维则极有可能被一种计算思维所裹挟，那么在数字时代，如何实现自我拯救、召唤人文精神的复归，则成为我们亟须思索并解决的问题。

---

① 苏涛，彭兰. 技术与人文：疫情危机下的数字化生存否思——2020年新媒体研究述评 [J]. 国际新闻界，2021，43（1）：49-66.
② 孙玮. 传播再造身体 [J]. 新闻与写作，2020（11）：5-11.

第三节　前景与展望

一、后疫情时代的"危中寻机"

突如其来的新冠肺炎疫情对全球政治、经济、文化都产生了不可估量的影响，在此冲击之下，博物馆行业也遭受重创。根据国际博物馆协会在2020年5月发布的调查结果[①]，疫情导致全球83%的博物馆大幅消减活动项目，同时有13%的博物馆可能会永久关闭。而联合国教科文组织在2021年4月发布的报告[②]也显示，后疫情时代的博物馆行业仍然处于极其脆弱的境况之中，2020年各博物馆平均闭馆时间长达155天，参观人数的急剧下降以及公共经费投入的大幅削减均使博物馆行业遭遇了前所未有的危机。

疫情所带来的影响可见一斑，它也为人们所处的世界按下了暂停键，让人们可以有机会重新思考全球博物馆存在的社会意义。自20世纪末期起，博物馆便将"教育"作为自身的目标，而在今天，疫情让人们不仅从教育的维度出发，也从博物馆文化连接的维度出发，来重新回归对于博物馆的认识。2018年，国际博物馆日的主题定为"超级连接的博物馆：新方法、新观众"，在疫情暴发期乃至后疫情时代，博物馆的这种连接性也应当被前置。疫情将人类社会逼入了一种人身隔离的窘境，连接与隔离似乎成了当下人们数字化生存状态的隐喻[③]，群体化孤独更加成为一种常态，"无接触式"的社会形式逐渐变成一种普遍化的存在形式。在此环境之下，博物馆无疑带给人们对于"连接"的思考，这种连接不仅是历史、现在与未来之间的连接，在展现历史的过程中给予观众以确定性，从而对现在加以观照，并对人类社会的前行提供前瞻性的指引；也是在现存多元文化之间建立交流对话；更是利用新的技术

① 经济日报.国际博协报告：大量博物馆将永久关闭［EB/OL］.中国经济网，2020-05-29.

② 联合国教科文组织.教科文组织：2020年博物馆平均闭馆155天　2021年收入减少40%-60%［EB/OL］.联合国新闻网站，2021-04-13.

③ 苏涛，彭兰.技术与人文：疫情危机下的数字化生存否思——2020年新媒体研究述评［J］.国际新闻界，2021，43（1）：49-66.

去实现互联互通。目前，博物馆已经开始拥抱连接的潮流，深耕文化合作和人才培养，以此在后疫情时代构筑更具张力的"连接"。①

对博物馆再定位的同时，疫情的暴发也加速了博物馆行业的变革，这种变革的一个重要面向便是博物馆行业的数字化转型。在各地文博单位相继闭馆的情况下，线上交流成了关注的焦点。在此期间，国家文物局依托数字媒体技术，推出了数以百计的系列"云展览"，让身处家中的观众能够自由地"云游"博物馆。这一展览形式也成为后疫情时代博物馆服务的新形态。

为应对疫情带来的冲击，敦煌研究院联合腾讯在2020年2月上线"云游敦煌"小程序，将敦煌壁画和洞窟进行了数字化处理和呈现，小程序上线仅24小时，用户浏览量便超过了200万次，这反映出人们对于敦煌文化的向往与喜爱。在小程序中，用户不仅能够近距离欣赏敦煌石窟建筑以及其中精美的壁画等，还可以进行各式各样的互动体验，如小程序后续推出的"点亮莫高窟"功能，利用数字技术与区块链技术，与观众一同在网络空间中感受千年前莫高窟的点灯盛景。作为敦煌岁时民俗，当地居民会在特定的时间于窟龛点亮灯盏，而这一民俗在当下则可以通过"点亮莫高窟"的页面实现，当观众点击首页下方的"九色鹿"时，便可将洞窟点亮，同时在小程序显示的莫高窟全景中看到相对应的洞窟位置及编号。随着点灯的人增多，莫高窟整体也会变得越来越明亮。点灯结束后，每位用户还会获得印有莫高窟彩塑与壁画元素的定制新年福卡，每张卡片都会利用区块链技术赋予唯一的哈希值，作为个人专属的纪念，增添了更多趣味性。

可以看到，敦煌数字化的尝试更多是在持续探索传统文明的活化与再生，通过"科技＋文化"的方式让文物走出实体空间的限制，吸引更加广泛的受众。在当下，信息化、数字化已成为一种技术力量，借由各种数字化的产品，使传统文化能够以更接近的距离、更生动的形态展现于人们眼前，并逐渐融入大众的日常生活。如果说疫情带来的是博物馆实体空间的经营与管理危机，那么另一方面也成了推动博物馆数字化建设的机遇。但就目前的博物馆数字

---

① 上海博物馆.国际博物馆人"云上对话"：疫情下博物馆的力量［EB/OL］.澎湃新闻，2020-08-01.

化建设成果来看，依旧存在着问题，部分博物馆推出的"云展览"，仅是将线下的实体展览通过虚拟的方式进行再现，并未发挥出数字化的优势。博物馆数字化的本质在于重塑观众与博物馆展陈之间的沟通模式①，疫情期间的数字化尝试为博物馆突破实体局限打开了第一扇门，而如何打开第二扇门，也就是如何利用数字化真正引导博物馆的创新发展，实现传统文化与数字科技的协同共振，则需要专家学者们进行长期持续的探索与尝试。

二、从博物馆到文化生活综合体

在传统工业社会时期，许多研究观点认为文化艺术是城市经济发展的伴生物，但随着后工业社会的到来，人们的文化参与发生了巨大的转变。哈佛大学城市经济学教授爱德华·格莱泽（Edward Glaeser）在《消费城市》（*Consumer Cities*）中指出，收入的持续增长是社会发展的整体趋势，而这一趋势也带来了个体对于非经济性诉求的重视以及对于文化艺术等精神消费需求的增长。②在科技进步、生活水平提升以及消费发展的条件之下，文化艺术逐渐从城市的附属转向越来越重要的角色定位③，这种文化转向要求城市的公共设施建设以及公共政策等都对此做出调整，以更好地适应新的社会发展。博物馆作为重要的公共文化服务机构，也是衡量城市文化发展的"文化舒适物"（cultural amenity），应当不断在变化的社会背景之下探索新的空间形态。

"舒适物"（amenity）概念源于经济学，将其引入文化场景理论，结合空间中文化的存在形式，便形成了"文化舒适物"的概念，即指能够为城市生活带来舒适性的所有事物，是城市文化的物质载体，强调了地方体验的价值。④在《场景》一书中，文化舒适物并不仅仅指涉博物馆等与文化直接相关

① 中国青年报.新冠肺炎疫情带来的冲击与生机——博物馆关上了门又打开了窗［EB/OL］.人民网，2020-04-22.
② GLAESER E L, KOLKO J, SAIZ A. Consumer City［J］. Journal of Economic Geography, 2001, 1（1）: 27-50.
③ 克拉克，李鹭.场景理论的概念与分析：多国研究对中国的启示［J］.东岳论丛，2017, 38（1）: 16-24.
④ 吴军，克拉克，等.文化动力——一种城市发展新思维［M］.北京：人民出版社，2016: 2-6.

的设施，而是延伸到几乎城市中的所有建筑设施[①]，这些场所都与人形成了某种联系，承载着城市中人的各种文化实践活动，因此，在一个城市或地区中，有或没有，或是有多少文化舒适物，能够较好地反映这一地区文化参与的具体情况。[②]

可以看到，城市公众的文化参与在很大程度上是依赖于城市公共文化设施的。近年来，为满足大众日益增长的精神文化需求，提高公众的文化参与程度，博物馆也在不断探寻文化艺术与公共空间的创新融合与突破。位于故宫博物院养心殿内的"畅音阁"作为清代三大戏楼之一，随着清王朝的灭亡被"束之高阁"，而今在沉寂百年之后再次开馆，不仅为观众展现出宫廷戏曲的独特魅力，也借由戏曲领略古代戏台建筑的巧妙格局，令观众在声色之间重回昔日的紫禁城。古时的宫廷戏曲演出场所并不会将舞台与观众席设置在同一单体建筑之内，皇帝及妃子们看戏都是在与畅音阁相对的阅是楼内。因此，阅是楼、扮戏楼都一同被纳入参观动线之中。设计人员通过将这三个相互关联的空间共同纳入展览之中[③]以及对宫廷戏曲的日常化呈现，让作为文物的建筑空间承载着同样作为文物的宫廷戏曲，通过戏曲表演的形式展现诸如戏本、行头以及砌末等颇具名堂的宫廷戏曲元素，重现过去的情境，为观众带来更具沉浸感的体验。可以看到，这种创新的"展览"方式不再让博物馆中的物品陈列沉寂于此，而是让文物真正地"活"了起来。此外，在保利剧院上演的《海棠依旧》也打破故宫博物院的空间展示限制与艺术表现形式，以话剧的形式为观众讲述故宫的南迁往事，赋予博物馆展示更为多元的表现空间，呈现更加灵活生动的特点。

与此同时，上海博物馆推出的"博物馆游艺·Museum Events"也借由传习与创意、演绎与激发、映像与声音、竞赛与游嬉四个系列活动，以诗、舞、

---

① 西尔，克拉克.场景空间品质如何塑造社会生活［M］.祁述裕，吴军，等译.北京：社会科学文献出版社，2019：62-63.

② 吴军，张娇.北京文化参与的特点、挑战与政策思考——基于文化舒适物的实证分析［J］.文化软实力研究，2018，3（6）：75-86.

③ 人民网.故宫畅音阁戏曲馆开馆 将恢复宫廷戏曲演出［EB/OL］.人民网，2017-09-20.

乐、戏、讲等多种形式对静态的文物进行"活化"，试图将博物馆转变成一处"文化综合体"。如展览中的"吴门书札弹唱"评弹演出，就是基于语言的共通性与地域文化的相似性，将苏州评弹与吴门书札进行了巧妙融合，通过抑扬顿挫的评弹生动诠释了书札中的故事，再辅以现场专家的艺术讲解，完成了这一前无古人的跨界演绎，也由此让更多观众同时了解苏州评弹与吴门书札两种艺术形式。此外，在吴门书札的展览过程中，上海博物馆还利用数字人文的形式，将各类文人的关系做成了一幅星空网络关系图，生动地反映出明代吴门地区文人的互动关系，并允许观众在可视化界面上进行点击操作，或是按照古时书信规范制作出一封属于自己的电子书札，形成了更加深入的互动体验。在未来，上海博物馆也将联合各类其他博物馆、美术馆、设计院校以及文化艺术机构，为观众搭建起一个多元的平台。

可以看到，无论是与戏曲还是评弹等元素的结合，上述博物馆都基于传统博物馆的展陈行为进行了相应的突破，不仅体现出文化之间的一种相通性，也昭示着博物馆正在不断突破自身展示方式，努力打通不同文化艺术与文化场所之间的壁垒。上海博物馆教育部主任陈曾路指出[1]，博物馆在未来会成为一个集展览、体验、学习、文创、休闲等为一体的综合体。可以看到，博物馆虽以教育为首要功能，但伴随着大众文化消费需求的转变，需以自身充实的文化资源为基础，将文化要素融入新的展览形式，为观众提供更具参与性和娱乐性的参观体验，从而将文化以更加喜闻乐见的方式传达至观众内心。在将来，伴随着观众的物质需求、精神需求、社会需求等方面的提升以及对于博物馆更多的期待，众多要素都极有可能融入博物馆文化产业，博物馆也会根据多元、多层次的需求，不断优化服务职能，与居民日常生活场深度互嵌，逐渐构筑成一个全新的文化生活综合体。

---

① 解放日报.博物馆将成为一个融合的综合体［EB/OL］.上海新闻网，2018-05-18.

后 记

2020年初，一场突如其来的新冠肺炎疫情悄然而至，其"人传人"传播特性所导致的全球大流行态势，使人类社会面临百年未有之大变局。面对前所未有的新型病毒，党和国家在第一时间做出重要抗疫部署，集聚各方战备力量和防疫物资之时，也积极有效地运用大数据、云计算等智能媒体技术，在较短的时间里建立起一套高效应对体系，对疫情进行全方位和持续性的防控，也给世界各地的抗疫活动做出了示范和表率。可以看到，这场空前的抗疫战并不仅是关乎医药卫生问题的公共事件，还是与政府治理、市场秩序、文化传播、技术环境等多方面因素息息相关的总体战役，其中技术的作用力是不可小觑的。智能融媒体时代，大数据、算法、人工智能、数据云等数字新媒体科技接踵而至，深度地嵌入人们的日常生活和行为实践当中，万物皆媒、互联互通的社会生态环境已经开始显现，甚至人类身体也具备了媒介属性，整个文化格局也在发生着转变。

随着国家常态化防疫工作的开展，线上空间突然间成为支撑社会运行的主要力量。现如今，疫情仍在全球范围内持续蔓延，但身体在公共物理空间中的"缺席"并不能停止知识求索的步伐。在前期相关材料积累的基础上，本书的撰写陆陆续续地花费了近两年的时间，由于正处于疫情期间，很多社会科学实证调研都导向了线上平台，日趋成熟的移动技术促使虚拟和现实空间深度耦合，这也给本课题的顺利开展赋予了更多的能量。

本书标题抬头定为"融'博'之道"，具有两个方面的意蕴内涵：一是指出在媒体融合时代，博物馆从总体上囊括的介质集合成为媒体本身，所具备的职能属性、展陈方式、文化传播、互动交流、受众参与等方面因素都在潜移默化地发生着转化；二是具体到实现"融博"的重要路径，即借助"情景化"的方式，进一步对该理念体系、实践路径和未来趋势给予详细的诠释和阐述，从理论框架和应用路径两个主要层面，烘托博物馆在融媒体时代的文化传播路向和未来发展形态。区别于博物馆学、管理学等学科的传统研究语境，本书主要从传播学视角介入，采用社会科学研究方法，对"博物馆情景化"这一贴近媒介发展应用前沿的议题进行理论结合实践的综合性研究。另外，契合本课题从广义范围上指向的数字文化领域，同时撰写了关于"城市文化空间""媒体建筑"等议题的文章，以期从更加宽阔的视野对我国文化生态环境给予持续性的观察和理解。

　　在此感谢学校的支持和鼓励，也特别感谢课题组成员，学生张月在第二章第二节、学生王偲在第四章第三节、学生苏颖悦在第五章中承担了一些工作，进行了相应的学术研究锻炼。希望本书能给对"文博数字化""融合文化""融合传播"饶有兴趣的研究同人些许参考。

王蕾

2021 年 5 月 18 日

参考文献

一、中文文献

（一）中文著作

（1）北京联合大学，北京数字科普协会.博物馆的数字化之路［M］.北京：电子工业出版社，2015.

（2）北京联合大学，北京数字科普协会.互联网时代的数字博物馆［M］.北京：电子工业出版社，2017.

（3）陈向明.质的研究方法与社会科学研究［M］.北京：教育科学出版社，2006.

（4）陈履生.博物馆之美［M］.桂林：广西师范大学出版社，2020.

（5）段勇.当代中国博物馆［M］.南京：译林出版社，2017.

（6）杜卫.美育论［M］.第2版.北京：教育科学出版社，2014.

（7）戴吾三.技术创新简史［M］.北京：清华大学出版社，2016.

（8）耿超，刘迪，陆青松，等.博物馆学理论与实践［M］.北京：科学出版社，2019.

（9）国家文物局博物馆与社会文物司.新形势下博物馆工作实践与思考［M］.北京：文物出版社，2010.

（10）国家文物局.博物馆条例释义［M］.北京：中国法制出版社，2015.

（11）韩鸿.参与式影像与参与式传播——当代中国参与式影像研究［M］.成都：电子科技大学出版社，2012.

（12）何小欣.当代博物馆的复合化设计［M］.北京：中国建筑工业出版社，2015.

（13）姜涛，俄军.博物馆学概论［M］.兰州：兰州大学出版社，2014.

（14）李沁.沉浸传播：第三媒介时代的传播范式［M］.北京：清华大学出版社，2013.

（15）李娜.集体记忆、公众历史与城市景观——多伦多市肯辛顿街区的世纪变迁［M］.上海：上海三联书店，2017.

（16）黄鹤.文化规划：基于文化资源的城市整体发展策略［M］.北京：中国建筑工业出版社，2010.

（17）陆建松.博物馆展览策划：理念与实务［M］.上海：复旦大学出版社，2016.

（18）陆晔.影像都市：视觉、空间与日常生活［M］.上海：复旦大学出版社，2018.

（19）刘江红.中国社会结构变动与文化政策演进［M］.北京：社会科学文献出版社，2016.

（20）柳斌杰，雒树刚，袁曙宏，等.中华人民共和国公共文化服务保障法解读［M］.北京：中国法制出版社，2017.

（21）祁述裕，马治国，党雷，等.十八大以来中国文化政策与法规研究［M］.北京：社会科学文献出版社，2018.

（22）祁述裕，等.国家文化治理现代化研究［M］.北京：社会科学文献出版社，2019.

（23）齐玫.博物馆陈列展览内容策划与实施（修订版）［M］.北京：文物出版社，2015.

（24）任珺.跨域视角下的文化政策研究［M］.北京：社会科学文献出版社，2014.

（25）宋向光.物与识：当代中国博物馆理论与实践辨析［M］.北京：科学出版社，2009.

（26）孙淼.中国艺术博物馆空间形态研究［M］.北京：文化艺术出版社，2013.

（27）单霁翔.浅谈博物馆陈列展览［M］.北京：故宫出版社，2015.

（28）单霁翔.从"馆舍天地"走向"大千世界"——关于广义博物馆的思考［M］.天津：天津大学出版社，2011.

（29）单霁翔.博物馆的文化责任［M］.天津：天津大学出版社，2017.

（30）吴光芬，秦萌，米晓雪，等.文化的视觉建构——中国当代博物馆研究［M］.成都：四川大学出版社，2019.

（31）王思渝，杭侃.观看之外：十三场博物馆展览的反思与对话［M］.北京：文物出版社，2020.

（32）王国伟.城市微空间的死与生［M］.上海：上海书店出版社，2019.

（33）温京博.数字媒体介入下的博物馆情境设计研究［M］.北京：首都师范大学出版社，2019.

（34）徐玲.博物馆与中国近代公共文化（1840—1849）［M］.北京：科学出版社，2015.

（35）杨瑾.开放与共享：博物馆学理论与实践新探索［M］.北京：人民出版社，2019.

（36）张以哲.沉浸感：不可错过的虚拟现实革命［M］.北京：电子工业出版社，2017.

（37）张婉真.当代博物馆展览的叙事转向［M］.台北：远流出版公司，2014.

（38）甄朔南.甄朔南博物馆学文集［M］.北京：中国大百科全书出版社，2004.

（39）中国博物馆协会博物馆管理专业委员会，上海博物馆.智造展览：博物馆长讲博物馆2［M］.北京：北京大学出版社，2014.

（40）郑霞.数字博物馆研究［M］.杭州：浙江大学出版社，2016.

（二）中文译著

（1）埃尔.文化记忆理论读本［M］.冯亚琳，译.北京：北京大学出版社，2012.

（2）托夫勒.未来的冲击［M］.孟广均，译.北京：中国对外翻译出版公司，1985.

（3）亚历山大.博物馆变迁：博物馆历史与功能读本［M］.陈双双，译.南京：译林出版社，2014.

（4）索杰.第三空间——去往洛杉矶和其他真实和想象地方的旅程［M］.陆扬，刘佳林，朱志荣，等译.上海：上海教育出版社，2005.

（5）胡珀－格林希尔.博物馆与教育——目的、方法及成效［M］.蒋臻颖，译.上海：上海科技教育出版社，2016.

（6）路易莎，劳斯.博物馆网站与社交媒体——参与性、可持续性、信任与多元化［M］.刘哲，译.上海：上海科技教育出版社，2016.

（7）派恩，吉尔摩.体验经济［M］.毕崇毅，译.北京：机械工业出版社，2016.

（8）迪克斯.被展示的文化：当代"可参观性"的生产［M］.冯悦，译.北京：北京大学出版社，2012.

（9）莱斯特.视觉传播：形象载动信息［M］.霍文利，史雪云，王海茹，等译.北京：北京广播学院出版社，2003.

（10）麦肯纳－克雷斯，卡曼.博物馆策展：在创新体验的规划、开发与设计中的合作［M］.周婧景，译.杭州：浙江大学出版社，2021.

（11）劳森.空间的语言［M］.杨青娟，等译.北京：中国建筑工业出版社，2003.

（12）卡里尔.博物馆怀疑论——公共美术馆中的艺术展览史［M］.丁宁，译.南京：江苏美术出版社，2014.

（13）史蒂文森.城市与城市文化［M］.李东航，译.北京：北京大学出版社，2015.

（14）伊尼斯.传播的偏向［M］.何道宽，译.北京：中国人民大学出版社，2003.

（15）詹金斯.融合文化：新媒体和旧媒体的冲突地带［M］.杜永明，译.北京：商务印书馆，2012.

（16）洛曼，古德诺．博物馆设计：故事、语调及其他［M］．吴巍，译．上海：复旦大学出版社，2019.

（17）塔尔德，克拉克．传播与社会影响［M］．何道宽，译．北京：中国人民大学出版社，2005.

（18）基德．新媒体环境中的博物馆：跨媒体、参与及伦理［M］．胡芳，译．上海：上海科技教育出版社，2017.

（19）罗伯森，迈克丹尼尔．当代艺术的主题：1980年以后的视觉艺术［M］．匡骁，译．南京：江苏美术出版社，2013.

（20）洛伦克，斯科尼克，伯杰．什么是展示设计［M］．邓涵予，张文颖，朱凤焱，等译．北京：中国青年出版社，2008.

（21）德波．景观社会［M］．张新木，译．南京：南京大学出版社，2017.

（22）威廉斯．关键词：文化与社会的词汇［M］．刘建基，译．北京：生活·读书·新知三联书店，2018.

（23）哈布瓦赫．论集体记忆［M］．毕然，郭金华，译．上海：上海人民出版社，2002.

（24）斯考伯，伊斯雷尔．即将到来的场景时代［M］．赵乾坤，周宝曜，译．北京：北京联合出版公司，2014.

（25）麦克卢汉．理解媒介：论人的延伸［M］．何道宽，译．南京：译林出版社，2019.

（26）戈特迪纳．城市空间的社会生产（第二版）［M］．任晖，译．南京：江苏凤凰教育出版社，2010.

（27）卡斯特．网络社会的崛起［M］．夏铸九，王志弘，等译．北京：社会科学文献出版社，2001.

（28）梅洛－庞蒂．知觉现象学［M］．姜志辉，译．北京：商务印书馆，2001.

（29）莱文特，帕斯夸尔－利昂．多感知博物馆：触摸、声音、嗅味、空间与记忆的跨学科视野［M］．王思怡，陈蒙琪，译．杭州：浙江大学出版社，2020.

（30）西蒙．参与式博物馆：迈入博物馆2.0时代［M］.喻翔，译．杭州：浙江大学出版社，2018.

（31）麦克唐纳，法伊夫．理论博物馆：变化世界中的一致性与多样性［M］.陆芳芳，译．杭州：浙江大学出版社，2020.

（32）佐金，卡辛尼兹，陈向明．全球城市 地方商街：从纽约到上海的日常多样性［M］.张伊娜，杨紫蔷，译．上海：同济大学出版社，2016.

（33）苟费尔，布林克曼．质性研究访谈［M］.范丽恒，译．北京：世界图书出版公司，2017.

（34）伊德．技术与生活世界：从伊甸园到尘世［M］.韩连庆，译．北京：北京大学出版社，2012.

（35）阿姆布罗斯，佩恩．博物馆基础［M］.郭卉，译．南京：译林出版社，2016.

（36）本雅明．机械复制时代的艺术作品［M］.王才勇，译．北京：中国城市出版社，2002.

（37）阿斯曼．文化记忆：早期高级文化中的文字、回忆和政治身份［M］.金寿福，黄晓晨，译．北京：北京大学出版社，2015.

（38）戴维松，雅各布松．解读科学中心与博物馆中的互动：走向社会文化视角［M］.郑旭东，王婷，译．北京：北京师范大学出版社，2019.

（39）福克，迪尔金．博物馆体验再探讨［M］.马宇罡，戴天心，王茜，等译．北京：社会科学文献出版社，2021.

（40）马斯汀．新博物馆理论与实践导论［M］.钱春霞，陈颖隽，华建辉，等译．南京：江苏美术出版社，2008.

（41）基德．新媒体环境中的博物馆：跨媒体、参与及伦理［M］.胡芳，译．上海：上海科技教育出版社，2019.

（42）德克尔．宾至如归：博物馆如何吸引观众［M］.王欣，译．上海：上海科技教育出版社，2016.

（43）德克尔．技术与数字化创举：博物馆的创新之道［M］.余征，译．上海：上海科技教育出版社，2017.

（三）中文期刊

（1）陈林烽.博物馆的灯光设计艺术［J］.东南文化，2016（4）：106-111.

（2）陈霖.城市认同叙事的展演空间——以苏州博物馆新馆为例［J］.新闻与传播研究，2016，23（8）：49-66，127.

（3）曹兵武.博物馆中的物人关系——信息化与生态文明视角下的若干思考［J］.中国国家博物馆馆刊，2019（3）：141-147.

（4）曾克明.博物馆空间与叙事的美学探究［J］.美术观察，2019（4）：66-67.

（5）段鹏.智能媒体语境下的未来影像研究［J］.人民论坛·学术前沿，2018（24）：40-49.

（6）段勇.再谈博物馆的多元与包容特质［J］.中国博物馆，2020（2）：11-14.

（7）杜盛楠.论新媒体环境下博物馆的传播策略［J］.视听，2019（7）：215-216.

（8）冯乃恩.博物馆数字化建设理念与实践综述——以数字故宫社区为例［J］.故宫博物院院刊，2017（1）：108-123.

（9）胡智锋，杨乘虎.免费开放：国家公共文化服务体系的发展与创新［J］.清华大学学报（哲学社会科学版），2013，28（1）：139-146，161.

（10）黄泽垚.基于全息影像的沉浸式视觉叙事探析［J］.新媒体研究，2019，5（12）：18-19.

（11）焦丽丹.记忆空间＋文化空间＝作为文化中枢的博物馆［J］.中国博物馆，2019（3）：7-12.

（12）孔少华.从 Immersion 到 Flow experience："沉浸式传播"的再认识［J］.首都师范大学学报（社会科学版），2019（4）：74-83.

（13）李耘耕.从列斐伏尔到位置媒介的兴起：一种空间媒介观的理论谱系［J］.国际新闻界，2019，41（11）：6-23.

（14）李绚丽，李晨.博物馆体验式展览初探［J］.中国博物馆，2017（1）：

89–100.

（15）刘惠芬.博物馆文化的网络传播——荷兰博物馆考察与研究［J］.南京邮电大学学报（社会科学版），2011，13（1）：16–19，26.

（16）刘卫华.全球化趋势下博物馆发展的文化视野［J］.中国博物馆，2016（4）：1–4.

（17）刘洋.器物的力量，讲述的力量——莱斯特大学 Viv Golding 教授访谈录［J］.中国博物馆，2017（3）：16–18.

（18）刘勇.非国有博物馆的法律保护：现状、困境与出路［J］.中国博物馆，2019（3）：119–124.

（19）刘琼.博物馆空间：流淌城市的温度——以桂林博物馆新馆为例［J］.东南文化，2019（S1）：59–65，58.

（20）陆建松.增强博物馆的公共服务能力：理念、路径与措施［J］.东南文化，2017（3）：101–106.

（21）陆建松.如何让文物真正"活起来"：问题与建议［J］.博物馆管理，2020（1）：25–32.

（22）马萍，潘守永.论博物馆语境下的创伤记忆表征美学——"真实在场感"的内涵及展示策略［J］.中国博物馆，2017（1）：7–13.

（23）马晓娜，图拉，徐迎庆.非物质文化遗产数字化发展现状［J］.中国科学：信息科学，2019，49（2）：121–142.

（24）彭兰.场景：移动时代媒体的新要素［J］.新闻记者，2015（3）：20–27.

（25）单霁翔.解读博物馆陈列展览的思想性与观赏性［J］.南方文物，2013（3）：1–8.

（26）孙玮.从新媒介通达新传播：基于技术哲学的传播研究思考［J］.暨南学报（哲学社会科学版），2016（1）：66–75.

（27）孙玮.交流者的身体：传播与在场——意识主体、身体—主体、智能主体的演变［J］.国际新闻界，2018，40（12）：83–103.

（28）孙玮.融媒体生产：感官重组与知觉再造［J］.新闻记者，2019（3）：

27–31.

（29）孙玮. 传播再造身体［J］. 新闻与写作，2020（11）：5–11.

（30）孙淼. 情境与观看——博物馆展示中的生活场景构建探析［J］. 故宫学刊，2018（1）：345–353.

（31）孙权. 北京都市空间与历史文化记忆——数字时代的首都博物馆［J］. 华南师范大学学报（社会科学版），2019（2）：24–30，191.

（32）盛卿，约翰·李，侯文军."破碎"与"整合"——苏格兰国家博物馆动物厅的展示叙事［J］. 装饰，2017（4）：99–101.

（33）王蕾. 意象表征·情感联结·具身参与：论数字时代的媒体建筑光影传播［J］. 现代传播（中国传媒大学学报），2019，41（9）：102–107.

（34）王蕾，张林，石天旭.IP 沉浸体验：主题乐园发展新路径［J］. 出版发行研究，2019（2）：32–36，14.

（35）王开. 沉浸体验在博物馆展览中的应用探索［J］. 博物馆管理，2019（1）：50–59.

（36）王秀丽. 从"呈现"到"模仿"：VR 技术视阈下的博物馆文化"活态"展示［J］. 文博，2019（3）：102–107.

（37）王倩. 展览空间主题性与艺术性的营造——以中国国家博物馆"秦汉文明"展形式设计为例［J］. 中国国家博物馆馆刊，2019（7）：149–160.

（38）谢梅，朱蓉. 博物馆的非物质文化遗产传播研究——以空间理论为视角［J］. 电子科技大学学报（社会科学版），2017，19（2）：82–85，102.

（39）夏洁秋. 文化政策与公共文化服务建构——以博物馆为例［J］. 同济大学学报（社会科学版），2013，24（1）：62–67.

（40）夏颖翀. 博物馆数字媒体展陈设计中的情感化设计思考［J］. 美术观察，2019（10）：80–81.

（41）于淼. 以观众为中心的博物馆展示与传播研究——兼谈湖北省博物馆的实践与探索［J］. 中国博物馆，2015，32（2）：97–102.

（42）杨玲. 媒介、受众与权力：詹金斯的"融合文化"理论［J］. 山西大学学报（哲学社会科学版），2011，34（4）：64–70.

（43）杨慧，雷建军. 作为媒介的 VR 研究综述［J］. 新闻大学，2017（6）：27–35，151.

（44）杨瑾. 关于全球化与博物馆再定义的几点认识［J］. 中国博物馆，2019（2）：34–39.

（45）杨拓. 新技术视角下博物馆发展实践与趋势［J］. 中国国家博物馆馆刊，2019（11）：146–152.

（46）姚继冰，张一兵. "情境主义国际"评述［J］. 哲学动态，2003（6）：43–48.

（47）严建强. 从秘藏到共享：致力于构建平等关系的博物馆［J］. 中国博物馆，2020（2）：3–10.

（48）周海燕，吴晓宁. 作为媒介的时光博物馆："连接性转向"中的记忆代际传承［J］. 新闻界，2019（8）：15–20.

（49）周婧景. 从"博物馆疲劳"概念出发：参观博物馆的影响因素、检测方法与改善建议［J］. 中国博物馆，2018（2）：64–72.

（50）朱末寒. 博物馆与充满争议的世界——莱斯特大学 Richard Sandell 教授访谈录［J］. 中国博物馆，2017（3）：12–15.

（51）张岩，张卫星. 博物馆的全球化思考——从世界三大博物馆几个临时展览说起［J］. 博物院，2017（6）：105–111.

（52）张晴. 中国博物馆在展览中运用虚拟现实技术的互动表达与语言转化——以 VR 皮影游戏"田忌赛马"的开发与应用为例［J］. 中国博物馆，2020（2）：121–126.

二、英文文献

（一）英文著作

（1）BAUTISTA S S. Museums in the Digital Age: Changing Meanings of Place, Community, and Culture［M］. Lanham: AltaMira Press, 2014.

（2）BEDFORD L. The Art of Museum Exhibitions: How Story and Imagination Create Aesthetic Experiences［M］. San Francisco: Left Coast Press, 2014.

（3）BENNETT T. The Exhibitionary Complex ［M］. London：Routledge，2019.

（4）BITGOOD S. Attention and Value：Keys to Understanding Museum Visitors ［M］. San Francisco：Left Coast Press，2013.

（5）BLACK G. The Engaging Museum：Developing Museums for Visitor Involvement ［M］. Hove：Psychology Press，2005.

（6）BOLLMER G. Theorizing Digital Cultures ［M］. Los Angeles：Sage Publications Ltd，2018.

（7）CARBONELL B M. Museum Studies In Context ［M］. London：Blackwell Publishers，2003.

（8）CROOKE E. Museums and Community：Ideas，Issues and Challenges［M］. London：Routledge，2008.

（9）CSIKSZENTMIHAIYI M. Beyond Boredom and Anxiety：The Experience of Play in Work and Games［M］. CA：Jossey-Bas，1975.

（10）CSIKSZENTMIHALYI M. Flow：The Psychology of Optimal Experience ［M］. New York：Harper Perennial Modern Classics，2008.

（11）DIN H，HECHT P. The Digital Museum：A Think Guide ［M］. Washington D.C.：American Association of Museums，2007.

（12）DICKS B. Culture On Display：The Production of Contemporary Visitability ［M］. London：McGraw-Hill Education（UK），2004.

（13）DROTNER K，SCHRØDER K C. Museum Communication and Social Media：The Connected Museum ［M］. London：Routledge，2014.

（14）GIACCARD E. Heritage and Social Media：Understanding Heritage in a Participatory Culture ［M］. London：Routledge，2012.

（15）HENNING M. Museums，Media and Cultural Theory ［M］. London：Open University Press，2006.

（16）HOOPER-GREENHILL E. The Educational Role of the Museum ［M］. London：Routledge，1999.

（17）HOOPER-GREENHILL E. Museum, Media, Message［M］. London: Routledge, 2013.

（18）HOWE N, STRAUSS W. Millennials and the Pop Culture: Strategies for A New Generation of Consumers In Music, Movies, Television, the Internet, and Video Games［M］. Great Falls, VA: Life Course Associates, 2006.

（19）JOHN H F, LYNN D D. The Museum Experience［M］. London: EDS Publications Ltd., 2016.

（20）JUNG T, TOM DIECK M. C, LEE H, et al. Effects of Virtual Reality and Augmented Reality on Visitor Experiences in Museum［M］// INVERSINI A, SCHEGG R. Information and Communication Technologies in Tourism. New York: Springer International Publishing, 2016.

（21）LANG C, REEVE J, WOOLLARD V. The Responsive Museum: Working With Audiences in the Twenty-first Century［M］. London: Ashgate Publishing, Ltd., 2006.

（22）LOW S. Spatializing Culture: The Ethnography of Space and Place［M］. London: Routledge, 2016.

（23）MCLUHAN M. Understanding Media: The Extensions of Man［M］. New York: New American Library. Inc., 1964.

（24）NEIGER M, MEYERS O, ZANDBERG E. On Media Memory: Collective Memory in a New Media Age［M］. London: Palgrave Macmillan, 2011.

（25）PADDON H. Redisplaying Museum Collections: Contemporary Display and Interpretation in British Museums［M］. London: Ashgate Publishing, Ltd., 2014.

（26）PARRY R, PAGE R E, MOSELEY A. Museum Thresholds: The Design and Media of Arrival［M］. London: Routledge, 2018.

（27）TAKAHISA S. The Participatory Museum［M］. PA: The Museum Journal, 2011.

（28）TALLON L, WALKER K. Digital Technologies and The Museum

Experience［M］. Lanham：Altamira Press，2008.

（29）VERGO P. New Museology［M］. London：Reakation Books Ltd，1989.

（30）VACCHE A D. Film，Art，New Media：Museum Without Walls［M］. London：Palgrave Macmillan，2012.

（二）英文期刊

（1）FRANKLIN A，PAPASTERGIADIS N. Engaging with the Anti-museum? Visitors to the Museum of Old and New Art［J］. Journal of Sociology,2017,53（3）：670-686.

（2）SCHWARTZ B，SCHUMAN H. History，Commemoration，and Belief：Abraham Lincoln in American Memory，1945-2001［J］. American Sociological Review，2005，70（2）：183-203.

（3）COFFEE K. Audience Research and the Museum Experience as Social Practice［J］. Museum Management and Curatorship，2007，22（4）：377-389.

（4）CRANG M. On the Heritage Trail：Maps of and Journeys to Olde Englande［J］. Environment and Planning D：Society and Space，1994，12（3）：341-355.

（5）GRISWOLD W，HONGLADAROM S. Cultures and Societies in a Changing World［J］. Ai & Society，1999，13（4）：446-449.

（6）SHENG C W，CHEN M C. A Study of Experience Expectations of Museum Visitors［J］. Tourism Management，2012，33（1）：53-60.

（7）STOGNER M B. The Immersive Cultural Museum Experience--Creating Context and Story with New Media Technology［J］. International Journal of the Inclusive Museum，2010，3（3）：117-130.

（8）WANG W，FU M，HU Q. The Behavioral Pattern of Chinese Public Cultural Participation in Museums［J］. Sustainability，2020，12（7）：2890.